C

Puke/Lohel/Mönkediek

Klausurentraining für
Steuerfachangestellte
Abschlussprüfung

Online-Version inklusive!

Stellen Sie dieses Buch jetzt in Ihre „digitale Bibliothek" in der NWB Datenbank und nutzen Sie Ihre Vorteile:

► Ob am Arbeitsplatz, zu Hause oder unterwegs: Die Online-Version dieses Buches können Sie jederzeit und überall da nutzen, wo Sie Zugang zu einem mit dem Internet verbundenen PC haben.

► Die praktischen Recherchefunktionen der NWB Datenbank erleichtern Ihnen die gezielte Suche nach bestimmten Inhalten und Fragestellungen.

► Die Anlage Ihrer persönlichen „digitalen Bibliothek" und deren Nutzung in der NWB Datenbank online ist kostenlos. Sie müssen dazu nicht Abonnent der Datenbank sein.

Ihr Freischaltcode: **BXCOCEZVJPJCXASTFHUXPZ**

Puke/L./M.,Klausurentr.f.Steuerfachangest.-Abschlusspr.

So einfach geht's:

(**1.**) Rufen Sie im Internet die Seite **www.nwb.de/go/online-buch** auf.

(**2.**) Geben Sie Ihren Freischaltcode in Großbuchstaben ein und folgen Sie dem Anmeldedialog.

(**3.**) Fertig!

Alternativ können Sie auch den Barcode direkt mit der **NWB Mobile** App einscannen und so Ihr Produkt freischalten! Die NWB Mobile App gibt es für iOS, Android und Windows Phone!

Die NWB Datenbank – alle digitalen Inhalte aus unserem Verlagsprogramm in einem System.

www.nwb.de

Klausurentraining für Steuerfachangestellte

Abschlussprüfung

Von
Dipl.-Finanzwirt (FH) Steuerberater Michael Puke
Dipl.-Kfm. Jens Lohel
Dipl.-Kfm. Dipl.-Finanzwirt (FH) Peter Mönkediek

13., überarbeitete Auflage

► nwb AUSBILDUNG

Claudia Hammel-Ogagan

Empfohlen vom **Studienwerk der Steuerberater in Nordrhein-Westfalen e. V.**
Hüfferstraße 73–75
48149 Münster
Internet: www.studienwerk.de

ISBN 978-3-482-**64663**-8 – 13., überarbeitete Auflage 2015

© NWB Verlag GmbH & Co. KG, Herne 2002
www.nwb.de

Satz: Griebsch & Rochol Druck GmbH & Co. KG, Hamm
Druck: medienHaus Plump GmbH, Rheinbreitbach

VORWORT

Die Steuerfachangestelltenprüfung markiert den Einstieg in den steuerberatenden Beruf. Sie kann damit eine erste Weichenstellung für den künftigen beruflichen Werdegang darstellen. Ein gutes Prüfungsergebnis stärkt nicht selten die Position bei zukünftigen Gehaltsverhandlungen und eröffnet zudem berufliche Perspektiven und interessante berufliche Tätigkeitsfelder. Es ist daher besonders wichtig, sich auf die Abschlussprüfung als Steuerfachangestellte/r gründlich vorzubereiten.

Neben der fachlichen Vorbereitung ist es notwendig, sich ein möglichst konkretes Bild davon zu verschaffen,

▶ wie Prüfungsaufgaben aufgebaut sind,

▶ wie umfangreich sie sind,

▶ was in der Abschlussprüfung verlangt wird (Gesetzeszitate, Umfang schriftlicher Ausführungen, ...),

▶ welche Fragestellungen üblicherweise vorkommen,

▶ welche Fach- und Themengebiete erfahrungsgemäß Prüfungsgegenstand sind.

Das „Klausurentraining für Steuerfachangestellte" hilft Ihnen, sich auf die Prüfung vorzubereiten. Anhand von Prüfungsaufgaben, die Originalklausuren in Nordrhein-Westfalen und anderer Bundesländer in Aufbau und Schwierigkeitsgrad nachempfunden wurden, können Sie Ihr Fachwissen auf die Probe stellen, mögliche Lücken erkennen und bis zur Abschlussprüfung schließen.

Durch Einhaltung der jeweils vorgegebenen Bearbeitungszeit und Verwendung ausschließlich auch in der Prüfung zugelassener Hilfsmittel (Gesetzestexte, [nicht programmierbarer] Taschenrechner), kann die Prüfungssituation simuliert werden. Die Angaben zur Punktevergabe helfen zudem, die Einteilung der Bearbeitungszeit zu trainieren.

Nach jeder Klausur sind Lösungshinweise abgedruckt. Zusätzliche „ergänzende Hinweise" dienen dem Verständnis und der Nachbereitung der Prüfungsinhalte.

Mit diesem Buch erhalten angehende Steuerfachangestellte Routine bei der Bearbeitung von Prüfungsaufgaben, lernen das Wissen auf klausurtypische Fälle anzuwenden und die zur Verfügung stehende Zeit richtig einzuteilen. Dadurch werden Prüfungsangst und -stress vermieden.

Bitte beachten Sie die Benutzerhinweise auf Seite IX dieses Buches.

Wir hoffen sehr, dass Ihnen dieses Buch die Vorbereitung auf Ihre Abschlussprüfung erleichtert und wünschen Ihnen dabei den verdienten Erfolg.

Für Hinweise und Anregungen sind wir dankbar.

Münster, Herne, im Januar 2015   *Verfasser und Verlag*

Kein Produkt ist so gut, dass es nicht noch verbessert werden könnte. Ihre Meinung ist uns wichtig! Was gefällt Ihnen gut? Was können wir in Ihren Augen noch verbessern? Bitte verwenden Sie für Ihr Feedback einfach unser Online-Formular auf:

www.nwb.de/go/feedback_lb

Als kleines Dankeschön verlosen wir unter allen Teilnehmern einmal pro Quartal ein Buchgeschenk.

INHALTSVERZEICHNIS

HINWEISE FÜR DEN BENUTZER

Dieses Buch soll Sie in dreierlei Hinsicht in Ihrer Vorbereitung auf die Abschlussprüfung unterstützen:

1. Die Aufgaben orientieren sich in Zusammensetzung, Aufbau und Schwierigkeitsgrad an den Prüfungsanforderungen in Nordrhein-Westfalen. Sie sind mit den Aufgaben vieler anderer Bundesländer vergleichbar. Damit gewinnen Sie einen möglichst realistischen Eindruck von dem, was Sie in Ihrer Abschlussprüfung erwartet.

2. Durch Bearbeitung der Aufgaben und **anschließender** Kontrolle durch Vergleich mit den Lösungshinweisen erweitern Sie Ihr Fachwissen und stellen fest, in welchen Themengebieten Sie noch unsicher sind.

3. Die Bearbeitung der Aufgaben unter Prüfungsbedingungen, also

   ► abschließende Bearbeitung der Prüfungsaufgabe insgesamt, vor Vergleich Ihrer Lösung mit den Lösungshinweisen

   ► Einhaltung der Bearbeitungszeit

Wirtschafts- und Sozialkunde:	90 Minuten
Rechnungswesen:	120 Minuten
Steuerwesen:	150 Minuten

   ► Verwendung ausschließlich der auch in der Abschlussprüfung zugelassenen Hilfsmittel (Gesetzestexte, [nicht programmierbarer] Taschenrechner)

ermöglicht es Ihnen, Routine bei der Bearbeitung von Prüfungsaufgaben zu erlangen. Sie lernen Ihr Wissen anhand klausurtypischer Fälle anzuwenden und die zur Verfügung stehende Zeit richtig einzuteilen. Auf diese Weise verlieren Sie Prüfungsangst und vermeiden Prüfungsstress.

Die Lösungshinweise sollen einen Eindruck von dem vermitteln, was von Ihnen im Rahmen der Abschlussprüfung als Antwort erwartet wird. Der Auspunktung können Sie entnehmen, welche Gewichtung einzelnen Zitaten und Lösungsteilen zukommt.

Gelegentlich finden Sie darüber hinaus „**ergänzende Hinweise**", die dem Verständnis dienen und eine Nachbereitung der Prüfungsinhalte erleichtern sollen. Diese sind allerdings nicht Bestandteil der von Ihnen erwarteten Lösung.

---

*Die Aufgaben und Lösungen dieser Ausgabe entsprechen dem Rechtsstand des Jahres 2014. Sie eignen sich daher vornehmlich zur **Vorbereitung auf die Steuerfachangestelltenprüfungen Sommer 2015 und Winter 2015/2016**.*

Das Buch wurde sorgfältig bearbeitet. Eine Gewähr für die Inhalte kann jedoch nicht übernommen werden.

Prüfungsordnung

der Steuerberaterkammern Nordrhein-Westfalen

in der Fassung vom 1. 2. 2006

– Auszug –

...

§ 12   Umfang und Gegenstand der schriftlichen Prüfungsfächer

(1) Die schriftliche Prüfung erstreckt sich auf je eine Arbeit in den nachgenannten Prüfungsfächern:

Prüfungsfach Steuerwesen

In einhundertfünfzig Minuten soll der Prüfling praxisbezogene Fälle oder Aufgaben bearbeiten und dabei zeigen, dass er Fertigkeiten, Kenntnisse und Fähigkeiten steuerlicher Facharbeit erworben hat und wirtschafts- und steuerrechtliche Zusammenhänge versteht. Hierfür kommen insbesondere folgende Gebiete in Betracht:

a) Steuern vom Einkommen und Ertrag,

b) Steuern vom Vermögen,

c) Steuern vom Umsatz,

d) Abgabenordnung.

Prüfungsfach Rechnungswesen

In einhundertzwanzig Minuten soll der Prüfling praxisbezogene Aufgaben oder Fälle insbesondere aus den folgenden Gebieten bearbeiten und dabei zeigen, dass er Fertigkeiten, Kenntnisse und Fähigkeiten dieser Gebiete erworben hat und Zusammenhänge versteht:

a) Buchführung,

b) Jahresabschluss.

Prüfungsfach Wirtschafts- und Sozialkunde

In neunzig Minuten soll der Prüfling praxisbezogene Aufgaben oder Fälle bearbeiten und dabei zeigen, dass er wirtschaftliche, rechtliche und gesellschaftliche Zusammenhänge der Berufs- und Arbeitswelt darstellen und beurteilen kann. Hierfür kommen insbesondere folgende Gebiete in Betracht:

a) Arbeitsrecht und soziale Sicherung,

b) Schuld- und Sachenrecht,

c) Handels- und Gesellschaftsrecht,

d) Finanzierung.

(2) Soweit die schriftliche Prüfung in programmierter Form durchgeführt wird, kann die vorgesehene Prüfungsdauer unterschritten werden. Diese wird von der Kammer festgelegt.

§ 13 Prüfungsaufgaben

(1) Die Erstellung der Prüfungsaufgaben obliegt der Kammer.

(2) Mehrere Kammern können die Prüfungsaufgaben überregional erstellen.

§ 14 Durchführung des schriftlichen Teils der Prüfung

(1) Die Prüfung ist unter Aufsicht abzulegen. Die Aufsicht im schriftlichen Teil der Prüfung kann Personen übertragen werden, die dem Prüfungsausschuss nicht angehören. Diese Personen sind zur Verschwiegenheit verpflichtet.

(2) Die Prüfungsaufgaben werden der Aufsicht führenden Person in verschlossenem Umschlag zugeleitet, der erst bei Prüfungsbeginn in Anwesenheit der Prüfungsteilnehmer zu öffnen ist. Der Aufsichtführende stellt die Personalien der Prüfungsteilnehmer fest, verteilt die Aufgaben, gibt Beginn und Ende der Bearbeitungszeit sowie die zulässigen Hilfsmittel bekannt. Auf die Folgen von Täuschungsversuchen jeder Art ist vor Beginn der Prüfung hinzuweisen.

(3) Die Prüfungsteilnehmer haben die schriftlichen Arbeiten selbständig und nur mit den erlaubten Arbeits- und Hilfsmitteln zu fertigen. Die besonderen Verhältnisse Behinderter sind zu berücksichtigen; die erforderlichen Regelungen trifft die Kammer. Mit den Lösungen sind die Prüfungsaufgaben und praktischen Lösungsentwürfe abzugeben.

(4) Der Aufsichtführende hat ein Protokoll zu fertigen, in dem besonders zu vermerken sind:

a) Beginn und Ende der vorgeschriebenen Bearbeitungszeit,

b) Unregelmäßigkeiten und besondere Vorkommnisse,

c) Namen der Prüfungsteilnehmer, die nicht erschienen sind oder Arbeiten nicht abgegeben haben,

d) Rücktritt eines Prüfungsteilnehmers von der Prüfung.

(5) Nach Abschluss der Prüfung hat der Aufsichtführende den verschlossenen Umschlag mit den schriftlichen Arbeiten sowie das Protokoll unverzüglich der Kammer zu übermitteln.

§ 15 Umfang und Gegenstand des mündlichen Prüfungsfachs Mandantenorientierte Sachbearbeitung

Das Prüfungsfach Mandantenorientierte Sachbearbeitung besteht aus einem Prüfungsgespräch. Der Prüfling soll ausgehend von einer von zwei ihm mit einer Vorbereitungszeit von höchstens zehn Minuten zur Wahl gestellten Aufgaben zeigen, dass er berufspraktische Vorgänge und Problemstellungen bearbeiten und Lösungen darstellen kann. Für die zur Wahl gestellten Aufgaben sowie das weitere Prüfungsgespräch kommen insbesondere folgende Gebiete in Betracht:

a) allgemeines Steuer- und Wirtschaftsrecht,

b) Einzelsteuerrecht,

c) Buchführungs- und Bilanzierungsgrundsätze,

d) Rechnungslegung.

Das Prüfungsgespräch soll für den einzelnen Prüfling nicht länger als 30 Minuten dauern.

§ 16 Durchführung des mündlichen Prüfungsfachs Mandantenorientierte Sachbearbeitung

(1) Die Prüfungsteilnehmer können einzeln oder in Gruppen von höchstens fünf Kandidaten geprüft werden. Die besonderen Verhältnisse Behinderter sind zu berücksichtigen; die erforderlichen Regelungen trifft die Kammer.

(2) Der Prüfungsausschuss hat darauf zu achten, dass die dem Prüfungsteilnehmer obliegende Verschwiegenheitspflicht gem. § 62 StBerG nicht verletzt wird.

...

§ 19 Rücktritt, Verhinderung

(1) Der Rücktritt ist nur bis zum Ablauf des schriftlichen Teils der Prüfung möglich. Er ist ausdrücklich gegenüber dem Aufsichtsführenden oder der Kammer zu erklären. Die Prüfung gilt in diesem Fall als nicht abgelegt.

(2) Ist der Prüfungsbewerber aus einem von ihm nicht zu vertretenden Grund verhindert, an der Prüfung teilzunehmen, so gilt die Prüfung ebenfalls als nicht abgelegt. Tritt die Verhinderung nach Beginn der Prüfung ein, so können auf Antrag bereits erbrachte, in sich abgeschlossene Prüfungsleistungen anerkannt werden.

(3) Sind die Voraussetzungen nach Abs. 2 Satz 2 gegeben, so kann die Prüfung beim nächstmöglichen Prüfungstermin fortgesetzt werden.

§ 20 Punkte- und Notenschema

(1) Für die Prüfungsfächer und das Gesamtergebnis gelten folgende Punkte und Noten:

Punkte	Noten	
100-92	sehr gut (1)	eine den Anforderungen in besonderem Maße entsprechende Leistung
91-81	gut (2)	eine den Anforderungen voll entsprechende Leistung
80-67	befriedigend (3)	eine den Anforderungen im Allgemeinen entsprechende Leistung
66-50	ausreichend (4)	eine Leistung, die zwar Mängel aufweist, aber im Ganzen den Anforderungen entspricht

Punkte	Noten	
49-30	mangelhaft (5)	eine Leistung, die den Anforderungen nicht entspricht, jedoch erkennen lässt, dass die notwendigen Grundkenntnisse vorhanden sind
29-0	ungenügend (6)	eine Leistung, die den Anforderungen nicht entspricht und bei der selbst die Grundkenntnisse lückenhaft sind

(2) Die Prüfungsleistungen sind mit ganzen Punkten zu bewerten. Dezimalstellen sind ab 0,5 aufzurunden.

(3) Den Noten entsprechen folgende Prädikate:

Noten		Prädikate
sehr gut	-	„sehr gut bestanden"
gut	-	„gut bestanden"
befriedigend	-	„befriedigend bestanden"
ausreichend	-	„bestanden"

§ 21 Bewertung der Prüfungsleistungen

(1) Die Prüfungsleistungen bewertet der Ausschuss. Jede schriftliche Arbeit ist von zwei Mitgliedern des Prüfungsausschusses zu begutachten. Diese schlagen eine Punktzahl gem. § 20 Abs. 1 für jede Arbeit vor, auf die sich der Prüfungsausschuss einigt.

(2) Eine vom Prüfungsteilnehmer nicht abgegebene Arbeit ist mit der Note „ungenügend" zu bewerten.

(3) Sind in der schriftlichen Prüfung die Prüfungsleistungen in bis zu zwei Prüfungsfächern mit „mangelhaft" und in dem weiteren Prüfungsfach mit mindestens „ausreichend" bewertet worden, so ist auf Antrag des Prüflings oder nach Ermessen des Prüfungsausschusses in einem der mit „mangelhaft" bewerteten Prüfungsfächer die schriftliche Prüfung durch eine mündliche Prüfung von etwa 15 Minuten zu ergänzen, wenn diese für das Bestehen der Prüfung den Ausschlag geben kann. Das Prüfungsfach ist vom Prüfling zu bestimmen. Bei der Ermittlung des Ergebnisses für dieses Prüfungsfach sind die Ergebnisse der schriftlichen Arbeit und der mündlichen Ergänzungsprüfung im Verhältnis zwei zu eins zu gewichten.

(4) Das Ergebnis des schriftlichen Teils der Prüfung wird dem Prüfungsteilnehmer mit der Einladung zum mündlichen Teil der Prüfung mitgeteilt.

(5) Das Ergebnis des mündlichen Prüfungsfachs Mandantenorientierte Sachbearbeitung ist vom Prüfungsausschuss mit einer Punktzahl gem. § 20 zu bewerten.

§ 22 Feststellung des Prüfungsergebnisses

(1) Der Prüfungsausschuss stellt auf der Grundlage der Einzelergebnisse das Gesamtergebnis der Prüfung fest. Bei der Ermittlung des Gesamtergebnisses haben die Prüfungsfächer das gleiche Gewicht.

(2) Zum Bestehen der Abschlussprüfung müssen im Gesamtergebnis, im Prüfungsfach Steuerwesen und in mindestens zwei weiteren der vier Prüfungsfächer mindestens ausreichende Leistungen erbracht werden. Werden die Prüfungsleistungen in einem Prüfungsfach mit „ungenügend" bewertet, ist die Prüfung nicht bestanden.

(3) Zur Ermittlung des Gesamtergebnisses ist die Summe der Ergebnisse der vier Prüfungsfächer nach Punkten gem. § 20 Abs. 1 durch vier zu teilen und hieraus die Endnote zu bestimmen.

(4) Über den Verlauf der Prüfung einschließlich der Festlegung der Prüfungsergebnisse ist ein Protokoll zu fertigen. Es ist von den Mitgliedern des Prüfungsausschusses zu unterzeichnen.

(5) Der Prüfungsausschuss hat dem Prüfungsteilnehmer am letzten Prüfungstag mitzuteilen, ob er die Prüfung „bestanden" oder „nicht bestanden" hat. Hierüber ist dem Prüfungsteilnehmer unverzüglich eine vom Vorsitzenden zu unterzeichnende Bescheinigung auszuhändigen. Dabei ist als Termin des Bestehens bzw. Nichtbestehens der Tag der letzten Prüfungsleistung einzusetzen.

LITERATURHINWEISE

Kliewer/Zschenderlein, Die Prüfung der Steuerfachangestellten, 32. Auflage, Kiehl Verlag, Herne 2013.

Kotz, Mandantenorientierte Sachbearbeitung für Steuerfachangestellte, 11. Auflage, Kiehl Verlag, Herne 2014.

Puke/Lohel/Mönkediek/Walkenhorst, Fälle- und Fragenkatalog für die Steuerfachangestelltenprüfung, 32. Auflage, NWB Verlag, Herne 2014.

Puke/Lohel/Mönkediek, Klausurentraining für Steuerfachangestellte – Zwischenprüfung, 12. Auflage, NWB Verlag, Herne 2015.

Puke, Lexikon für Steuerfachangestellte, 16. Auflage, Kiehl im NWB Verlag, Herne 2014.

Klausursatz I: Aufgabe Rechnungswesen

Bearbeitungszeit: 120 Minuten

Aufgabenteil I

Otto Asbeck betreibt in Marl einen Spielwaren-Großhandel. Seinen Gewinn ermittelt er nach § 4 Abs. 1 i.V. mit § 5 EStG. Das Wirtschaftsjahr entspricht dem Kalenderjahr. Er versteuert seine Umsätze nach den allgemeinen Vorschriften des UStG. Alle seine Umsätze unterliegen, sofern nicht anders angegeben, dem Steuersatz von 19 %. Er ist zum vollen Vorsteuerabzug berechtigt. Die Voraussetzungen des § 7g EStG sind erfüllt.

Für das Wirtschaftsjahr 2014 möchte Otto Asbeck einen möglichst niedrigen steuerlichen Gewinn ausweisen. Abschreibungsbeträge sind auf volle Euro aufzurunden. Alle erforderlichen Belege liegen vor. Die Rechnungen sind ordnungsgemäß i. S. des § 14 UStG.

1. Sachverhalt   (12,0 Punkte)

Im März bestellte der Mandant beim Besuch der Spielwarenmesse in Nürnberg bei einem Hersteller elektrische Eisenbahnen und Zubehör im Werte von 40 000 € netto. Vereinbarungsgemäß leistet er auf die ordnungsgemäße Rechnung vom 10. 3. 2014 sofort eine Anzahlung von 10 000 € zzgl. 19 % Umsatzsteuer.

Das bestellte Spielzeug wurde am 6. 6. 2014 geliefert und dem Mandanten am selben Tag wie folgt berechnet:

Warenwert lt. Bestellung		40 000,00 €
+ Frachtkosten		1 750,00 €
+ Transportversicherung (2 % vom Warenwert)		800,00 €
		42 550,00 €
+ 19 % Umsatzsteuer		8 084,50 €
Rechnungsbetrag		50 634,50 €
./. geleistete Anzahlung	10 000,00 €	
Umsatzsteuer	1 900,00 €	11 900,00 €
Restbetrag		38 734,50 €

Der Betrag ist zahlbar innerhalb von 30 Tagen nach Rechnungseingang ohne Abzug oder innerhalb von 10 Tagen mit 2 % Skonto vom Warenwert.

Der Mandant überweist am 10. 6. 2014 von seinem Geschäftskonto 37 934,50 € an den Lieferanten.

AUFGABEN:

a) Buchen Sie die im März geleistete Anzahlung.

b) Nehmen Sie bitte die Buchung der Warenlieferung im Juni vor.

c) Buchen Sie die Überweisung.

d) Geben Sie die gesamte sich ergebende Gewinnauswirkung (erhöhend, mindernd, neutral) der Buchungen mit einem €-Betrag an. Dabei ist davon auszugehen, dass bis zum 31.12.2014 die gesamte Ware veräußert worden ist.

2. Sachverhalt (7,0 Punkte)

Mandant Asbeck nutzte seit dem 1. Mai wegen dringender betrieblicher Erfordernisse seinen bisherigen Privatwagen ausschließlich für betriebliche Zwecke. Das Fahrzeug (Nutzungsdauer 5 Jahre) hatte er am 2.11.2012 für 23 800 € (einschl. 19 % Umsatzsteuer) angeschafft.

Zum 1.5.2014 betrug der Teilwert des Fahrzeugs 17 500 €.

AUFGABE:

Ermitteln Sie die fortgeführten Anschaffungskosten für das Fahrzeug und entscheiden Sie, mit welchem Wert das Fahrzeug zu Beginn der betrieblichen Nutzung zu bewerten ist (Einlagewert). Geben Sie bei der Lösung die entsprechende Rechtsvorschrift des EStG an.

3. Sachverhalt (17,0 Punkte)

Mandant Asbeck erwarb am 1. Juli einen neuen Mondeo-Kombi, der ausschließlich für betriebliche Zwecke genutzt wird. Er erhielt am 3. Juli vom Autohaus Weber folgende Rechnung:

Wir lieferten am 3.7.2014 an Sie aus:

1 Mondeo-Kombi, Listenpreis		26 400,00 €
./. Sonderrabatt		1 200,00 €
=		25 200,00 €
+ Sonderausstattung		1 860,00 €
+ Kosten der Überführung		400,00 €
+ Kfz-Kennzeichen		25,00 €
	Gesamt	27 485,00 €
+ 19 % Umsatzsteuer		5 222,15 €
		32 707,15 €
./. 3 % Skonto		981,21 €
	Verbleiben	31 725,94 €
+ verauslagte Zulassungskosten		50,00 €
+ 1 Tankfüllung lt. Beleg (inkl. 19 % USt)		70,00 €
Rechnungsbetrag:		**31 845,94 €**

Für das am 3. Juli in Zahlung gegebene Gebrauchtfahrzeug schreiben wir Ihnen den DAT-Schätzwert gut:

	12 000,00 €	
+ 19 % Umsatzsteuer	2 280,00 €	14 280,00 €
Verbleiben		17 565,94 €

Diesen Betrag haben wir per Scheck am 3. Juli 2014 dankend erhalten.

Der in Zahlung gegebene Gebrauchtwagen war zum 31.12.2013 bereits in voller Höhe abgeschrieben.
Ein Investitionsabzugsbetrag nach § 7g Abs. 1 EStG war für die Anschaffung des neuen Pkw nicht in Anspruch genommen worden.

AUFGABEN:

a) Ermitteln Sie in einer übersichtlichen Darstellung unter genauer Angabe der einzelnen Positionen die Anschaffungskosten des Neufahrzeugs.

b) Buchen Sie die Inzahlunggabe des Gebrauchtfahrzeugs.

c) Nehmen Sie für den Mandanten alle weiteren Buchungen vor, die sich aus der vorliegenden Rechnung des Autohauses Weber ergeben.

4. Sachverhalt (4,0 Punkte)

Ab Anfang April nutzt der Mandant einen aus seinem Privatvermögen stammenden Wohnzimmerschrank ausschließlich als Ablagemöglichkeit für seine betrieblichen Geschäftsunterlagen im Betriebsgebäude.

Der Schrank war Anfang Juli 2006 zum Preis von 4 820 € angeschafft worden und hat eine Gesamt-Nutzungsdauer von 12 Jahren. Sein Teilwert betrug Anfang April 2014 noch 400 €.

AUFGABEN:

a) Ermitteln Sie den Einlagewert für den Schrank und begründen Sie Ihre Entscheidung unter Angabe der entsprechenden Rechtsvorschrift.

b) Geben Sie die höchstmögliche AfA für den Schrank für die Zeit der betrieblichen Nutzung im Jahr 2014 an.

c) Buchen Sie Einlage und AfA.

d) Geben Sie bitte die Gewinnauswirkungen aus den Buchungen zu c) in einer Summe an.

Aufgabenteil II

Beim Mandanten Asbeck ist der Jahresabschluss 2014 vorzubereiten. Dabei ergeben sich u. a. folgende Sachverhalte:

1. Sachverhalt (13,0 Punkte)

Der Mandant hat den vorläufigen Warenendbestand per 31.12.2014 mitgeteilt. Er beträgt 186 410 €. Dabei sind die folgenden Positionen zwar mengenmäßig, aber nicht wertmäßig berücksichtigt, weil der Mandant sich bei der Bewertung dieser Bestände unsicher ist:

a) Ein Posten Puppen (150 Stück) war durch einen Wasserschaden arg beschädigt worden. Die Farben der Kleider waren ineinander verlaufen.

Der Einkaufspreis betrug im Juli 2014 12,50 €/Stück, der Teilwert zum 31.12. jedoch nur 4 €/Stück.

b) Am 31.12. waren u.a. 80 Kinderfahrräder der Marke „Biene" mit Stützrädern im Bestand, die im März für 120 €/Stück (netto) in Deutschland eingekauft worden waren. Bereits im November hatte der Hersteller seine Verkaufspreise wegen des starken Preisdrucks ostasiatischer Produkte auf nur noch 100 € (netto) gesenkt (= Wert zum 31.12.2014).

Als im Januar 2015 (= vor Aufstellung der Bilanz für den Mandanten) nach einer Prüfung durch die Stiftung Warentest bekannt wurde, dass die ausländischen Produkte erhebliche Sicherheitsmängel aufweisen, sind die Abgabepreise vom Hersteller von 100 € auf 110 € angehoben worden.

c) Im Mai hat der Mandant 250 Spielkonsolen eines japanischen Herstellers für umgerechnet 84 €/Stück eingekauft. Von diesem Bestand waren am 31.12. noch 60 Stück vorhanden. Der Hersteller hat allerdings seine Abgabepreise bereits im Oktober 2014 um 10 % erhöht.

AUFGABEN:

a) Ermitteln Sie die handelsrechtlich und steuerrechtlich zulässigen Wertansätze für die Warenposten a)–c) und begründen Sie Ihre Entscheidung.

b) Ermitteln Sie den Warenendbestand für die Steuerbilanz und buchen Sie die Warenbestandsveränderung. Der Warenendbestand zum 31.12. des Vorjahres hat 175 817 € betragen.

c) Geben Sie die Gewinnauswirkung (erhöhend, mindernd, neutral) der Buchung unter Angabe des entsprechenden €-Betrags an.

2. Sachverhalt (22,0 Punkte)

Die Buchführung des Mandanten Asbeck weist per 31.12.2014 einen Bestand an Forderungen i.H. von insgesamt 234 311 € aus. Zu diesem Bestand gibt der Mandant folgende Informationen:

a) Die Forderung i.H. von 7 616 € gegenüber dem Kunden Schröder in Recklinghausen ist vor Bilanzaufstellung uneinbringlich geworden. Das Ladengeschäft des Kunden ist nämlich im Februar 2015 ausgebrannt. Da keine Feuerversicherung abgeschlossen war, ist der Kunde in erhebliche Zahlungsschwierigkeiten geraten und hat noch im Februar 2015 Insolvenz beantragt. Die zu erwartende Quote wird nur ca. 10 % betragen.

b) Der Eingang der Forderung gegen den Kunden Drechsler i.H. von 14 756 € ist zum 31.12.2014 zweifelhaft. Der Mandant hat diesen Kunden bereits mehrfach erfolglos gemahnt. Er rechnet mit einem Ausfall von 40 %.

c) Laut Buchführung schuldet die Spiel- und Sport GmbH dem Mandanten aufgrund verschiedener Warenlieferungen noch 26 537 €. Im November 2014 wurde das Insolvenzverfahren gegenüber der GmbH eröffnet. Am Bilanzstichtag war damit zu rechnen, dass nur 50 % dieser Forderungen beglichen werden. Ein entsprechender Betrag ging dann auch im Februar 2015 auf dem Geschäftskonto des Mandanten ein.

d) Das betriebsübliche Ausfallrisiko bei den vermutlich einwandfreien Forderungen beträgt 2,5 %. Zum Ende des Vorjahres war eine Pauschalwertberichtigung i. H. von 2 900 € gebildet worden.

AUFGABE:

Die Forderungen zu a) – c) sind zu bewerten. Begründen Sie jeweils den Wertansatz und nehmen Sie jeweils die erforderliche(n) Buchung(en) vor. Geben Sie bei jeder einzelnen Buchung deren Gewinnauswirkung (erhöhend, mindernd, neutral) unter Angabe des €-Betrags an.
Berechnen und buchen Sie die Pauschalwertberichtigung per 31. 12. und geben Sie die Gewinnauswirkung der Buchung an.

3. Sachverhalt (8,0 Punkte)

Der Mandant hatte am 1. 8. 2014 eine gebrauchte Verpackungsmaschine für 18 000 € zzgl. USt mit Privatmitteln erworben. Die Nutzungsdauer des Geräts beträgt 4 Jahre. Er hatte in 2013 keinen Investitionsabzugsbetrag gem. § 7g Abs. 1 EStG in Anspruch genommen.

Bereits kurz nach Inbetriebnahme der Maschine zeigte sich, dass die Bedienung zu kompliziert ist. Es mussten häufiger Reparaturen wegen Störungen aufgrund von Bedienungsfehlern durchgeführt werden. Der Wert der Maschine zum 31. 12. 2014 beträgt deshalb nur noch 4 000 €. Dabei ist von einer voraussichtlich dauernden Wertminderung auszugehen.

AUFGABEN:

a) Buchen Sie die Anschaffung der Verpackungsmaschine.
b) Berechnen und buchen Sie die für 2014 höchstzulässige „Normal-AfA".
c) Prüfen Sie, ob bei der steuerlichen Gewinnermittlung eine AfA nach § 7g EStG vorgenommen werden kann und buchen Sie entsprechend.
d) Prüfen Sie, ob handelsrechtlich eine außerplanmäßige Abschreibung und steuerrechtlich eine Teilwertabschreibung vorgenommen werden kann oder muss und begründen Sie Ihre Entscheidung.

4. Sachverhalt (7,0 Punkte)

a) Im Oktober hat der Mandant mit der Firma Bernsmann einen Service-Vertrag für die im Betrieb genutzten Büromaschinen geschlossen. Vertragsbeginn ist der 1. 11. 2014. Die Vertragsdauer beträgt ein Jahr und verlängert sich automatisch um ein weiteres Jahr, wenn nicht 4 Wochen vor Vertragsende gekündigt wird. Der Mandant zahlte die im Vertrag (Rechnung) vereinbarte Vorauszahlung für 3 Monate von 360 € zzgl. 19 % USt erst Anfang Januar 2015. Es erfolgte bisher für 2014 keine Buchung.

b) Eine Etage des Betriebsgebäudes ist ab Anfang Dezember 2014 an den Handelsvertreter Horstmann als Büroraum vermietet. Am 10. 12. 2014 ging auf dem Geschäftskonto die im Mietvertrag vereinbarte Mietvorauszahlung für die Zeit vom 1. 12. 2014 bis zum 30. 11. 2015 i. H. von 18 000 € zzgl. 19 % USt ein. Gebucht wurde bei Zahlungseingang:

Bank   21 420 € an   Mieterträge   21 420 €

Nehmen Sie die zu a) und b) erforderlichen Buchungen für den Jahresabschluss 2014 vor und stellen Sie jeweils deren Gewinnauswirkung (erhöhend, mindernd, neutral) mit Angabe des €-Betrags fest.

Aufgabenteil III

Sachverhalt   (10,0 Punkte)

Friseurmeister Josef Schmitz ist nicht buchführungspflichtig und führt auch freiwillig keine Bücher. Er ermittelt seinen Gewinn durch Einnahmeüberschussrechnung gem. § 4 Abs. 3 EStG und versteuert seine Umsätze nach den allgemeinen Grundsätzen der UStG. Alle erforderlichen Belege und Nachweise liegen vor. Auf § 7g EStG ist nicht einzugehen.

Für Dezember 2014 sind noch folgende Geschäftsvorfälle zu beurteilen:

1. Die Summe der Tageseinnahmen lt. Kassenberichtszettel beträgt umgerechnet 12 852 € einschließlich 19 % USt.

2. Die Miete für seine Geschäftsräume für Dezember i. H. von 1 200 € zzgl. 19 % USt hat er erst am 4. 1. 2015 bezahlt, obwohl sie bereits am 1. 12. 2014 fällig war.

3. Am 15. 12. 2014 hat er ein Konto bei der Volksbank eröffnet und sofort 300 € aus der Geschäftskasse eingezahlt. Davon buchte die Bank sofort 150 € für einen Genossenschaftsanteil ab.

4. Auf seinem Betriebskonto bei der Stadtsparkasse wurden ihm 115 € Zinsen für das Jahr 2014 am 2. 1. 2015 mit Wert vom 29. 12. 2014 gutgeschrieben.

5. Im Dezember 2014 wurden Parfümerie-Artikel zum Einkaufspreis (= Teilwert) von 150 € für private Zwecke entnommen.

6. Für eine im November 2014 bestellte Trockenhaube leistete der Mandant im Dezember eine Anzahlung i. H. von 200 € zzgl. 38 € gesondert berechneter Umsatzsteuer. Das Gerät soll 544 € (netto) kosten und im Januar 2015 geliefert werden.

Tragen Sie die Gewinnauswirkung der Geschäftsvorfälle in die folgende Tabelle ein.

Vorgang	Gewinn	
	./.	+
Tageseinnahmen		
Mietzahlung für Dezember		
Kauf Genossenschaftsanteil		
Zinsgutschrift		
Warenentnahme		
Anzahlung Trockenhaube		

Klausursatz I: Lösung Rechnungswesen

Vorbemerkung zu den Kontenbezeichnungen in den Lösungen:

Die §§ 266, 275 HGB regeln, welche Posten in der Bilanz und in der GuV auszuweisen sind. Das HGB schreibt aber kein bestimmtes Buchführungssystem vor und damit auch nicht die Bezeichnung der Konten. Gleichwohl müssen die Geschäftsvorfälle so gebucht werden, dass ein Überblick über die Vermögens- und Ertragslage gewährleistet ist. Und aus steuerlichen Gründen (z. B. USt, einkommensteuerliches Teileinkünfteverfahren) bietet es sich an, bereits bei der Buchung der laufenden Geschäftsvorfälle die steuerlichen Konsequenzen im Blick zu haben und entsprechend differenziert zu buchen. In der Praxis ist vor diesem Hintergrund der „E-Bilanz-Standardkontenrahmen (SKR) 03" sehr stark verbreitet. Die Kontenbezeichnungen in den Lösungen entsprechen weitgehend dem SKR 03. In den Lösungen zu den Klausuren werden jedoch regelmäßig auch andere zutreffende Kontenbezeichnungen zugelassen.

Aufgabenteil I

1. Sachverhalt (12,0 Punkte)

a) Anzahlungsrechnung:

Geleistete Anzahlung	10 000 €			
Vorsteuer	1 900 €	an Bank		11 900 €
				2,0 P

b) Warenlieferung:

Wareneingang	40 000,00 €			
Anschaffungs-NK	2 550,00 €			
Vorsteuer	6 184,50 €	an geleistete Anzahlungen		10 000,00 €
		an Verb. LuL		38 734,50 €
				3,0 P

c) Überweisung:

Verb. LuL	38 734,50 €	an Bank		37 934,50 €
		an erhaltene Skonti		672,27 €
		an Vorsteuer		127,73 €
				4,0 P

d) Gewinnauswirkung:

– mindernd	**1,5 P**
– 41 877,73 € (40 000,00 € + 2 550,00 € ./. 672,72 €)	**1,5 P**

2. Sachverhalt (7,0 Punkte)

Ermittlung der fortgeführten Anschaffungskosten:

Anschaffungskosten am 2. 11. 2012	23 800 €	0,5 P
./. AfA 2012 (23 800 € × 20 % × $^2/_{12}$)	794 €	1,5 P
./. AfA 2013 (23 800 € × 20 %)	4 760 €	1,0 P
./. AfA 2014 (23 800 € × 20 % × $^4/_{12}$)	1 587 €	1,5 P
= Einlagewert	16 659 €	0,5 P

Die Einlage ist nach § 6 Abs. 1 Nr. 5 Satz 1 Buchst. a) und Satz 2 EStG mit dem Teilwert, höchstens jedoch mit den fortgeführten Anschaffungskosten zu bewerten, da die Einlage innerhalb von 3 Jahren nach der Anschaffung erfolgte. Die Bewertung der Einlage erfolgt mithin mit 16 659 €.

2,0 P

HINWEIS:

Ein (nachträglicher/anteiliger) Vorsteuerabzug wird durch die Einlage nicht ausgelöst, da der Mandant das Fahrzeug seinerzeit nicht für das Unternehmen angeschafft hatte (§ 15 Abs. 1 Nr. 1 UStG).

3. Sachverhalt (17,0 Punkte)

a) Ermittlung der Anschaffungskosten:

Listenpreis	26 400,00 €	**1,0 P**
./. Sonderrabatt	1 200,00 €	**1,0 P**
+ Sonderausstattung	1 860,00 €	**1,0 P**
+ Kosten der Überführung	400,00 €	**1,0 P**
+ Kfz-Kennzeichen	25,00 €	**1,0 P**
./. 3 % Skonto (netto)	824,55 €	**1,5 P**
+ Zulassungskosten	50,00 €	**1,0 P**
= Anschaffungskosten	26 710,45 €	**0,5 P**

b) Inzahlunggabe des Gebrauchtfahrzeugs:

Forderungen LuL	14 280 €	an	Erlöse aus Anlagenverkauf	12 000 €
		an	Umsatzsteuer	2 280 €
				3,0 P

c) Weitere Buchungen:

Fahrzeuge	26 710,45 €	an	Forderungen LuL	14 280,00 €
Vorsteuer (5 222,15 ./. 156,66)	5 065,49 €		Bank	17 565,94 €
Kfz-Kosten	58,82 €			
Vorsteuern	11,18 €			**6,0 P**

HINWEIS:

Die Vorsteuer mindert sich um 156,66 € durch die Inanspruchnahme von Skonto. Da die Inzahlunggabe des Altfahrzeugs am selben Tag erfolgt wie die Anschaffung und Bezahlung des Neufahrzeugs, entsteht „eigentlich" keine Forderung (vgl. Aufgabe und Lösung zu b)). Korrekt wäre es daher auch, wenn Sie die Buchungen aus b) und c) zu einer Buchung zusammenfassen (ohne das Konto Forderungen LuL im Soll und Haben anzusprechen). Aus Vereinfachungsgründen kann jedoch so verfahren werden wie oben.

4. Sachverhalt (4,0 Punkte)

a) Die Einlage des Schrankes ist nach § 6 Abs. 1 Nr. 5 Satz 1 erster Halbsatz EStG
    mit dem Teilwert zu bewerten: 400 €   **0,5 P**

HINWEIS:

Die Berechnung der fortgeführten Anschaffungskosten (§ 6 Abs. 1 Nr. 5 Satz 1 Buchst. a) und Satz 2 EStG) ist
nicht erforderlich, weil die Einlage mehr als 3 Jahre nach der Anschaffung erfolgte.

b) Es handelt sich um ein geringwertiges Wirtschaftsgut (§ 6 Abs. 2 EStG). Da   **0,5 P**
    ein möglichst niedriger Gewinn ausgewiesen werden soll, erfolgt ein Sofort-
    abzug in voller Höhe.
    Die AfA beträgt 400 €.   **0,5 P**

c) Buchung der Einlage und AfA:

GWG	400 €	an	Privateinlage	400 €
				1,0 P
Sofortabschreibung GWG	400 €	an	GWG	400 €
				1,0 P

d) Gewinnauswirkung: Gewinnminderung um 400 €.   **0,5 P**

HINWEIS:

Das Erfüllen der Aufzeichnungspflichten (§ 6 Abs. 2 Satz 4 und 5 EStG) kann unterstellt werden.

Aufgabenteil II

1. Sachverhalt (13,0 Punkte)

a) Wertansatz

Wertansatz Puppen

Allgemein: Voraussichtlich dauernde Wertminderung.

HGB: § 253 Abs. 4 HGB: Pflicht: Bewertung mit 4 €/Stück   **1,0 P**

EStG: § 6 Abs. 1 Nr. 2 Satz 2 i. V. mit § 5 Abs. 1 Satz 1 zweiter Halbsatz EStG: Wahlrecht:
Bewertung mit 12,50 €/Stück oder mit 4 €/Stück oder einem Zwischenwert. Da   **2,0 P**
ein möglichst niedriger Gewinn auszuweisen ist: 4 €/Stück.

Wertansatz Kinderfahrräder

Allgemein: Voraussichtlich dauernde Wertminderung: 119,99 € bis 110 €;
keine voraussichtlich dauernde, sondern nur vorübergehende Wertminderung:
109,99 € bis 100 €.   **1,0 P**

HGB: § 253 Abs. 4 HGB: Pflicht: Bewertung mit 100 €/Stück.

EStG: § 6 Abs. 1 Nr. 2 Satz 2 i.V. mit § 5 Abs. 1 Satz 1 zweiter Halbsatz EStG: Wahl-recht: Bewertung mit 120 €/Stück oder mit 110 €/Stück oder einem Zwischen-wert. Da ein möglichst niedriger Gewinn auszuweisen ist: 110 €/Stück (Wertauf-hellung, das heißt: Der Wert zum 31. 12. 2014 beträgt zwar nur 100 € (Stichtags-prinzip). Aber für die entscheidungserhebliche Frage „voraussichtlich dauernde Wertminderung oder nicht?" sind die Erkenntnisse bis zum Tag der Bilanzaufstel-lung zu berücksichtigen).

2,0 P

Wertansatz Spielkonsolen

Nach HGB und EStG dürfen höchstens die Anschaffungskosten (84 €/Stück) angesetzt werden. Nicht realisierte Gewinn dürfen nicht ausgewiesen werden. (§ 253 Abs. 1 HGB, § 252 Abs. 1 Nr. 4 letzter Halbsatz HGB, § 6 Abs. 1 Nr. 2 Satz 1 EStG)

1,0 P

b) Warenendbestand (Steuerbilanz)

Vorläufiger Bestand	186 410 €
+ Puppen 150 St. × 4 €	600 €
+ Kinderfahrräder 80 St. × 110 €	8 800 €
+ Spielkonsolen 60 St. × 84 €	5 040 €
= endgültiger Bestand	200 850 €
./. Anfangsbestand	175 817 €
= Bestandserhöhung	25 033 €

2,0 P

Warenbestand   25 033 €   an   Bestandsveränderung Waren   25 033 €

2,0 P

c) Gewinnerhöhung 25 033 €

2,0 P

2. Sachverhalt (22,0 Punkte)

a) Forderung Schröder

Die Forderung ist zum 31. 12. noch vollwertig. Es erfolgt keine Wertberichtigung. Der Brand und das letztlich daraus resultierende Insolvenzverfahren sind „wert-begründend" (da erst nach dem 31. 12. 2014 eingetreten) und dürfen mithin nicht berücksichtigt werden (Stichtagsprinzip; § 252 Abs. 1 Nr. 3 HGB).

2,0 P

b) Forderung Drechsler

Die Forderung ist zweifelhaft. Aus Gründen der Bilanzklarheit muss sie auf das Konto „zweifelhafte Forderungen" umgebucht werden.

1,0 P

Zw. Forderungen   14 756 €   an   Forderungen   14 756 €

1,0 P

Die Buchung ist erfolgsneutral.

1,0 P

Die Forderung ist mit 40 % ihres Nettobetrags abzuschreiben. Eine Berichtigung der Umsatzsteuer per 31.12. ist noch nicht vorzunehmen, weil der Forderungsausfall noch nicht sicher feststeht. 14 756 €: 1,19 × 40 % = 4 960 €.   **2,0 P**

Abschreibung UV	4 960 €	an	zw. Forderungen	
			(alternativ: EWB a. Ford.)	4 960 €

2,0 P

Gewinnminderung um 4 960 €.   **1,0 P**

c) *Forderung Spiel- und Sport GmbH*

Die Forderung ist auf das Konto „zweifelhafte Forderungen" umzubuchen.

Zw. Forderungen	26 537 €	an	Forderungen	26 537 €

1,0 P

Die Buchung ist erfolgsneutral.   **1,0 P**

Die Netto-Forderung ist zu 50 % abzuschreiben. Für umsatzsteuerliche Zwecke gilt die Forderung allerdings zum Bilanzstichtag in voller Höhe als uneinbringlich i. S. des § 17 Abs. 2 Nr. 1 Satz 1 UStG (vgl. Abschn. 17.1 Abs. 5 Satz 5 UStAE)

1,0 P

Forderungsausfall	11 150 €			
Umsatzsteuer	4 237 €	an	zw. Forderungen	
			(alternativ: EWB a. Ford.)	15 387 €

2,0 P

Gewinnminderung um 11 150 €.   **1,0 P**

d) *Pauschalwertberichtigung (PWB):*

Forderungen lt. Buchführung	234 311 €	**0,5 P**
./. Einzelwertberichtigungen:		
Forderung Schröder	0 €	
Forderung Drechsler	14 756 €	**0,5 P**
Forderung Spiel- und Sport GmbH	26 537 €	**0,5 P**
= vermutlich einwandfreie Forderungen	193 018 €	
./. enthaltene Umsatzsteuer	30 818 €	**0,5 P**
= Rest-Forderungen (netto)	162 200 €	
× 2,5 % Ausfallrisiko = PWB neu	4 055 €	**1,0 P**
abzgl. PWB alt	2 900 €	**1,0 P**
= Zugang Pauschalwertberichtigung	1 155 €	

Einstellung in die PWB	1 155 €	an	PWB	1 155 €

1,0 P

Gewinnminderung um 1 155 €.   **1,0 P**

3. Sachverhalt (8,0 Punkte)

a) Buchung der Anschaffung:

Maschinen	18 000 €			
Vorsteuern	3 420 €	an	Privateinlage	21 420 €

1,0 P

b) Buchung der linearen AfA (§ 7 Abs. 1 EStG):

AfA auf Sachanlagen
($25\,\% \times {}^{5}/_{12}$) 1 875 € an Maschinen 1 875 €

1,0 P

c) Nach § 7g Abs. 5 und 6 EStG ist bei der steuerlichen Gewinnermittlung ist eine Sonderabschreibung i. H. von 20 % möglich. Es handelt sich um ein abnutzbares, bewegliches Wirtschaftsgut und die Voraussetzungen nach Abs. 6 sind lt. Sachverhalt gegeben.

1,0 P

Buchung:
Sonder-AfA (§ 7g Abs. 5 EStG) 3 600 € an Maschinen 3 600 €

1,0 P

d) Außerplanmäßige Abschreibung/Teilwertabschreibung

HGB: Abschreibungsgebot: Es muss nach § 253 Abs. 3 HGB eine außerplanmäßige Abschreibung auf 4 000 € vorgenommen werden, weil eine voraussichtlich dauernde Wertminderung vorliegt.

2,0 P

EStG: Abschreibungswahlrecht: Es kann eine Teilwertabschreibung bis auf 4 000 € vorgenommen werden. Alternativ kann auch ein Zwischenwert (4 001 € bis 12 525 €) angesetzt werden (§ 6 Abs. 1 Nr. 1 Satz 2 i. V. mit § 5 Abs. 1 Satz 1 zweiter Halbsatz EStG). Da der Mandant das steuerlich günstigste Ergebnis wünscht, sollte in der Steuerbilanz eine Teilwertabschreibung i. H. von 8 525 € auf 4 000 € vorgenommen werden.

2,0 P

4. Sachverhalt (7,0 Punkte)

a) Buchung:

Sonst. betriebl. Aufwand	240,00 €			
Vorsteuer	45,60 €	an	sonst. Verb.	285,60 €

2,0 P

Gewinnminderung: 240 €

1,0 P

ERGÄNZENDER HINWEIS:

Die Vorsteuer ist zwar gesondert in Rechnung gestellt, aber am 31. 12. noch nicht bezahlt. Deshalb ist die Vorsteuer nach § 15 Abs. 1 Nr. 1 UStG nur in der Höhe abzugsfähig, wie sie der bereits erbrachten Leistung entspricht (2 Monate).

Obwohl eine Rechnung über 360 € zzgl 19 % USt vorliegt, beträgt die am 31. 12. vorhandene Verbindlichkeit nur 285,60 €. Nur insoweit hat die Firma Bernsmann bis zu diesem Datum eine Leistung erbracht.

b) Buchung:

Mieterträge	19 920 €	an	pass. RAP	16 500 €
		an	Umsatzsteuer	3 420 €
				3,0 P
Gewinnminderung:	19 920 €			**1,0 P**

Die Umsatzsteuer entsteht nach § 13 Abs. 1 Nr. 1a Satz 4 UStG unabhängig von der erbrachten Leistung mit Ablauf des Voranmeldungszeitraums, in dem die Zahlung eingegangen ist.

Aufgabenteil III

Sachverhalt   (10,0 Punkte)

Vorgang	Gewinn		
	./.	+	
Tageseinnahmen		12 852,00 €	**1,0 P**
Mietzahlung für Dezember	0,00 €		**2,0 P**
Kauf Genossenschaftsanteil	0,00 €		**2,0 P**
Zinsgutschrift		115,00 €	**1,0 P**
Warenentnahme		178,50 €	**2,0 P**
Anzahlung Trockenhaube	38,00 €		**2,0 P**

Mietzahlung: Sie ist gem. § 11 Abs. 2 Satz 1 EStG Betriebsausgabe in 2015. § 11 Abs. 2 Satz 2 EStG ist nicht anwendbar. Zwar ist die Zahlung innerhalb der Zehn-Tages-Frist am 4.1.2015 erfolgt. Nach dem Wortlaut des § 11 Abs. 2 Satz 2 EStG müsste die Betriebsausgabe somit in 2014 berücksichtigt werden. Nach herrschender Meinung/BFH-Rechtsprechung (vgl. H 11 [Allgemeines] EStH) kommt § 11 Abs. 2 Satz 2 EStG allerdings nur dann zur Anwendung, wenn auch die Fälligkeit innerhalb des Zehn-Tages-Zeitraums liegt. Das ist hier nicht der Fall.

Bezüglich des Genossenschaftsanteils s. § 4 Abs. 3 Satz 4 EStG.

Warenentnahme: Umsatzsteuerlich: Unentgeltliche Lieferung nach § 3 Abs. 1b Nr. 1 UStG; steuerbar nach § 1 Abs. 1 Nr. 1 UStG und steuerpflichtig mit 19 %.

Trockenhaube: Nur die gezahlte Umsatzsteuer führt zu einer Betriebsausgabe (§ 11 Abs. 2 Satz 1 EStG). (Erst) ab dem Zeitpunkt der Anschaffung (2015) werden die Anschaffungskosten im Wege der AfA berücksichtigt (§ 4 Abs. 3 Satz 3 EStG).

Klausursatz I: Aufgabe Wirtschafts- und Sozialkunde

Bearbeitungszeit: 90 Minuten

1. Aufgabe

1. Sachverhalt (5,0 Punkte)

Volker Meyer betreibt ab 1.1.2014 im Industriegebiet von Bielefeld in einem mobilen Verkaufs-wagen einen Schnellimbiss. Einkäufe und Verkäufe erfolgen stets durch Barzahlung. Arbeitneh-mer werden nicht beschäftigt.

a) Ist Volker Meyer Kaufmann i. S. des HGB? Begründen Sie Ihre Auffassung.

b) Muss oder kann er eine Eintragung ins Handelsregister vornehmen lassen?

2. Sachverhalt (9,0 Punkte)

Weil eine erfreulich gute Geschäftsentwicklung zu verzeichnen ist und die Arbeit nicht mehr allein bewältigt werden kann, entschließt sich Volker Meyer ab 1.5.2014 mit seinem seit länge-rer Zeit arbeitslosen Bruder Wolfgang eine Gesellschaft zu gründen. Es werden u.a. folgende Regelungen getroffen:

Gesellschaftsvertrag

1. *Gegenstand des Unternehmens ist der Verkauf von Fast-Food-Produkten. Der Firmensitz ist Bielefeld.*

2. *Beteiligt an der Gesellschaft sind:*

   Volker Meyer, *geb. 22.11.1977, wohnhaft in Bielefeld, Osttor 25, mit 48 000 € und*

   Wolfgang Meyer, *geb. 15.4.1981, wohnhaft in Herford, Bünder Str. 4, mit 72 000 €.*

   Alle Gesellschafter haften unbeschränkt.

3. *Die Firma soll als „ Meyer´s Hotdogs" in das Handelsregister eingetragen werden.*

4. *Beginn der Gesellschaft ist der 1.5.2014. Geschäftsjahr ist das Kalenderjahr.*

5. *Rechtsgeschäfte im Wert von über 10 000 € bedürfen der Zustimmung aller Gesellschafter.*

AUFGABEN:

a) Welche Rechtsform hat das Unternehmen nach Eintritt eines Gesellschafters?
   Begründen Sie Ihre Auffassung.

b) Geben Sie die entsprechende Regelung des HGB an.

c) Ist die im Gesellschaftsvertrag angegebene Firmenbezeichnung zulässig?
   Begründen Sie Ihre Entscheidung unter Angabe der gesetzlichen Regelung.

d) Muss oder kann die Firma in das Handelsregister eingetragen werden?

e) In welcher Höhe ist eine Mindest-Einlage der Gesellschafter gesetzlich vorgeschrieben?

3. Sachverhalt (4,0 Punkte)

Am 15. 7. 2014 wird die Firma korrekt in das Handelsregister eingetragen.

a) Wann ist die Gesellschaft entstanden und welche Rechtswirkung hat die Eintragung?

b) In welcher Abteilung des Handelsregisters erfolgt die Eintragung?

c) Ab wann ist die Gesellschaft nach HGB buchführungspflichtig?

4. Sachverhalt (3,0 Punkte)

Wolfgang Meyer hat im August 2014 für die Gesellschaft einen neuen Verkaufswagen mit moderner Küchenausstattung zum Preis von 60 000 € netto bestellt. Sein Bruder Volker stimmt dieser Bestellung nicht zu, weil er die Anschaffung noch nicht für erforderlich hält und zudem andere Hersteller einen derartigen Wagen wesentlich preisgünstiger anbieten.

a) Ist der Kaufvertrag rechtswirksam, obwohl die lt. Gesellschaftsvertrag erforderliche Zustimmung des zweiten Gesellschafters fehlt?

b) Kann die Lieferfirma von der Gesellschaft selbst oder von dem einen Gesellschafter und/oder sogar von beiden Gesellschaftern Zahlung verlangen?

5. Sachverhalt (3,0 Punkte)

Volker Meyer ist der Meinung,

a) die Lieferfirma müsste sich mit ihrer Forderung zuerst an seinen Bruder Wolfgang wenden, weil dieser die Bestellung vorgenommen habe und über erhebliche Ersparnisse verfüge,

b) außerdem sei er nur zu 40 % an der Gesellschaft beteiligt,

c) sein eigenes Einfamilienhaus könne im Falle der Insolvenz der Gesellschaft nicht in Gefahr geraten.

Sind diese Auffassungen zutreffend? Begründen Sie kurz ihre Entscheidung.

6. Sachverhalt (8,0 Punkte)

Da sein Bruder gegen den Gesellschaftsvertrag verstoßen und dadurch erhebliche finanzielle Probleme verursacht hat, will Volker Meyer im September 2014 aus der Gesellschaft mit seinem Bruder ausscheiden.

a) Was muss Volker Meyer tun, damit die Gesellschaft beendet wird?

b) Zu welchem Zeitpunkt (mit Angabe des Datums) kann Volker Meyer aus der Gesellschaft frühestens ausscheiden?

c) Welche Auswirkungen ergeben sich für Volker Meyer nach dessen Ausscheiden aus der Gesellschaft im Hinblick auf seine Haftung?

7. Sachverhalt (8,0 Punkte)

Die Gesellschafter haben im Gesellschaftsvertrag keine besondere Bestimmung über die Gewinnverteilung getroffen.

a) Wie wäre die Gewinnverteilung vorzunehmen, wenn sich für 2014 ein Gewinn i. H. von 40 000 € ergibt?

b) Wie wäre bei fehlender vertraglicher Regelung zu verfahren, wenn sich für 2014 ein Verlust i. H. von 24 000 € ergäbe?

2. Aufgabe

1. Sachverhalt (12,0 Punkte)

Die vereinfachte Bilanz der Schläger GmbH aus Dortmund weist folgende Positionen aus:

Aktiva	Bilanz zum 31. 12. 2014	Passiva
Bebaute Grundstücke	400 000 €	Einlagen	
Betriebs- und Geschäftsausstattung	200 000 €	Komplementäre	275 000 €
		Kommanditisten	225 000 €
Wertpapiere	50 000 €	Gewinnrücklagen	45 000 €
Vorräte/Fertigerzeugn.	100 000 €	Rückstellungen	30 000 €
Forderungen a. LuL	125 000 €	Bankdarlehen	300 000 €
Bank/Kasse	50 000 €	Kurzfristige Verbindlichkeiten	15 000 €
		Langfristige Verbindlichkeiten	35 000 €
	925 000 €		925 000 €

AUFGABEN:

a) Erläutern Sie die Begriffe „Finanzierung" und „Investition" bezogen auf eine Bilanz.

b) Ermitteln Sie anhand der vorliegenden Bilanz, wieviel € durch
   - Beteiligungsfinanzierung als Außenfinanzierung,
   - Fremdfinanzierung als Außenfinanzierung,
   - offene Selbstfinanzierung
   aufgebracht wurden.

c) Erläutern Sie den Unterschied zwischen offener und verdeckter Selbstfinanzierung.

3. Aufgabe

1. Sachverhalt (11,0 Punkte)

Laura Freitag hat am 24. 6. 2014 in der Wochenendausgabe der Westfälischen Nachrichten die Verkaufsannonce für ein Mehrfamilienhaus in der Dortmunder Innenstadt gelesen. Sie setzte sich mit dem Verkäufer Walter Schröter in Verbindung und einigte sich bereits am 4.7.2014 mit ihm über den Kaufpreis.

Am 12.7.2014 haben sie beim Notar Dr. Wegmann in Dortmund den Kaufvertrag über das Grundstück abgeschlossen. Der Vertrag enthält u. a. die Vereinbarung, dass „Besitz, Nutzen und Lasten am 1.9.2014" auf Frau Freitag übergehen sollen.

Am 27.11.2014 erfolgten die entsprechenden Eintragungen im Grundbuch.

a) Wann (mit Datumsangabe) wurde der Kaufvertrag rechtswirksam geschlossen? Begründen Sie Ihre Auffassung.

b) Ab wann (mit Datumsangabe) hat Frau Freitag Anspruch auf die Mieteinnahmen und ab wann steht ihr die AfA für das Gebäude zu? Begründen Sie Ihre Entscheidung.

c) Wann (mit Datumsangabe) wird Frau Freitag bürgerlich-rechtliche Eigentümerin des Grundstücks. Geben Sie eine kurze Begründung.

d) Welche Auswirkungen ergeben sich durch den Eigentümerwechsel auf die bestehenden Mietverträge? Begründen Sie Ihre Lösung.

2. Sachverhalt (7,0 Punkte)

Frau Freitag muss den Grundstückskaufpreis durch Fremdmittel finanzieren.

a) Welche Möglichkeiten bestehen, diese Fremdmittel durch Grundpfandrechte abzusichern?

b) Erläutern Sie die wesentlichen Unterschiede dieser Grundpfandrechte.

4. Aufgabe

Sachverhalt (13,0 Punkte)

Frau Freitag hat für das Mehrfamilienhaus in Dortmund Anschaffungskosten i. H. von 767 720 € zu finanzieren. Von diesem Betrag entfallen 130 720 € auf den Grund und Boden.

Zur Finanzierung stehen ihr 150 000 € Eigenkapital zur Verfügung. Ferner ist ihr von der Commerzbank die 1. Hypothek von 450 000 € zu 5,56 % Zinsen bei 98 % Auszahlung zugesagt worden. Der restliche Kaufpreis muss durch Aufnahme einer 2. Hypothek finanziert werden.

Die jährlichen Mieteinnahmen betragen 62 400 € (Kaltmiete).

Die nicht umlagefähigen Grundstücksaufwendungen setzen sich wie folgt zusammen:

Grundsteuer (vierteljährlich)	220 €
Gebäudereparaturen (geschätzt) jährlich	7 200 €
Gebäude-AfA	2 %

Wie hoch darf der Zinssatz (auf zwei Dezimalstellen gerechnet) für die 2. Hypothek bei 94 % Auszahlung sein, wenn sich das eingesetzte Eigenkapital noch mit mindestens 2,5 % verzinsen soll?

5. Aufgabe

1. Sachverhalt (4,0 Punkte)

Die Eheleute Fred und Wilma Goldstein wohnen in Wuppertal.

Fred Goldstein ist als Verwaltungsangestellter bei den Stadtwerken Wuppertal beschäftigt. Ab Januar 2014 beträgt sein monatliches Bruttogehalt 2 920 €.

Wilma Goldstein ist Polizeihauptkommissarin im örtlichen Polizeirevier (Beamtin) und verdient 3 485 € monatlich.

Sohn Wilfried ist in der Ausbildung als Fleischer bei der Firma Westfleisch und erhält eine Ausbildungsvergütung von 550 € monatlich.

Tochter Maria ist noch Schülerin auf der Hansa-Realschule. Sie ist 17 Jahre alt und jobbt seit Juli 2013 donnerstags in einem Schnellrestaurant in der Innenstadt. Ihre Arbeitszeit beträgt ca. 5 Stunden wöchentlich, ihr Lohn schwankt zwischen 80 und 120 € monatlich.

AUFGABE:

Entscheiden Sie, ob für die Mitglieder der Familie Goldstein Versicherungspflicht in der gesetzlichen Sozialversicherung besteht. Tragen Sie in die Tabelle nur Ihre Antwort ein. Eine Begründung ist nicht erforderlich.

BEARBEITUNGSHINWEIS:

Für 2014 ist von folgenden Grenzen auszugehen:

Versicherungspflichtgrenze/Beitragsbemessungsgrenze:

Kranken- und Pflegeversicherung 53 550 €/48 600 € jährlich

Beitragsbemessungsgrenze:

Renten- und Arbeitslosenversicherung 71 400 €

Familienmitglied	gesetzl. Kranken- und Pflege-versicherung	gesetzl. Renten- und Arbeitslosenversicherung
Fred		
Wilma		
Wilfried		
Maria		

2. Sachverhalt (13,0 Punkte)

Die Werner Paulikat KG betreibt in Hamm eine Firma für Elektro- und Heizungsinstallation. Der Komplementär der Firma spricht bei Ihnen vor und wünscht Auskunft über Verjährungsfristen. Er will sicher sein, ob aufgrund verschiedener Forderungen der KG, die seit längerer Zeit nicht beglichen sind, Zahlung verlangt werden kann. Andererseits muss er auch wissen, ob die KG offene Rechnungen wegen inzwischen eingetretener Verjährung noch bezahlen muss.

Forderungen/Verbindlichkeiten	Verjährungsfrist
a) Die Honorarrechnung des Rechtsanwalts, der bei der Abfassung des Gesellschaftsvertrags geholfen hat, ist noch nicht bezahlt.	
b) Die KG hat einen Gebrauchtwagen an einen Privatmann geliefert. Der Kaufpreis musste erst eingeklagt werden. Lt. Urteil ist der Anspruch der KG berechtigt. Der Kaufpreis ist aber noch nicht beglichen.	
c) Die Firma hatte im Vorjahr ein unbebautes Grundstück verkauft. Der vereinbarte Kaufpreis ist bisher nicht eingegangen.	
d) Der Mandant hatte vor 4 Jahren einen Verkehrsunfall erlitten, der durch Trunkenheit des Unfallgegners verursacht wurde. Er will deshalb den Unfallgegner noch auf Zahlung einer Unfallrente verklagen.	
e) Die Firma schuldet einem Lieferanten seit Jahren noch 8 000 €. Eine Rechnung über diesen Betrag liegt noch nicht vor.	
f) Vor 5 Jahren wurde das Werkstattgebäude der Firma durch Farbschmierereien verunstaltet. Der jugendliche Sprayer konnte ermittelt werden und wurde wegen Sachbeschädigung zu einer Jugendstrafe verurteilt. Der Mandant hat erfahren, dass der Schädiger inzwischen eigene Einkünfte hat und will nun Schadenersatz verlangen.	
g) Die Forderung gegen den Kunden Kuhnert wurde zur Insolvenztabelle angemeldet. Die Insolvenzquote betrug nur 10 %. Die Restforderung ist noch offen.	

AUFGABE:

Geben Sie jeweils die Dauer der Verjährungsfrist an und vermerken Sie die entsprechende Regelung des BGB.

Klausursatz I: Lösung Wirtschafts- und Sozialkunde

1. Aufgabe

1. Sachverhalt   (5,0 Punkte)

a) Volker Meyer ist nicht Kaufmann i. S. des § 1 HGB.   1,0 P

Er übt zwar ein Gewerbe aus,   1,0 P

benötigt aber keinen in kfm. Weise eingerichteten Geschäftsbetrieb.   1,0 P

b) Er muss sich nicht ins Handelsregister eintragen lassen.   1,0 P

Er kann sich eintragen lassen (Kann-Kaufmann; § 2 HGB).   1,0 P

2. Sachverhalt   (9,0 Punkte)

a) Es handelt sich um eine OHG,   1,5 P

da ein Handelsgewerbe betrieben wird   1,0 P

und kein Gesellschafter seine Haftung beschränkt hat.   1,0 P

b) § 105 Abs. 1 HGB.   1,0 P

c) Die Firmenbezeichnung ist nicht zulässig.   0,5 P

Die Firma muss die Bezeichnung „OHG" enthalten.   1,0 P

§ 19 Abs. 1 Nr. 2 HGB.   1,0 P

d) Die Firma muss in das HR eingetragen werden (§ 106 Abs. 1 HGB).   1,0 P

e) Eine Mindest-Einlage ist gesetzlich nicht vorgeschrieben.   1,0 P

3. Sachverhalt   (4,0 Punkte)

a) Die Gesellschaft ist mit Aufnahme der Geschäfte am 1. 5. 2014 entstanden
(§ 123 Abs. 2 HGB).   1,0 P

Die Eintragung hat nur deklaratorische Wirkung.   1,0 P

b) Die Eintragung erfolgt in der Abteilung A, da es sich um eine Personengesellschaft handelt.   1,0 P

c) Die Gesellschaft ist mit Beginn ihrer Tätigkeit buchführungspflichtig.   1,0 P

4. Sachverhalt   (3,0 Punkte)

a) Der Kaufvertrag ist rechtswirksam.   1,0 P

Jeder Gesellschafter ist zur Vertretung der Gesellschaft berechtigt (§ 125
Abs. 1 HGB). Eine Beschränkung der Vertretung Dritten gegenüber ist unwirksam (§ 126 Abs. 2 HGB).   1,0 P

b) Die Lieferfirma kann von der Gesellschaft, aber auch von jedem der Gesellschafter die Zahlung verlangen (§ 128 HGB).   1,0 P

5. Sachverhalt (3,0 Punkte)

a) Die Auffassung ist falsch. Jeder Gesellschafter haftet unmittelbar   **1,0 P**
(§ 128 HGB).

b) Die Auffassung ist falsch. Gesamtschuldnerische Haftung (§ 128 HGB).   **1,0 P**

c) Die Auffassung ist falsch. Die Haftung ist unbeschränkt (105 Abs. 1 HGB).   **1,0 P**

6. Sachverhalt (8,0 Punkte)

a) Er muss den Gesellschaftsvertrag kündigen (§ 131 Abs. 3 HGB).   **1,0 P**

b) Die Kündigung kann nur zum Schluss eines Wirtschaftsjahres erfolgen
(§ 132 HGB).   **1,0 P**

Sie muss mindestens sechs Monate vorher ausgesprochen werden.   **1,0 P**

Der 30. 6. 2014 ist bereits verstrichen. Ein Ausscheiden ist bei Kündigung bis
zum 30. 6. 2015 erst zum 31. 12. 2015 möglich (falls Wirtschaftsjahr = Geschäftsjahr).   **2,0 P**

c) Volker Meyer haftet nach seinem Ausscheiden noch 5 Jahre für Schulden der
Gesellschaft,   **1,5 P**

soweit sie vor seinem Ausscheiden entstanden sind (§ 160 HGB).   **1,5 P**

7. Sachverhalt (8,0 Punkte)

a)

Gewinn		40 000 €	
./. Zinsen 4 % × $^8/_{12}$ (ab 1. 5.)		3 200 €	**2,0 P**
(4 % v. 120 T€ (48 T€+72 T€))			
Restgewinn		36 800 €	

Gesellschafter	Volker M. 40 %	Wolfgang M. 60 %	
EK-Verzinsung (40/60 %)	1 280 €	1 920 €	**1,0 P**
+ Restgewinn-Anteil	18 400 €	18 400 €	**3,0 P**
Gewinnanteil	19 680 €	20 320 €	**1,0 P**

b) Der Verlust wird nach Köpfen verteilt (§ 121 Abs. 3 HGB): je 12.000 €.   **1,0 P**

2. Aufgabe

Sachverhalt (12,0 Punkte)

a) Die Aktivseite gibt Informationen über die Kapitalverwendung (= Investition); die Passivseite gibt Auskunft über die Kapitalquellen (= Finanzierung).   **3,0 P**

b) – Außenfinanzierung als Beteiligungsfinanzierung: 500 000 € (Einlage Komplementär und Kommanditisten)   **2,0 P**

- Außenfinanzierung als Fremdfinanzierung: 350 000 € (Bankdarlehen + kurzfristige Verbindlichkeiten + langfristige Verbindlichkeiten) 2,0 P

- offene Selbstfinanzierung: 45 000 € (Gewinnrücklagen) 2,0 P

c) Offene Selbstfinanzierung: Gewinne, die in der GuV ersichtlich sind, werden nicht ausgeschüttet.

Verdeckte Selbstfinanzierung: Entsteht durch Unterbewertung von Vermögenswerten oder Überbewertung von Verbindlichkeiten. 3,0 P

3. Aufgabe

1. Sachverhalt (11,0 Punkte)

a) Am 12.7.2014 wurde der Kaufvertrag rechtswirksam geschlossen. 1,5 P

Bei Grundstückskaufverträgen ist notarielle Beurkundung erforderlich (§ 311b BGB). 1,5 P

b) Frau Freitag stehen ab 1.9.2014 die Mieteinnahmen und die AfA für das Gebäude zu (§ 873 Abs. 2 BGB). 1,5 P

Frau Freitag ist ab 1.9.2014 wirtschaftliche Eigentümerin des Grundstücks (Besitzerin). 1,5 P

c) Frau Freitag wird am 27.11.2014 bürgerlich-rechtliche Eigentümerin des Grundstücks (§ 873 Abs. 1 BGB). 1,5 P

Der Übergang des Eigentums erfolgt bei Grundstücken erst bei Eintragung in das Grundbuch. 1,5 P

d) Durch den Eigentümerwechsel ergeben sich keine Auswirkungen auf die bestehenden Mietverträge. 1,0 P

Die neue Eigentümerin tritt in die Mietverträge des Veräußerers ein und übernimmt dessen Rechte und Pflichten (§ 566 Abs. 1 BGB). 1,0 P

2. Sachverhalt (7,0 Punkte)

a) Hypothek 1,0 P

Grundschuld 1,0 P

b) Die Eintragung einer Hypothek setzt eine konkrete Forderung gegen den Eigentümer voraus. (Die Hypothek ist konkret.)

Die Grundschuld ist eine Grundstücksbelastung, die ohne Vorliegen einer konkreten Forderung eingetragen werden kann. (Die Grundschuld ist abstrakt.) 2,5 P

Mit Eintragung der Hypothek ist eine persönliche und dingliche Haftung verbunden.

Mit Eintragung der Grundschuld besteht nur eine dingliche Haftung. 2,5 P

4. Aufgabe

Sachverhalt (13,0 Punkte)

Zu finanzierende Anschaffungskosten	767 720 €	
./. eigene Mittel	150 000 €	**1,0 P**
./. 1. Hypothek (450 000 € × 98 %)	441 000 €	**2,0 P**
= erforderliche Restfinanzierung (= 94 % Auszahlung)	176 720 €	
= erforderliche 2. Hypothek (= 100 %)	188 000 €	**2,0 P**
Mieteinnahmen	62 400 €	
./. Grundsteuer (4 × 220 €)	880 €	**1,0 P**
./. Reparaturen (geschätzt)	7 200 €	**0,5 P**
./. AfA Gebäude (2 % von 637 000 €)	12 740 €	**1,5 P**
./. Zinsen 1. Hypothek (450 000 € × 5,56 %)	25 020 €	**1,0 P**
= verbleibender Überschuss	16 560 €	
./. Verzinsung Eigenmittel (2,5 % × 150 000 €)	3 750 €	**2,0 P**
= verfügbarer Zinsbetrag 2. Hypothek	12 810 €	

Berechnung des Zinssatzes:

$$\frac{12\,810 \times 100}{188\,000} = 6,81\,\% \qquad \textbf{2,0 P}$$

5. Aufgabe

1. Sachverhalt (4,0 Punkte)

Familienmitglied	gesetzl. Kranken- und Pflege-versicherung	gesetzl. Renten- und Arbeitslosenversicherung
Fred	Ja	Ja
Wilma	Nein	Nein
Wilfried	Ja	Ja
Maria	Nein	Nein

Jede richtige Lösung 0,5 Punkte. **4,0 P**

2. Sachverhalt (13,0 Punkte)

	Forderungen/Verbindlichkeiten	Verjährungsfrist
a)	Die Honorarrechnung des Rechtsanwalts, der bei der Abfassung des Gesellschaftsvertrags geholfen hat, ist noch nicht bezahlt.	3 Jahre (§ 195 BGB) 1,5 P
b)	Die KG hat einen Gebrauchtwagen an einen Privatmann geliefert. Der Kaufpreis musste erst eingeklagt werden. Laut Urteil ist der Anspruch der KG berechtigt. Der Kaufpreis ist aber noch nicht beglichen.	30 Jahre (§ 197 Abs. 1 Nr. 3 BGB) 2,0 P
c)	Die Firma hatte im Vorjahr ein unbebautes Grundstück verkauft. Der vereinbarte Kaufpreis ist bisher nicht eingegangen.	10 Jahre (§ 196 BGB) 2,0 P
d)	Der Mandant hatte vor 4 Jahren einen Verkehrsunfall erlitten, der durch Trunkenheit des Unfallgegners verursacht wurde. Er will deshalb den Unfallgegner noch auf Zahlung einer Unfallrente verklagen.	30 Jahre (§ 199 Abs. 2 BGB) 2,0 P
e)	Die Firma schuldet einem Lieferanten seit Jahren noch 8 000 €. Eine Rechnung über diesen Betrag liegt noch nicht vor.	3 Jahre (§ 195 BGB) 1,5 P
f)	Vor 5 Jahren wurde das Werkstattgebäude der Firma durch Farbschmierereien verunstaltet. Der jugendliche Sprayer konnte ermittelt werden und wurde wegen Sachbeschädigung zu einer Jugendstrafe verurteilt. Der Mandant hat erfahren, dass der Schädiger inzwischen eigene Einkünfte hat und will nun Schadenersatz verlangen.	10 Jahre (§ 199 Abs. 3 Nr. 1 BGB) 2,0 P
g)	Die Forderung gegen den Kunden Kuhnert wurde zur Insolvenztabelle angemeldet. Die Insolvenzquote betrug nur 10 %. Die Restforderung ist noch offen.	30 Jahre (§ 197 Abs. 1 Nr. 5 BGB) 2,0 P

Klausursatz I: Aufgabe Steuerwesen

Bearbeitungszeit: 150 Minuten

Teil I: Einkommensteuer, Abgabenordnung (53,0 Punkte)

Sachverhalt A (5,0 Punkte)

Im April 2013 hat Theo Tüftler einen kleinen Laden eröffnet, in dem er Modellautos und Bausätze für funkferngesteuerte Autos, Flugzeuge und Schiffe verkauft. Sein Geschäft liegt in zentraler Lage von Dortmund (Bezirk des Finanzamts Dortmund-Hörde).

Arbeitnehmer beschäftigt Theo noch nicht. Der Umfang seiner Tätigkeit erfordert keinen in kaufmännischer Weise eingerichteten Geschäftsbetrieb. Daher hat Theo seinen Gewinn bislang durch Einnahmen-Überschuss-Rechnung ermittelt. Mit Schreiben vom 2. 4. 2015 weist das Finanzamt darauf hin, dass Theo in den Vorjahren Gewinne von mehr als 50 000 € erzielt hat und fordert ihn auf, künftig Bücher zu führen.

AUFGABEN:

1. Ist die Aufnahme einer gewerblichen Tätigkeit anzeigepflichtig? Wenn ja, an welche Behörde musste sich Tüftler wenden?

    Bitte begründen Sie Ihre Lösung.

2. Welche Folgen hat die Aufforderung des Finanzamts vom 2. 4. 2015? Begründung erforderlich!

Sachverhalt B (16,0 Punkte)

Für das Jahr 2014 hat Theo Tüftler durch Einnahmen-Überschuss-Rechnung einen vorläufigen Gewinn i. H. von 57 500 € ermittelt.

Folgende Sachverhalte sind diesbezüglich noch zu berücksichtigen. Geben Sie dabei bitte die Begründung bzw. den Rechenweg an. Für 2014 möchte Theo einen möglichst niedrigen Gewinn ausweisen. Gehen Sie davon aus, dass die Voraussetzungen für die Sonderabschreibung nach § 7g EStG vorliegen. Umsatzsteuerlich unterliegt Theo Tüftler der Regelbesteuerung, er gibt monatlich Umsatzsteuer-Voranmeldungen ab.

1. Seinem Neffen schenkte Theo Tüftler im Mai 2014 aus seinem Warenbestand ein Modellauto zum Geburtstag (Ladenverkaufspreis: 83,30 €; Einkaufspreis im Mai 2014: 50 €).

2. Im Juni 2014 wurde Tüftler ein kleines Modellflugzeug aus dem Laden gestohlen (Einkaufspreis 522 €). Die Versicherung überwies im August 2014 einen Betrag von 480 €. Den verbleibenden Betrag von 42 € behandelte Theo als Betriebsausgabe.

3. Für die Verwaltung seines kleinen Geschäfts kaufte sich Tüftler im September 2014 einen Farb-Laser-Drucker. Seinen alten Drucker nahm der Händler aufgrund des guten Zustands für 238 € (einschließlich 19 % Umsatzsteuer) in Zahlung (Buchwert zum 31. 12. 2013: 300 €). Damit musste Theo nur noch 1 904 € für den neuen Drucker überweisen. Diesen Betrag hat er als Betriebsausgabe berücksichtigt. Die Nutzungsdauer eines Druckers beträgt nach der

amtlichen Abschreibungstabelle drei Jahre. Einen Investitionsabzugsbetrag hatte Tüftler zuvor nicht in Anspruch genommen.

4. Am 30. 12. 2014 wurden Tüftler zwei gleichwertige Vitrinen für sein Geschäft geliefert. Die Rechnung über insgesamt 812,50 € zzgl. USt erhielt und bezahlte Tüftler Anfang Januar 2015.

Sachverhalt C   (32,0 Punkte)

I.   Persönliche Verhältnisse

Theo Tüftler (geb. 5. 8. 1949) ist seit 1983 mit Trude Tüftler (geb. 18. 7. 1961) verheiratet. Sie wohnen seit 2014 im Norden von Dortmund (Bezirk des Finanzamts Dortmund-Unna).

Theo und Trude haben drei (gemeinsame) Kinder:

Sohn Jannis (geb. 15. 1. 1984) ist infolge einer Behinderung so hilflos, dass er für die gewöhnlichen und regelmäßig wiederkehrenden Verrichtungen im Ablauf des täglichen Lebens in erheblichem Umfang fremder Hilfe dauernd bedarf.

David ist am 5. 2. 1994 geboren und wohnt seit Mitte 2012 in Köln. Er studiert dort Architektur. Von seinen Eltern erhält David monatlich 450 €. Eigene Einkünfte und Bezüge hat er nicht.

Tochter Anna ist am 10. 4. 1996 geboren. Sie war im Jahr 2014 in einem Internat in Erkrath, östlich von Düsseldorf untergebracht.

II.   Angaben zu den Einkünften

Theo Tüftler erzielt ausschließlich Einkünfte aus seinem kleinen Geschäft in Dortmund (vgl. Sachverhalte A und B). Seine Frau Trude ist Prokuristin eines Dortmunder Kaufhauses. Ihr Bruttoarbeitslohn betrug im Jahr 2014 insgesamt 84 520 €. Ihren täglichen Weg zur Arbeit hat Frau Tüftler an insgesamt 220 Tagen mit dem Pkw zurückgelegt (einfache Entfernung: 15 km).

Trude ist zu 60 % erwerbsgemindert (Schwerbehindertenausweis mit Merkzeichen „G").

III.   Sonstige Angaben

1. Die abzugsfähigen Sonderausgaben betragen zutreffend 14 150 €.

2. Für eine Zahnoperation musste Trude im Jahr 2014 insgesamt 10 000 € bezahlen, wovon ihre Krankenkasse lediglich 4 500 € erstattete. Theo sind im Jahr 2014 Aufwendungen für eine Kur i. H. von 4 000 € entstanden (Notwendigkeit ist durch eine vor Antritt der Kur erstellte amtsärztliche Bescheinigung nachgewiesen). Die Krankenkasse hat von diesen Kosten 2 500 € übernommen.

3. Gemeinsam mit ihrem Bruder (zu gleichen Teilen) unterstützt Trude ihre Mutter mit jährlich 900 €. Die Mutter bezieht eine Rente aus der gesetzlichen Unfallversicherung i. H. von 7 400 €. Vermögen besitzt sie nicht.

1. Welches Finanzamt ist für die Bearbeitung der Einkommensteuererklärung der Eheleute Tüftler örtlich zuständig (Ort und übliche Bezeichnung)? Nennen Sie bitte auch die entsprechende Rechtsvorschrift.

2. a) Nehmen Sie Stellung zur

   – Einkommensteuerpflicht,

   – Veranlagungsform und zum

   – Tarif.

   b)   Ermitteln Sie in einer übersichtlichen Darstellung unter Verwendung der steuerlichen Fachbegriffe das niedrigstmögliche Einkommen i. S. des § 2 Abs. 4 EStG. Sämtliche Anträge gelten dabei als gestellt und die erforderlichen Nachweise als erbracht.

Teil II: Körperschaftsteuer (10,0 Punkte)

Sachverhalt

Die Jolle & Yacht GmbH (im Folgenden JY GmbH genannt) in Grömitz, Am Yachthafen 2, betreibt seit 2004 den Handel mit Segel- und Motorbooten. Das Stammkapital i. H. von 25 000 € ist vollständig eingezahlt. Alleiniger Gesellschafter und Geschäftsführer ist Hein Seebär, der seine Beteiligung im Privatvermögen hält.

Das Wirtschaftsjahr der GmbH entspricht dem Kalenderjahr.

Die JY GmbH hält eine 20 %ige Beteiligung an der Ostsee-Werft GmbH (kurz Werft GmbH) in Travemünde. Im Mai 2014 hatte die Gesellschafterversammlung der Werft GmbH für das Wirtschaftsjahr 2013 eine Gewinnausschüttung i. H. von insgesamt 40 000 € beschlossen. Die JY GmbH erhielt ihren Gewinnanteil – nach Abzug der Kapitalertragsteuer und des Solidaritätszuschlags – i. H. von 2 945 € noch Ende Mai 2014 überwiesen.

Der vorläufige Jahresabschluss der JY GmbH zum 31. 12. 2014 weist einen Fehlbetrag von 6 200 € auf. Folgende Aufwendungen und Erträge wurden dabei erfolgswirksam berücksichtigt:

Körperschaftsteuer-Vorauszahlungen 2014	./. 8 000 €
Vorauszahlungen Solidaritätszuschlag 2014	./. 440 €
Verspätungszuschläge Umsatzsteuer-Voranmeldungen	./. 200 €
Beteiligungsertrag Werft GmbH	+ 2 945 €
Geschäftsführergehalt Hein Seebär (angemessen)	./. 32 500 €

Für das Jahr 2014 soll keine Gewinnausschüttung durch die JY GmbH erfolgen.

Ermitteln Sie das zu versteuernde Einkommen der JY GmbH für den Veranlagungszeitraum 2014.

BEARBEITUNGSHINWEISE:

1. Eine Begründung für Ihre Entscheidungen ist nicht erforderlich.
2. Gewerbesteuerliche Auswirkungen sind unberücksichtigt zu lassen.
3. Eine Darstellung der einkommensteuerlichen Auswirkungen auf Gesellschafterebene ist nicht erforderlich.

Teil III: Gewerbesteuer (13,0 Punkte)

Sachverhalt

Bernd Braunbär ist Komplementär der Braunbär GmbH & Co. KG, die am Tegernsee einen Großhandel für Jagdbedarf und Trachten betreibt. Bernds Sohn Boris ist als Kommanditist an der KG beteiligt. Die Einlage des Kommanditisten beträgt 60 000 € und ist in voller Höhe eingezahlt.

Die Braunbär GmbH & Co. KG betreibt ihren Großhandel auf dem ausschließlich für eigene betriebliche Zwecke genutzten Grundstück „Freischützstraße 23", das zu 100 % im Gesamthandseigentum der Gesellschafter steht. Der Einheitswert des Grundstücks (1.1.1964) beträgt 175 000 €. Das Wirtschaftsjahr entspricht dem Kalenderjahr.

Der vorläufige Gewinn ist der vorläufigen Bilanz und Gewinn- und Verlustrechnung zu entnehmen (siehe Anlage).

Die Gewinnverteilung ergibt sich aus dem Gesellschaftsvertrag (siehe Anlage).

Vorläufige Bilanz zum 31. 12. 2014

Aktiva	Braunbär GmbH & Co. KG		Passiva
Anlagevermögen	460 000 €	Kapital	
		1. Festkapital Bernd Braunbär	240 000 €
Umlaufvermögen	180 000 €	2. variables Kapital Bernd Braunbär	30 000 €
		3. Kommanditkapital	60 000 €
		Verbindlichkeiten	310 000 €
	640 000 €		640 000 €

Vorläufige Gewinn- und Verlustrechnung vom 1. 1. bis zum 31. 12. 2014

Aufwendungen		Braunbär GmbH & Co. KG	Erträge	
Wareneinkauf		210 000 €	Umsatzerlöse	540 000 €
Personalaufwand		160 300 €		
Tätigkeitsvergütung Komplementär		70 000 €		
Zinsaufwand				
	Darlehen	13 400 €		
	Kontokorrent	3 850 €		
Gewerbesteuer-Vorauszahlungen 2014		12 000 €		
sonstige betriebliche Aufwendungen		33 000 €		
vorläufiger Jahresüberschuss		37 450 €		
		540 000 €		540 000 €

Für laufende Verbindlichkeiten auf dem Kontokorrentkonto stellt die Bank der KG 11 % Zinsen in Rechnung.

Auszug aus dem Gesellschaftsvertrag

> ...
>
> *§ 3 Verteilung des Gewinns*
>
> *Der nach Berücksichtigung der Gewerbesteuer verbleibende Gewinn ist wie folgt zu verteilen:*
>
> 1. *Der Komplementär erhält ein Geschäftsführergehalt i. H. von jährlich 14 × 5 000 €.*
> 2. *Aus dem verbleibenden Gewinn erhalten die Gesellschafter eine 4 %ige Verzinsung ihres Fest- bzw. Kommanditkapitals, der Rest wird im Verhältnis 4:1 verteilt.*

AUFGABE:

Berechnen Sie die Gewerbesteuer für den Erhebungszeitraum 2014. Der Hebesatz der Gemeinde beträgt 440 %.

Teil IV: Umsatzsteuer (24,0 Punkte)

Aufgabe:

Wolfgang Austermann betreibt in Berlin, Am Großen Wannsee 24, einen Einzelhandel mit Booten, Bootsmotoren und Zubehör mit Reparaturwerkstatt. Er versteuert seine Umsätze nach den allgemeinen Vorschriften des UStG nach vereinbarten Entgelten und gibt seine USt-Voranmeldungen monatlich ab.

Die umsatzsteuerlichen Auswirkungen folgender Sachverhalte aus dem Jahre 2014 sind dem Mandanten noch unklar:

Sachverhalt 1

Der Mandant hat von einem Geschäftsmann dessen bisher ausschließlich privat genutztes Kajütboot „Carola" gekauft und dafür entsprechend der vorliegenden Rechnung 8 000 € zzgl. 1 520 € USt = 9 520 € in bar vergütet.

AUFGABE:

Prüfen Sie, ob ein Vorsteuerabzug möglich ist. Begründen Sie Ihre Auffassung und geben Sie dabei die entsprechende Rechtsvorschrift an.

Sachverhalt 2

Die „Carola" hat der Mandant für 12 000 € zzgl. 2 184,80 € USt an den Kunden Forsmann weiter verkauft. Die Umsatzsteuer wurde versehentlich falsch berechnet, in der Rechnung ausgewiesen und in der USt-Voranmeldung entsprechend erfasst. Eine Korrektur der Rechnung soll nicht erfolgen.

AUFGABE:

Geben Sie die sich daraus ergebenden Rechtsfolgen und die entsprechende Vorschrift an.

Sachverhalt 3

Mandant Austermann erwarb beim niederländischen Großhändler van der Veen Segeltuch und anderes Bootszubehör für insgesamt 4 800 €. Die Ware wurde durch einen Paketdienst von Rotterdam/Niederlande nach Berlin transportiert. Beide Unternehmer gaben bei Bestellung und bei Rechnungserteilung ihre nationale USt-IdNr. an. Der Rechnungsbetrag enthält keine Umsatzsteuer.

AUFGABE:

Erläutern Sie dem Mandanten den Sachverhalt aus umsatzsteuerlicher Sicht. Geben Sie dabei Informationen über:

► Umsatzart unter Angabe der Rechtsvorschrift,
► Ort des Umsatzes unter Angabe der Rechtsvorschrift,
► Steuerbarkeit,
► Bemessungsgrundlage unter Angabe der Rechtsvorschrift,
► Höhe der Umsatzsteuer,
► Höhe der Vorsteuer unter Angabe der Rechtsvorschrift.

Sachverhalt 4

Der Mandant hatte bereits vor längerer Zeit das Boot des Kunden Möbius generalüberholt. Die Forderung musste wegen Zahlungsschwierigkeiten des Kunden eingeklagt werden. Neben dem ursprünglichen Rechnungsbetrag gingen auf dem Geschäftskonto Verzugszinsen i. H. von 238 € ein.

AUFGABE:

Beurteilen Sie die umsatzsteuerliche Behandlung der Verzugszinsen. Begründen Sie Ihre Auffassung.

Sachverhalt 5

Das Segelboot eines Mitarbeiters wurde im Betrieb des Mandanten ohne Berechnung repariert. Die Reparatur verursachte folgende Ausgaben:

a) ohne Vorsteuern (Löhne, Lohnnebenkosten) 800 €

b) mit Vorsteuern (Holz, Farben, Lacke) 200 €

Eine derartige Reparatur wird Kunden mit 2 000 € zzgl. 19 % USt berechnet.

AUFGABE:

Geben Sie an:

- ► Umsatzart unter Angabe der Rechtsvorschrift,
- ► Ort des Umsatzes unter Angabe der Rechtsvorschrift,
- ► Steuerbarkeit,
- ► Bemessungsgrundlage unter Angabe der Rechtsvorschrift,
- ► Höhe der Umsatzsteuer.

Sachverhalt 6

Der Mandant bezog von einem Hersteller aus Genf/Schweiz spezial-verleimte Masten für Segelboote. Die Sendung gelangte entsprechend den Lieferkonditionen „verzollt und versteuert" per Bahnfracht von Genf nach Berlin. In der ordnungsgemäßen Rechnung über insgesamt 4 284 € weist der Schweizer Lieferant deutsche Umsatzsteuer i. H. von 684 € gesondert aus.

AUFGABE:

Prüfen Sie, ob aus der vorliegenden Rechnung ein Vorsteuerabzug geltend gemacht werden kann. Geben Sie die anzuwendende Rechtsvorschrift an.

Klausursatz I: Lösung Steuerwesen

Teil I: Einkommensteuer, Abgabenordnung (53,0 Punkte)

Sachverhalt A (5,0 Punkte)

Aufgabe 1:

Wer einen gewerblichen Betrieb eröffnet, hat dies auf amtlich vorgeschriebenem Vordruck der Gemeinde mitzuteilen, in der der Betrieb eröffnet wird, hier also der Stadt Dortmund, § 138 Abs. 1 AO.

2,0 P

Aufgabe 2:

Gewerbliche Unternehmer, die nach den Feststellungen der Finanzbehörde einen Gewinn aus Gewerbebetrieb von mehr als 50 000 € im Wirtschaftsjahr erzielt haben, sind verpflichtet, für diesen Betrieb Bücher zu führen (§ 141 Abs. 1 Nr. 4 AO).

1,0 P

Die Verpflichtung ist vom Beginn des Wirtschaftsjahres an zu erfüllen, das auf die Bekanntgabe der Mitteilung folgt, durch die die Finanzbehörde auf den Beginn dieser Verpflichtung hingewiesen hat (§ 141 Abs. 2 AO). Demnach ist Theo Tüftler mit Beginn des Wirtschaftsjahres 2016 zur Buchführung verpflichtet.

2,0 P

Sachverhalt B (16,0 Punkte)

Aufgabe 1:

Es handelt sich um eine Entnahme, die mit dem Teilwert von 50 € zzgl. darauf entfallender Umsatzsteuer i. H. von (50 € × 19 % =) 9,50 € als Betriebseinnahme zu erfassen ist.

Gewinnauswirkung insgesamt:	+ 59,50 €	3,0 P

Aufgabe 2:

Die Entschädigung der Versicherung ist als Betriebseinnahme anzusetzen.

Betriebseinnahmen:	+ 480 €	1,0 P

Der verbleibende, nicht erstattete Betrag i. H. von 42 € wurde bei Anschaffung der Ware bereits als Betriebsausgabe angesetzt. Daher ist nunmehr, im Falle des Diebstahls, keine erneute Berücksichtigung als Betriebsausgabe möglich.

Betriebsausgaben:	./. 42 €	1,0 P
	(= Gewinn + 42 €)	
Gewinnauswirkung insgesamt:	+ 522 €	

ERGÄNZENDER HINWEIS:

Die Erstattung der Versicherung ist für Theo Tüftler nicht umsatzsteuerpflichtig, denn es handelt sich um Schadensersatz (kein Leistungsaustausch).

Aufgabe 3:

		Gewinnauswirkung	
Anschaffungskosten des neuen Druckers			
Banküberweisung	1 904 €	+ 1 904 €	0,5 P
Inzahlunggabe alter Drucker	+ 238 €	+ 238 €	0,5 P
Zwischensumme	2 142 €		
abzgl. Umsatzsteuer 19 %	./. 342 €	./. 342 €	0,5 P
Anschaffungskosten	1 800 €		
Abschreibung für 4 Monate (1 800 € : 3 × $^4/_{12}$ =)		./. 200 €	2,0 P
Sonder-Abschreibung nach § 7g Abs. 5 EStG (1 800 € × 20 % =)		./. 360 €	2,0 P
Abgang und Abschreibung des alten Druckers (= Buchwert zum 31. 12. 2013)		./. 300 €	0,5 P
Gewinnauswirkung insgesamt:		+ 940 €	

Aufgabe 4:

Bei den Vitrinen handelt es sich um geringwertige Wirtschaftsgüter i. S. des § 6 Abs. 2 EStG. Die Anschaffungskosten i. H. von insgesamt 812,50 € können daher im Jahr der Anschaffung (= Jahr 2014) als Betriebsausgaben berücksichtigt werden. Die Umsatzsteuer i. H. von 154,38 € wirkt sich allerdings erst im Zeitpunkt der Zahlung, demnach im Jahr 2015 als Betriebsausgabe aus.   **4,0 P**

Gewinnauswirkung insgesamt: ./. 812,50 €

[Bei Ansatz der Vorsteuer als Betriebsausgabe in 2014: ./. 1,0 P]

ERGÄNZENDER HINWEIS:

Denkbar wäre grundsätzlich auch, die Aufwendungen für die Vitrinen über die betriebsgewöhnliche Nutzungsdauer abzuschreiben oder aber in einen Sammelposten nach § 6 Abs. 2a EStG einzustellen und über 5 Jahre abzuschreiben. Laut Aufgabenstellung soll jedoch der niedrigstmögliche Gewinn für das Jahr 2014 ermittelt werden.

Ermittlung des endgültigen Gewinns für 2014

Vorläufiger Gewinn laut Aufgabenstellung	57 500,00 €	
Gewinnauswirkung Aufgabe 1:	+ 59,50 €	
Gewinnauswirkung Aufgabe 2:	+ 522,00 €	
Gewinnauswirkung Aufgabe 3:	+ 940,00 €	
Gewinnauswirkung Aufgabe 4:	./. 812,50 €	
Endgültiger Gewinn:	58 209,00 €	1,0 P

33

Sachverhalt C (32,0 Punkte)

Aufgabe 1:

Für die Einkommensteuererklärung 2014 der Eheleute Tüftler ist das Betriebsfinanzamt
Dortmund-Hörde örtlich zuständig, § 19 Abs. 3 AO.   **4,0 P**

ERGÄNZENDER HINWEIS:

Zum Bereich der Wohnsitzgemeinde Dortmund gehören mehrere Finanzämter. Theo Tüftler erzielt Einkünfte
aus Gewerbebetrieb im Bezirk des Finanzamts Dortmund-Hörde, wohnt allerdings im Bezirk des Finanzamts
Dortmund-Unna. Grundsätzlich müssten die Einkünfte aus Gewerbebetrieb demnach vom Finanzamt Dortmund-Hörde gesondert festgestellt und dem Finanzamt Dortmund-Unna als Wohnsitzfinanzamt mitgeteilt
werden (§ 180 Abs. 1 Nr. 2b) AO). Um dieses aufwendige Verfahren innerhalb einer Wohnsitzgemeinde zu
vermeiden, geht die Zuständigkeit für die Bearbeitung der Einkommensteuererklärung vom Wohnsitzfinanzamt Dortmund-Unna auf das Betriebsfinanzamt Dortmund-Hörde über, § 19 Abs. 3 AO (sog. Großstadtrege-
lung).

Aufgabe 2:

a)   Die Eheleute Tüftler sind im Veranlagungszeitraum 2014 unbe-
     schränkt einkommensteuerpflichtig, da sie als natürliche Personen ei-   **1,0 P**
     nen Wohnsitz im Inland haben, § 1 Abs. 1 EStG.

     Da die Eheleute Tüftler für den Veranlagungszeitraum 2014 keine
     Aussage zur Veranlagungsform gemacht haben, wird von Amts we-   **2,0 P**
     gen die Zusammenveranlagung unterstellt, § 26 Abs. 3 EStG.

     Aufgrund der Zusammenveranlagung findet der Splittingtarif An-   **1,0 P**
     wendung.

b)   Ermittlung des Einkommens i. S. des § 2 Abs. 4 EStG der Eheleute Tüftler für das
     Jahr 2014:

1.   *Summe der Einkünfte, § 2 Abs. 3 EStG*

(a) Einkünfte aus Gewerbebetrieb (Theo Tüftler), § 15 Abs. 1 Nr. 1 EStG

     vgl. Sachverhalte A und B

     Gewinn für das Jahr 2014   58 209 €   **0,5 P**

(b) Einkünfte aus nichtselbständiger Arbeit (Trude Tüftler), § 19 Abs. 1 Nr. 1 EStG

     Einnahmen   84 520 €

     Werbungskosten

     Wege Wohnung - erste Tätigkeitsstätte

     220 Tage × 15 km × 2 × 0,30 € =   ./. 1 980 €   **2,0 P**

     (mindestens Arbeitnehmer-Pauschbetrag von 1 000 €, § 9a Nr. 1 EStG)

     Einkünfte   82 540 €

ERGÄNZENDER HINWEIS:

Trude Tüftler kann einen Grad der Behinderung von mehr als 50 % nachweisen und ist in ihrer Bewegungsfähigkeit im Straßenverkehr erheblich beeinträchtigt (Merkzeichen „G"). Daher kann sie anstelle der Entfernungspauschale die tatsächlichen Aufwendungen für die Wege zwischen Wohnung und Arbeitsstätte ansetzen, § 9 Abs. 2 Satz 3 EStG i.V. mit R 9.10 Abs. 3 LStR (hier: 0,30 € je gefahrenen Kilometer bzw. 0,60 € je Entfernungskilometer).

Zusammenfassung:

	Theo Tüftler	Trude Tüftler		
Gewerbebetrieb	58 209 €			
nichtselbständige Arbeit		82 540 €		
Summe der Einkünfte			140 749 €	1,0 P

2. Gesamtbetrag der Einkünfte, § 2 Abs. 3 EStG

Altersentlastungsbetrag, § 24a EStG				1,0 P
Theo Tüftler:				
positive Summe übrige Einkünfte				
58 209 € × 25,6 % = 14 902 €, höchstens			./. 1 216 €	2,0 P
Gesamtbetrag der Einkünfte			139 533 €	0,5 P

3. Einkommen, § 2 Abs. 4 EStG

a) Sonderausgaben			./. 14 150 €	0,5 P
b) Außergewöhnliche Belastungen allgemeiner Art, § 33 EStG				
Krankheitskosten Zahnoperation		10 000 €		0,5 P
Kurkosten		4 000 €		0,5 P
abzgl. Erstattungen		./. 7 000 €		1,0 P
		7 000 €		
abzgl. zumutbare Belastung				
139 533 € × 2 % =		./. 2 790 €		1,0 P
		4 210 €	./. 4 210 €	
			121 173 €	

Unterhaltsleistungen, § 33a Abs. 1 EStG				
— an die Mutter von Trude Tüftler				
Höchstbetrag		8 354 €		
abzgl. eigener Einkünfte und Bezüge				
Rente (Unfallversicherung)	7 400 €			
abzgl. Kostenpauschale	./. 180 €			1,0 P
	7 220 €			

abzgl. Karenzbetrag	./. 624 €			1,0 P
	6 596 €	./. 6 596 €		
gekürzter Höchstbetrag		1 758 €		1,0 P
vom gekürzten Höchstbetrag entfallen auf				
Trude Tüftler (1 758 € × $^1/_2$ =)		879 €		
tatsächliche Unterhaltsleistungen		900 €		
abzugsfähig höchstens der gekürzte Höchstbetrag von				
			./. 879 €	2,0 P
Ausbildungsfreibetrag, § 33a Abs. 2 EStG				
– David				
Freibetrag			./. 924 €	2,0 P
– Anna				
Freibetrag ab April 2014 (Vollendung des 18. Lebensjahres)				
924 € × $^9/_{12}$ =			./. 693 €	2,0 P
Pauschbeträge für behinderte Menschen, § 33b EStG				
– Trude Tüftler (Grad der Behinderung 60 %)				
Pauschbetrag gem. § 33b Abs. 1 EStG			./. 720 €	1,0 P
– Jannis (Hilflosigkeit)				
Pauschbetrag gem. § 33b Abs. 1 und 5 EStG			./. 3 700 €	2,0 P
– Jannis (Hilflosigkeit)				
Pflege-Pauschbetrag gem. § 33b Abs. 6 EStG			./. 924 €	1,0 P
Einkommen			113 333 €	0,5 P

Teil II: Körperschaftsteuer (10,0 Punkte)

Ermittlung des zu versteuernden Einkommens der Jolle & Yacht GmbH für das Jahr 2014:

vorläufiger Fehlbetrag	./. 6 200 €	0,5 P
KSt-Vorauszahlungen 2014	+ 8 000 €	1,0 P
SolZ-Vorauszahlungen 2014	+ 440 €	1,0 P
Beteiligungserträge Werft GmbH	./. 2 945 €	2,0 P
nicht abziehbare Betriebsausgaben		
(5 % der Gewinnausschüttung)	+ 200 €	1,0 P
zu versteuerndes Einkommen 2014	./. 505 €	0,5 P
Nichtansatz des Verspätungszuschlags im Rahmen der Korrekturrechnung.		2,0 P
Nichtansatz des Geschäftsführergehalts im Rahmen der Korrekturrechnung.		2,0 P

Bemessungsgrundlage für die Körperschaftsteuer ist das zu versteuernde Einkommen (§ 7 Abs. 1 KStG). Was als Einkommen gilt und wie es zu ermitteln ist, richtet sich neben den Vorschriften des Körperschaftsteuergesetzes im Wesentlichen nach dem Einkommensteuergesetz (§ 8 Abs. 1 KStG).

Die Steuern vom Einkommen sowie darauf entfallende Nebenleistungen (Körperschaftsteuer, Solidaritätszuschlag) stellen nichtabziehbare Aufwendungen i. S. des § 10 Nr. 2 KStG dar und sind dem vorläufigen Fehlbetrag daher wieder hinzuzurechnen (sie wurden zuvor [handelsrechtlich zutreffend] als Betriebsausgaben erfasst). Die Hinzurechnung gilt nicht für die Verspätungszuschläge zu den Umsatzsteuer-Voranmeldungen.

Die Erträge aus der Beteiligung an der Werft GmbH sind gem. § 8b Abs. 1 KStG steuerfrei. Im Rahmen des vorläufigen Jahresabschlusses zum 31.12.2014 wurde lediglich ein Beteiligungsertrag i. H. von 2 945 € erfasst, so dass in diesem Fall auch nur diese Nettodividende aus dem vorläufigen Ergebnis heraus zu rechnen ist.

Nach § 8b Abs. 5 KStG sind 5 % der Gewinnausschüttung (Ausschüttungsbetrag netto 2 945 € + 1 000 € Kapitalertragsteuer + 55 € Solidaritätszuschlag = 4 000 € Gewinnausschüttung brutto × 5 % = 200 €) dem Gewinn hinzuzurechnen (= nicht abziehbare Betriebsausgaben). § 8b Abs. 4 KStG (Steuerpflicht sog. Streubesitzdividenden) ist nicht anzuwenden, da die Beteiligung an der Ostsee-Werft GmbH nicht weniger als 10 % beträgt.

Die bei Ausschüttung einbehaltenen Steuerabzugsbeträge (Kapitalertragsteuer und Solidaritätszuschlag) stellen für die JY GmbH Vorauszahlungen auf die eigene Steuerschuld dar.

Teil III: Gewerbesteuer (13,0 Punkte)

Ermittlung der Gewerbesteuer der Braunbär GmbH & Co. KG für das Wirtschaftsjahr 2014:

vorläufiger Jahresüberschuss laut GuV-Rechnung		37 450 €	0,5 P
zzgl. Tätigkeitsvergütung Komplementär		+ 70 000 €	1,0 P
zzgl. Gewerbesteuer-Vorauszahlungen		+ 12 000 €	1,0 P
vorläufiger steuerlicher Gewinn		119 450 €	
Hinzurechnungen, § 8 GewStG			
Schuldzinsen zu 25 %, § 8 Nr. 1 GewStG			
Darlehenszinsen	13 400 €		1,0 P
Kontokorrentzinsen	3 850 €		
	17 250 €		
Eine Hinzurechnung der Zinsen unterbleibt, da die Summe den Betrag von 100 000 € nicht übersteigt.			2,0 P
Kürzungen, § 9 GewStG			
1,2 % vom Einheitswert des Betriebsgrundstücks, § 9 Nr. 2 GewStG			
175 000 € × 1,4 = 245 000 € × 1,2 % =		./. 2 940 €	2,0 P
Gewerbeertrag		116 510 €	
Abrundung, § 11 Abs. 1 GewStG		116 500 €	1,0 P
abzgl. Freibetrag, § 11 Abs. 1 GewStG		./. 24 500 €	1,0 P
Gewerbeertrag		92 000 €	
Messbetrag, § 11 Abs. 2 GewStG: 3,5 %			
Steuermessbetrag		3 220 €	2,0 P
Gewerbesteuer			
(Steuermessbetrag 3 220 € × Hebesatz 440 % =)		14 168 €	1,5 P

Teil IV: Umsatzsteuer (24,0 Punkte)

Sachverhalt 1 (3,0 Punkte)

Es ist kein Vorsteuerabzug möglich.   1,0 P

Die Umsatzsteuer ist nicht für eine Lieferung berechnet, die im Rahmen des Unternehmens ausgeführt wurde.

Alternativ:

Der Geschäftsmann ist bzgl. der Lieferung des Bootes kein Unternehmer.   1,0 P

§ 14 Abs. 1 und § 1 Abs. 1 Nr. 1 UStG   1,0 P

ERGÄNZENDER HINWEIS:

Auch wenn Mandant Austermann die ihm in Rechnung gestellte Umsatzsteuer von 1 520 € nicht als Vorsteuer geltend machen kann, schuldet der Verkäufer des Bootes die zu Unrecht ausgewiesene Umsatzsteuer gemäß § 14c Abs. 2 UStG (vgl. auch Abschnitt 15.2 Abs. 1 Satz 2 UStAE).

Sachverhalt 2 (3,0 Punkte)

Bemessungsgrundlage nach § 10 Abs. 1 UStG ist das Entgelt.   1,0 P

Berechnung:

	14 184,80 €	
./. enthaltene USt	2 264,80 €	
Entgelt	11 920,00 €	1,0 P
× 19 %	2 264,80 €	
Bezahlt	2 184,80 €	
Nachzahlung	80,00 €	1,0 P

ERGÄNZENDER HINWEIS:

Es handelt sich nicht um einen Fall des § 14c Abs. 1 UStG, da die in der Rechnung ausgewiesene Umsatzsteuer nicht zu hoch, sondern zu niedrig war.

Sachverhalt 3 (6,0 Punkte)

Umsatzart:	innergemeinschaftlicher Erwerb	1,0 P
	§ 1 Abs. 1 Nr. 5 i.V.m. § 1a Abs. 1 UStG	1,0 P
Ort des Umsatzes:	Inland	0,5 P
	§ 3d UStG	0,5 P
Steuerbarkeit:	Der Umsatz ist steuerbar.	0,5 P
Bemessungsgrundlage:	4 800 € (Entgelt)	0,5 P
	§ 10 Abs. 1 UStG	0,5 P

Höhe der Umsatzsteuer:	912 €	0,5 P
Vorsteuerabzug:	912 €	0,5 P
	§ 15 Abs. 1 Nr. 3 UStG	0,5 P

Sachverhalt 4 (3,0 Punkte)

Verzugszinsen sind echter Schadenersatz wegen nicht rechtzeitiger Zahlung.

Alternativ:

Es wurde insoweit kein Umsatz i. S. des UStG ausgeführt.	2,0 P
Der Vorgang ist nicht steuerbar.	1,0 P

Sachverhalt 5 (6,0 Punkte)

Umsatzart:	sonstige Leistung	1,0 P
	§ 3 Abs. 9a Satz 1 Nr. 2 UStG	1,0 P
Ort des Umsatzes:	Berlin	0,5 P
	§ 3f UStG	1,0 P
Steuerbarkeit:	Der Umsatz ist steuerbar.	0,5 P
Bemessungsgrundlage:	**alle** bei der Ausführung der sonstigen Leistung entstandenen Ausgaben = 1 000 €	1,0 P
	§ 10 Abs. 4 Nr. 3 UStG	0,5 P
Umsatzsteuer:	19 % × 1 000 € = 190 €	0,5 P

Sachverhalt 6 (3,0 Punkte)

Der Vorsteuerabzug ist i. H. von 684 € möglich.	2,0 P
§ 15 Abs. 1 Nr. 1 UStG	1,0 P

ERGÄNZENDER HINWEIS:

Der Unternehmer aus Genf liefert gem. § 3 Abs. 8 UStG im Inland. Seine Lieferung ist in Deutschland steuerbar und steuerpflichtig mit 19 %.

Klausursatz II: Aufgabe Rechnungswesen

Bearbeitungszeit: 120 Minuten

Aufgabenteil I

Werner Reisener ist Inhaber einer Großhandlung mit Lederbekleidung in Gütersloh, Bielefelder Allee 11–15. Die Firma Leder-Reisener ist im Handelsregister eingetragen. Seinen Gewinn ermittelt er nach § 4 Abs. 1 i.V. mit § 5 EStG. Das Wirtschaftsjahr entspricht dem Kalenderjahr.

Er versteuert seine Umsätze nach den allgemeinen Vorschriften des UStG. Alle seine Umsätze unterliegen, sofern nicht anders angegeben, dem Steuersatz von 19 %. Er ist zum vollen Vorsteuerabzug berechtigt. Die Voraussetzungen des § 7g EStG sind erfüllt. Für das Wirtschaftsjahr 2014 möchte Werner Reisener einen möglichst niedrigen steuerlichen Gewinn ausweisen. Abschreibungsbeträge sind auf volle Euro aufzurunden. Alle erforderlichen Belege liegen vor. Die Rechnungen sind ordnungsgemäß i. S. des § 14 UStG.

1. Sachverhalt (8,0 Punkte)

Der Mandant hat im Februar die Lederwarenmesse in Offenbach besucht und dort 400 Leder mäntel aus Rindernappa bei einem brasilianischen Hersteller bestellt. Die Lieferung erfolgte vertragsgemäß per Luftfracht am 21. 3. 2014. Am selben Tag erhielt er folgende Rechnung:

400 Ledermäntel	60 000 US-$
+ Fracht	2 800 US-$
+ Versicherung	1 100 US-$
= Gesamtpreis	63 900 US-$

Da die Lieferung unverzollt und unversteuert erfolgte, musste der Mandant bei Abholung der Ware am Flughafen Düsseldorf Zoll i. H. von 1 320 € und die Einfuhrumsatzsteuer i. H. von 7 606 € per Bankscheck entrichten.

AUFGABEN:

a) Buchen Sie den Eingang der Ware/der Rechnung. Der Kurs des € betrug 0,6375 € je 1 US-$.

b) Buchen Sie die Zahlung von Zoll und Einfuhrumsatzsteuer.

c) Buchen Sie die Überweisung des Rechnungsbetrags am 20. 4. 2014. Der Kurs des € betrug 0,6275 € je 1 US-$.

2. Sachverhalt (12,0 Punkte)

Der Mandant erwarb im März 2014 einen Kleintransporter ausschließlich für betriebliche Zwecke und leistete dafür am 8. 3. 2014 bei Bestellung die vereinbarte und ordnungsgemäß berechnete Anzahlung von 8 000 € zzgl. 1 520 € USt aus Privatmitteln. Das Fahrzeug wurde am 24. 3. 2014 ausgeliefert. Der Mandant erhielt sofort folgende Rechnung:

Kleintransporter (Listenpreis)		40 800,00 €
abzgl. Rabatt 7 %		2 856,00 €
Zwischensumme		37 944,00 €
+ Kfz-Kennzeichen		36,00 €
		37 980,00 €
+ 19 % Umsatzsteuer		7 216,20 €
		45 196,20 €
+ Kosten der Zulassung		64,00 €
Gesamtbetrag		45 260,20 €
abzgl. Anzahlung	8 000 €	
+ 19 % Umsatzsteuer	1 520 €	9 520,00 €
noch zu zahlen		35 740,20 €

Bei Zahlung innerhalb von 8 Tagen gewähren wir einen Skontoabzug i. H. von 740,20 €.

Der Mandant überwies am 29. 3. 2014 den Betrag von 35 000 € vom betrieblichen Bankkonto.

AUFGABEN:

a) Buchen Sie die geleistete Anzahlung.

b) Buchen Sie bitte die Anschaffung des Fahrzeugs.

c) Nehmen Sie die Buchung der Überweisung des Rechnungsbetrags vor.

d) Ermitteln Sie die Anschaffungskosten und berechnen Sie die höchstmögliche AfA für das Fahrzeug (Nutzungsdauer 4 Jahre). Buchen Sie die Abschreibung. Beachten Sie dabei bitte, dass Reisener zum 31. 12. 2013 einen Investitionsabzugsbetrag gem. § 7g Abs. 1 EStG i. H. von 12 000 € gewinnmindernd berücksichtigt hatte. Stellen Sie die sich daraus ergebenden Konsequenzen für 2014 kurz dar und nehmen Sie alle erforderlichen Buchungen vor.

3. Sachverhalt (3,0 Punkte)

Mandant Reisener kaufte anlässlich seines 20. Geschäftsjubiläums in einer Gütersloher Buchhandlung zu Werbezwecken folgende Bildbände:

20 Stück „Lederverarbeitung in der Antike" für je 28,40 €		=	568 €
10 Stück „Kleidung aus Lack und Leder" für 45,20 €		=	452 €

Laut Rechnung beträgt das Entgelt 953,27 € und die darauf entfallende Umsatzsteuer 66,73 €. Der Gesamtbetrag wurde vom Geschäftskonto überwiesen.

Jeweils einer der Bildbände wurde an verschiedene Stammkunden versendet.

HINWEIS:

Keine Pauschalierung der Einkommensteuer nach § 37b EStG.

AUFGABEN:

a) Buchen Sie diesen Vorgang.

b) Nennen Sie die Höhe der handels- und steuerrechtlichen Gewinnauswirkung, die sich aus der Lösung zu a) insgesamt ergibt.

4. Sachverhalt (6,0 Punkte)

Der Einkommensteuerbescheid 2011 vom 18.4.2014 weist für den Mandanten einen Erstattungsbetrag von 11 422 € aus. Nach der beiliegenden Umbuchungsmitteilung des Finanzamts ist das Guthaben wie folgt umgebucht worden:

Einkommensteuer I/2014	2 200 €
Säumniszuschlag dazu	44 €
Lohn- und Kirchensteuer 2/2014	
(Bruttolohnbuchung)	1 420 €
Säumniszuschlag dazu	28 €
Umsatzsteuer 1/2014	3 117 €
Säumniszuschlag dazu	62 €
Grunderwerbsteuer für das unbeb. Betriebsgrundstück lt. Bescheid vom 12.4.2014	3 500 €

Der Restbetrag i. H. von 1 051 € wurde vom Finanzamt auf das betriebliche Bankkonto überwiesen.

AUFGABEN:

a) Buchen Sie den Vorgang einschließlich der Bankgutschrift.

b) Geben Sie die Gewinnauswirkung (erhöhend, mindernd, neutral) unter Angabe des €-Betrags an.

5. Sachverhalt (8,0 Punkte)

Der Mandant hat seinem Arbeitnehmer Frank Güttler ab 1.3.2014 ein Betriebsfahrzeug zur privaten Nutzung und auch für Fahrten zwischen seiner Wohnung und der 25 km entfernten Arbeitsstätte ohne Entgeltberechnung überlassen. Der Bruttolistenpreis des Fahrzeugs bei Erstzulassung betrug 24 450 €.

Eine Pauschalierung der Lohnsteuer für Fahrten zwischen Wohnung und Arbeitsstätte wird nicht vorgenommen.

AUFGABE:

a) Berechnen und b) buchen Sie die Höhe des geldwerten Vorteils durch die Überlassung des Fahrzeugs für den Monat März. Geben Sie die Gewinnauswirkung an.

6. Sachverhalt (10,0 Punkte)

Der Mandant erhält von seinem Steuerberater Dr. Wegmann am 24.6.2014 folgende Honorar-Rechnung, die sofort vom betrieblichen Bankkonto bezahlt wurde:

Erstellung	Jahresabschluss 2013	3 200,00 €
dto.	Gewerbesteuererklärung 2013	600,00 €
dto.	Einkommensteuererklärung 2013	1 420,00 €
dto.	Anlage V+V 2013	800,00 €
dto.	Umsatzsteuererklärung 2013	1 310,00 €
	Summe	7 330,00 €
	+ 19 % Umsatzsteuer	1 392,70 €
	Rechnungsbetrag	8 722,70 €

Zum 31.12.2013 war in der Bilanz eine Rückstellung für Abschlusskosten i. H. von 4 500 € gebildet worden.

AUFGABE:

Buchen Sie den Rechnungsausgleich und geben Sie die Gewinnauswirkung (erhöhend, mindernd, neutral) der erforderlichen Buchung in € an.

Aufgabenteil II

Beim Mandanten Reisener soll der Abschluss für das Wirtschaftsjahr 2014 erstellt werden. Folgende Sachverhalte sind zuvor noch rechtlich zu klären und zu buchen:

1. Sachverhalt (8,0 Punkte)

Der Mandant nimmt nach § 241 Abs. 3 HGB zulässig eine zeitverschobene Inventur seines Warenbestandes vor. Am 28.2.2015 hat er seinen Warenbestand zutreffend mit 128 812 € ermittelt. In der Zeit vom 1.1.–28.2.2015 hat er Waren für 42 400 € eingekauft und für 46 280 € (jeweils Nettobeträge) verkauft.

Die Handelsspanne beträgt 20 % (ohne Umsatzsteuer), der Warenbestand per 31.12.2013 betrug 84 528 €.

AUFGABEN:

a) Berechnen Sie übersichtlich die Warenbestandsveränderung.

b) Buchen Sie die Warenbestandsveränderung.

c) Geben Sie die Gewinnauswirkung (erhöhend, mindernd, neutral) in € an.

2. Sachverhalt (9,0 Punkte)

Der Forderungsbestand der Firma Reisener zum 31.12.2014 beträgt lt. Buchführung 323 305 €. Davon entfallen auf Abnehmer aus anderen EU-Staaten 58 422 € (umsatzsteuerfreie i. g. Lieferungen) und aus Drittländern 22 480 € (umsatzsteuerfreie Ausfuhrlieferungen).

In dem Bestand ist eine Forderung gegen die Firma Degenhardt aus Bielefeld i. H. von 12 019 € enthalten, die wegen Insolvenz der Kundin im Dezember 2014 uneinbringlich wurde.

Ferner ist im Oktober 2014 eine Forderung gegen die Firma Sprüngli in Basel (Schweiz) über 4 408 € ausgefallen.

Das allgemeine Ausfallrisiko beträgt nach der Erfahrung aus Vorjahren 1,5 % der vermutlich einwandfreien Forderungen.

AUFGABEN:

a) Buchen Sie den Ausfall der Forderung gegen die Firma Degenhardt.

b) Buchen Sie die Wertberichtigung der Forderung gegen die Firma Sprüngli.

c) Berechnen und buchen Sie die Pauschalwertberichtigung per 31.12.2014. Zum 31.12.2013 war eine Pauschalwertberichtigung i. H. von 2 800 € bilanziert. Das Rechenergebnis ist auf volle € aufzurunden.

3. Sachverhalt (9,0 Punkte)

Bereits 2007 hat Mandant Reisener die unbebauten Nachbargrundstücke Bielefelder Allee 11 (500 qm, Anschaffungskosten 50 000 €) und Bielefelder Allee 15 (800 qm, Anschaffungskosten 80 000 €) für betriebliche Zwecke erworben.

Wider Erwarten konnten die Grundstücke wegen einer Änderung des Bebauungsplans in 2005 nicht bebaut werden. Deshalb wurden zum 31.12.2007 für beide Grundstücke Teilwertabschreibungen wie folgt vorgenommen:

Buchung Bielefelder Allee 11:

a. o. Abschreibung	25 000 €	an	unbebaute Grundstücke	25 000 €

Buchung Bielefelder Allee 15:

a. o. Abschreibung	50 000 €	an	unbebaute Grundstücke	50 000 €

Ende Oktober 2014 wurde mit rechtskräftigem Urteil entschieden, dass die Grundstücke eingeschränkt bebaut werden dürfen. Daraufhin stieg der Wert der Grundstücke auf:

- Bielefelder Allee 11: 60 000 €
- Bielefelder Allee 15: 70 000 €

AUFGABEN:

a) Ermitteln Sie die zulässigen Wertansätze der beiden Grundstücke für die Steuerbilanz zum 31.12.2014 unter Angabe der gesetzlichen Regelung.

b) Nehmen Sie die ggf. erforderlichen Buchungen vor.

c) Geben Sie unter Angabe der einschlägigen Normen an, wie der Sachverhalt handelsrechtlich zu würdigen ist.

4. Sachverhalt (11,0 Punkte)

Die Bilanz zum 31.12.2014 des Mandanten Reisener weist eine Bilanzsumme von 1 224 211 € aus. Verbindlichkeiten, Rückstellungen und passive Rechnungsabgrenzungsposten betragen zu diesem Zeitpunkt insgesamt 578 438 €.

Die Gewinn- und Verlustrechnung vom 1.1. bis 31.12.2014 weist Erträge von insg. 1 220 427 € und Aufwendungen von 1 028 796 € auf.

Die Entnahmen des Mandanten beliefen sich auf monatlich 4 520 €. Aus einer Erbschaft wurden 85 000 € in das Betriebsvermögen eingelegt.

AUFGABEN:

a) Berechnen Sie bitte die Höhe des Eigenkapitals zum 1.1.2014.

b) Ermitteln Sie die Veränderung des Eigenkapitals in € und Prozent.

c) Berechnen Sie die Eigenkapitalrentabilität bezüglich des durchschnittlichen Eigenkapitals zu Beginn und Ende des Wirtschaftsjahres 2014.

Aufgabenteil III

Sachverhalt (16,0 Punkte)

Dr. Hugo Hartmann ist praktischer Arzt und betreibt seine Praxis seit Jahren in Oberhausen, Ruhrallee 25.

Er ermittelt seinen Gewinn nach § 4 Abs. 3 EStG und führt ausschließlich steuerfreie Umsätze aus. Er erfüllt die Voraussetzungen des § 7g EStG. Alle erforderlichen Nachweise und Rechnungen sind ordnungsgemäß.

AUFGABEN:

Stellen Sie fest, wie sich die folgenden Geschäftsvorfälle auf den Gewinn des Jahres 2014 auswirken. Der Mandant möchte einen möglichst niedrigen Gewinn ausweisen.

a) Anschaffung eines neuen Ultraschallgeräts am 25.4.2014.

Der Rechnungsbetrag lt. Rechnung vom 28.4.2014 beläuft sich auf 3 650 € zzgl. 693,50 € Umsatzsteuer.

Die Rechnung wurde durch Banküberweisung vom 3.5.2014 i.H. von 4 213,20 € nach Abzug von 3 % Skonto beglichen.

Die Nutzungsdauer des Geräts beträgt 4 Jahre. In der Steuererklärung für 2013 war ein Investitions-abzugsbetrag nach § 7g Abs. 1 EStG i. H. von 1 200 € für diese Anschaffung berücksichtigt worden.

b) Kauf einer neuen Personenwaage

Am 11.12.2014 bestellte Dr. Hartmann dieses Gerät für seine Praxis. Die Lieferung erfolgte am 20.12.2014. Die Rechnung vom 28.12.2014 über 600 € zzgl. 114 € Umsatzsteuer bezahlte der Mandant erst am 30.1.2015. Die Waage hat eine Nutzungsdauer von 15 Jahren.

c) Zahlung Praxis-Miete

Die Praxis-Miete für den Monat Dezember 2014 i. H. von 2 500 € war am 31.12.2014 fällig. Durch ein Versehen erfolgte die Bezahlung jedoch erst am 5.1.2015 zusammen mit der Mietzahlung für Januar 2015.

d) Anschaffung unbebautes Grundstück

Der Mandant hat im Januar 2014 für betriebliche Zwecke ein unbebautes Grundstück für 50 000 € er-worben, weil er künftig seine Praxis in eigenen Räumlichkeiten ausüben will. Dabei sind folgende Kosten angefallen, die im März 2014 beglichen wurden:

− Grunderwerbsteuer	2 500 €	
− Notarkosten	800 €	zzgl. 152 € USt
− Gerichtskosten	350 €	

e) Zinsen und Tilgung eines Darlehens

Zur Finanzierung des Grundstückskaufpreises hat Dr. Hartmann Anfang Januar 2014 ein Darlehen bei der Sparkasse i. H. von 30 000 € aufgenommen. Der Zinssatz beträgt 5 %, die Tilgung 2 % jährlich. Zinsen und Tilgung sind am 31.12. eines jeden Jahres fällig.

Für 2014 wurden 1 500 € an Zinsen und 600 € an Tilgung erst am 5.1.2015 bezahlt.

Klausursatz II: Lösung Rechnungswesen

Aufgabenteil I

1. Sachverhalt (8,0 Punkte)

a) Buchung des Eingangs der Ware/der Rechnung

Wareneingang	38 250,00 €			
Anschaffungs-NK	2 486,25 €	an	Verb. LuL	40 736,25 €
				3,0 P

b) Buchung Zoll und Einfuhrumsatzsteuer

Anschaffungs-NK	1 320 €			
Vorsteuern	7 606 €	an	Bank	8 926 €
				2,5 P

c) Buchung der Überweisung

Verb. LuL	40 736,25 €	an	Bank	40 097,25 €
			an	Erträge aus
				Kursdifferenzen	639,00 €
				2,5 P

2. Sachverhalt (12,0 Punkte)

a) Buchung der Anzahlung

gel. Anzahlung	8 000 €			
Vorsteuern	1 520 €	an	Privateinlage	9 520 €
				1,0 P

b) Buchung der Anschaffung des Fahrzeugs

Fahrzeuge	38 044,00 €			
Vorsteuern	5 696,20 €	an	geleistete Anzahlungen	8 000,00 €
		an	Verb. LuL	35 740,20 €
				2,0 P

c) Buchung der Überweisung

Verb. LuL	35 740,20 €	an	Bank	35 000,00 €
		an	Fahrzeuge	622,02 €
		an	Vorsteuern	118,18 €
				1,0 P

d)   Weitere Aufgaben

aa)   Ermittlung der Anschaffungskosten/AfA-Bemessungsgrundlage

Netto-Rechnungsbetrag	37 980,00 €	
+ Kosten der Zulassung	64,00 €	
./. Skonto (netto)	622,02 €	
= Anschaffungskosten	37 421,98 €	1,0 P
./. Investitionsabzugsbetrag (§ 7g Abs. 2 Satz 2 EStG; siehe Erläuterung unten)	12 000,00 €	
= AfA-Bemessungsgrundlage	25 421,98 €	1,0 P

bb)   Ermittlung der AfA

lineare AfA nach § 7 Abs. 1 EStG: 25 % × $^{10}/_{12}$	rd. 5 297 €	1,0 P
Sonder-AfA § 7g Abs. 5 EStG 20 %:	rd. 5 085 €	1,0 P
Gewinnminderung gem. § 7g Abs. 2 Satz 2 EStG:	12 000 €	

cc)   Buchung der AfA   1,0 P

Kürzung der AK (§ 7g Abs. 2 EStG)	12 000 €	an	Fahrzeuge	12 000 €

                                                                                              1,0 P

AfA	5 297 €			
Sonderabschr. (§ 7g EStG)	5 085 €	an	Fahrzeuge	10 382 €

                                                                                              1,0 P

dd)   Erläuterungen   1,0 P

–   § 7g Abs. 2 Satz 1 EStG: Gewinnerhöhende Hinzurechnung des für das Fahrzeug in 2013 in Anspruch genommenen Investitionsabzugsbetrags (40 % der AK, max. hier 12 000 €). Die Hinzurechnung erfolgt außerhalb der Bilanz (keine Buchung).

–   § 7g Abs. 2 Satz 2 EStG: Die AK des Fahrzeugs können um bis zu 40 % der AK, max. hier aber 12 000 €, gewinnmindernd herabgesetzt werden. Dies erfolgt innerhalb der Bilanz (siehe Buchung zu d) cc)).

3. Sachverhalt (3,0 Punkte)

a)

Geschenke bis 35 €	530,84 €			
Geschenke über 35 €	452,00 €			
Vorsteuer	37,16 €	an	Bank	1 020,00 €

                                                                                              1,0 P

b)   Handelsrechtlich: Gewinnminderung um insgesamt 982,84 € (530,84 € + 452,00 €).   1,0 P
      Steuerrechtlich: Gewinnminderung um insgesamt 530,84 €.   1,0 P

a) Geschenke mit AK/HK über 35 €/Wirtschaftsjahr/Empfänger sind nach § 4 Abs. 5 Nr. 1 EStG nicht abzugsfähige Betriebsausgaben (Hinzurechnung außerhalb der (Steuer-)Bilanz), die nach § 15 Abs. 1a UStG keinen Vorsteuerabzug zulassen. Beachte: Die Umsatzsteuer beträgt vorliegend 7 % (§ 12 Abs. 2 Nr. 1 i. V. mit Anlage 2 Nr. 49 UStG).

b) Hinweis zur steuerrechtlichen Gewinnauswirkung:

▶ Die Gewinnminderung **aus dem Buchungssatz** beträgt – wie in der Handelsbilanz – 982,84 €. Denn auch das Konto „Geschenke über 35 €" wird über die (steuerliche) GuV abgeschlossen. Nichtabzugsfähige Betriebsausgaben mindern damit sowohl den Gewinn lt. Handels**bilanz** als auch den Gewinn lt. Steuer**bilanz**.

▶ Nichtabzugsfähige Betriebsausgaben sind jedoch **außerbilanziell** wieder hinzuzurechnen, um den korrekten steuerlichen Gewinn zu ermitteln (hier: + 452,00 €).

▶ Damit beträgt die **steuerrechtliche** Gewinnauswirkung insgesamt zur Lösung a):
– 982,84 + 452,00 € = – 530,84 €

4. Sachverhalt (6,0 Punkte)

a)			
Privatsteuern	2 244 €		1,0 P
Verb. LSt/KiSt	1 420 €		0,5 P
Umsatzsteuer	3 117 €		0,5 P
Nebenleistungen zu Steuern	90 €		1,0 P
Grund u. Boden	3 500 €		1,0 P
Bank	1 051 €	an Privateinlage 11 422 €	

b)	Gewinnminderung	90 €	2,0 P

5. Sachverhalt (8,0 Punkte)

a) Berechnung

1 % von 24 400 €	= 244 €	1,5 P
0,03 % von 24 400 € × 25 km	= 183 €	1,5 P
= geldwerter Vorteil (einschl. 19 % USt)	427 €	

b) **Buchung**

Gehälter	427,00 €	an verr. Sachbezüge	358,82 €
		an Umsatzsteuer	68,18 €
			3,0 P

c) Gewinnauswirkung

Gewinnmindernd um	68,18 € (358,82 € ./. 427,00 €)	2,0 P

6. Sachverhalt   (10,0 Punkte)

Rückstellung für Abschlusskosten	4 500,00 €			1,0 P
Rechts- und Beratungskosten (periodenfremd)	610,00 €			2,0 P
Vorsteuern	970,90 €			2,0 P
Privatentnahmen (2 220 + 421,80 USt)	2 641,80 €			3,0 P
		an	Bank	8 722,70 €
Gewinnminderung:	610 €			2,0 P

HINWEIS:

Die Aufwendungen für die Erstellung der Gewerbesteuererklärung fallen m. E. nicht unter § 4 Abs. 5b EStG und sind damit abzugsfähige Betriebsausgaben.

Aufgabenteil II

1. Sachverhalt   (8,0 Punkte)

a)   Berechnung der Warenbestandsveränderung

Warenbestand lt. Inventur am 28. 2. 2015	128 812 €	
./. Wareneinkauf 1. 1. bis 28. 2. 2015	42 400 €	
+ Warenverkauf 1. 1. bis 28. 2. 2015		
46 280 € × 80 % =	37 024 €	
= Warenendbestand 31. 12. 2014	123 436 €	
./. Warenanfangsbestand 1. 1. 2014	84 528 €	
= Erhöhung Warenbestand	38 908 €	4,0 P

b)   **Buchung**

Warenbestand	38 908 €	an	Warenbestandsveränderung	38 908 €
				2,0 P

c)   Gewinnerhöhung: 38 908 €   2,0 P

2. Sachverhalt   (9,0 Punkte)

a)   Buchung Forderung Degenhardt

Forderungsverluste	10 100 €			
Umsatzsteuer	1 919 €	an	Forderungen	12 019 €
				1,0 P

b)   Buchung Forderung Sprüngli

Forderungsverluste	4 408 €	an	Forderungen	4 408 €
				1,0 P

c) Berechnung der Pauschalwertberichtigung

	mit USt	ohne USt
Forderungen lt. Buchführung	242 403 €	80 902 €
./. Forderung Degenhardt	12 019 €	0 €
./. Forderung Sprüngli	0 €	4 408 €
vermutlich einwandfrei	230 384 €	76 494 €
./. enthaltene Umsatzsteuer	36 784 €	0 €
= Netto-Forderungen	193 600 00 €	76 494 €
	2,0 P	**2,0 P**

	gesamt:	270 094 €	
	× 1,5 % = PWB neu	4 052 €	**1,0 P**
	./. PWB alt	2 800 €	**1,0 P**
	= Erhöhung	1 252 €	

Buchung:

Einstellung in die PWB	1 252 €	an	PWB	1 252 €
				1,0 P

3. Sachverhalt (9,0 Punkte)

a) Nach § 6 Abs. 1 Nr. 2 Satz 3 i. V. mit Abs. 1 Nr. 1 Satz 4 EStG muss eine Werterhöhung vorgenommen werden, soweit eine voraussichtlich dauernde Wertminderung nicht mehr vorliegt. **2,0 P**

Es sind höchstens die Anschaffungskosten anzusetzen (§ 6 Abs. 1 Nr. 2 Satz 1 EStG). **1,0 P**

b) *Buchung Bielefelder Allee 11*

unbebautes Grundstück	25 000 €	an	Erträge aus Zuschreibungen	25 000 €
				2,0 P

Buchung Bielefelder Allee 15

unbebautes Grundstück	40 000 €	an	Erträge aus Zuschreibungen	40 000 €
				2,0 P

c) Bewertung nach HGB:

Nach § 253 Abs. 5 Satz 1 HGB muss grundsätzlich auch handelsrechtlich eine Wertaufholung vorgenommen werden, maximal jedoch bis zu den Anschaffungskosten (§ 253 Abs. 1 Satz 1 HGB). Beachte aber: Die Pflicht zur Wertaufholung ist mit dem Bilanzrechtsmodernisierungsgesetz – grundsätzlich ab 2010 – eingeführt worden. Die Übergangsregelung des Art. 67 Abs. 4 Satz 1 EGHGB sieht daher vor, dass niedrigere Wertansätze aufgrund von „Altabschreibungen" beibehalten werden können. Mithin kann handelsrechtlich vorliegend auf eine Wertaufholung verzichtet werden. **2,0 P**

4. Sachverhalt   (11,0 Punkte)

a) Berechnung des Eigenkapitals 1.1.2014:

Erträge 2014	1 220 427 €	
./. Aufwendungen 2014	1 028 796 €	
= Gewinn 2014	191 631 €	1,5 P
Bilanzsumme 31.12.2014	1 224 211 €	
./. Passivposten	578 438 €	
= Eigenkapital 31.12.2014	645 773 €	1,5 P
./. Gewinn 2014	191 631 €	1,0 P
+ Entnahmen (12 × 4 520 €)	54 240 €	1,0 P
./. Einlagen	85 000 €	1,0 P
= Eigenkapital 1.1.2014	423 382 €	

b) Veränderung des Eigenkapitals in € und Prozent

Eigenkapital 31.12.2014	645 773 €	
./. Eigenkapital 1.1.2014	423 382 €	
= Eigenkapital-Erhöhung	222 391 €	1,0 P

$$\frac{222\,391 \times 100}{423\,382} = 52{,}53\,\%$$ 2,0 P

c) Berechnung der Eigenkapitalrentabilität

$$\frac{423\,382 + 645\,773}{2} = \text{durchschnittliches Eigenkapital} = 534\,578\,€$$ 1,0 P

$$\frac{191\,631 \times 100}{534\,578} = \text{Eigenkapitalrentabilität} = 35{,}85\,\%$$ 1,0 P

Aufgabenteil III

Sachverhalt   (16,0 Punkte)

a) Anschaffung Ultraschallgerät

Die *AfA-Bemessungsgrundlage* ermittelt sich wie folgt:

Anschaffungskosten	4 213,20 €	1,0 P
./. Investitionsabzugsbetrag (§ 7g Abs. 2 Satz 2 EStG)	1 200,00 €	1,0 P
= AfA-Bemessungsgrundlage	3 013,20 €	1,0 P

Abschreibungen:

Lineare AfA (§ 7 Abs. 1 EStG)	$3\,013{,}20\,€ \times 25\,\% \times {}^9/_{12}$	= rd.	565,00 €	1,0 P
Sonder-AfA (§ 7g Abs. 5 EStG)	$3\,013{,}20\,€ \times 20\,\%$	= rd.	603,00 €	1,0 P
Gesamt			1 168,00 €	

Der verrechnete Investitionsabzugsbetrag (siehe oben: 1 200 €) ist eine Betriebsausgabe. **1,0 P**

Summe Betriebsausgaben: 1 168 € + 1 200 € = 2 368 € **1,0 P**

Summe Betriebseinnahmen (§ 7g Abs. 2 Satz 1 EStG) = 1 200 €

b) Anschaffung Personenwaage

Es handelt sich um ein geringwertiges Wirtschaftsgut i. S. des § 6 Abs. 2a EStG, da die Anschaffungskosten 410 € übersteigen, aber nicht über 1 000 € hinausgehen. Die Anschaffungskosten können in einen Sammelposten eingestellt werden, der linear über 5 Jahre abzuschreiben ist. Das Wirtschaftsgut könnte alternativ allerdings auch im Wege der linearen AfA (§ 7 Abs. 1 EStG) abgeschrieben werden. Da die Einstellung in den Sammelposten für 2013 günstiger ist, ist diese Alternative zu bevorzugen. **2,0 P**

Betriebsausgabe in 2014: 714 € × 20 % = rd. 143 € **1,0 P**

c) Zahlung Praxis-Miete

Betriebsausgabe in 2014   2 500 € **2,0 P**

HINWEISE:

Zu b): Für bewegliche Wirtschaftsgüter des Anlagevermögens, die nach dem 31. 12. 2010 angeschafft oder hergestellt werden, kann keine degressive AfA nach § 7 Abs. 2 EStG mehr abgezogen werden.

Zu c): Grundsätzlich gilt § 11 Abs. 2 Satz 1 EStG: Betriebsausgabe im Jahr der Zahlung = 2015. Hier liegen aber die Voraussetzungen des § 11 Abs. 2 Satz 2 EStG vor. Insbesondere liegen Zahlung und Fälligkeit innerhalb des Zehn-Tages-Zeitraums (vgl. auch H [Allgemeines] EStH). Folge: Betriebsausgabe im Jahr der wirtschaftlichen Zugehörigkeit = 2014.

d) Anschaffung unbebautes Grundstück

Betriebsausgabe in 2014   0 € **2,0 P**

HINWEIS:

Die Anschaffungskosten von nicht abnutzbaren Wirtschaftsgütern des Anlagevermögens sind nach § 4 Abs. 3 Satz 4 EStG erst später bei Entnahme oder Veräußerung als Betriebsausgabe zu erfassen. Die nicht abzugsfähige Vorsteuer gehört zu den Anschaffungskosten (§ 9b Abs. 1 EStG).

e) Zinsen und Tilgung eines Darlehens

Betriebsausgabe in 2014   1 500 € **2,0 P**

HINWEIS:

Die Tilgung ist keine Betriebsausgabe. Für die Zinsen gilt § 11 Abs. 2 Satz 2 EStG.

Klausursatz II: Aufgabe Wirtschafts- und Sozialkunde

Bearbeitungszeit: 90 Minuten

1. Aufgabe

1. Sachverhalt (31,0 Punkte)

Karlheinz Kunde und Werner König haben am 6. 6. 2014 gemeinsam die Meisterprüfung im Orthopädie-Schuhmacher-Handwerk abgelegt. In einem schriftlichen Vertrag, von dem jeder eine Kopie erhält, treffen sie u. a. folgende Vereinbarungen:

§ 1	*Wir, Karlheinz Kunde und Werner König, Orthopädie-Schuhmachermeister in Bochum, gründen die Firma Exact-Schuh-KG.*
§ 2	*Sitz der Gesellschaft ist Bochum.*
§ 3	*Karlheinz Kunde ist Komplementär mit einer Einlage von 24 000 €.*
§ 4	*Werner König leistet als Kommanditist eine Einlage von 1 000 € und begrenzt seine Haftung für die Verbindlichkeiten der Gesellschaft auf diesen Betrag.*
§ 5	*Die Gesellschaft beginnt ihre Tätigkeit am 1. 7. 2014. Das Geschäftsjahr beginnt jeweils am 1. 7. eines Jahres und endet am 30. 6. des folgenden Jahres.*

Bochum, den 15. 6. 2014

K. Kunde   *W. König*

Karlheinz Kunde mietete noch am 15. 6. 2014 für die Gesellschaft zum 1. 7. 2014 Räumlichkeiten für die Einrichtung der Werkstatt. Die monatliche Miete der KG beträgt lt. Vertrag 800 € und ist zu Beginn eines jeden Monats fällig.

Am 20. 6. 2014 kaufte Herr Kunde im Namen der Gesellschaft die erforderlichen Werkzeuge und Maschinen, die zusammen 45 000 € netto kosteten. Sämtliche Verträge lauten auf die Firma Exact-Schuh-KG.

Werner König hat die Gesellschaft am 20. 7. 2014 per Einschreiben mit Rückschein beim Amtsgericht Bochum angemeldet und die Kopie des Gesellschaftsvertrags beigefügt. Die Eintragung ins Handelsregister erfolgte erst am 17. 8. 2014 unter Beachtung aller Rechtsvorschriften.

Wegen erheblicher persönlicher Differenzen mit Karlheinz Kunde kündigte Werner König am 29. 8. 2014 den Gesellschaftsvertrag zum 30. 9. 2014 und zog mit seiner Freundin nach Wuppertal. Herr Kunde ist damit nicht einverstanden.

Zum 1. 11. 2014 wird Paul Heseding mit einer Einlage von 20 000 € als Kommanditist der KG aufgenommen. Er zahlt am 6. 11. 2014 10 000 € ein. Die Eintragung der Beteiligung erfolgt im Handelsregister am 15. 11. 2014.

AUFGABEN:

1. Ist der Gesellschaftsvertrag zwischen Kunde und König rechtswirksam zustande gekommen? (Begründung erforderlich.)

   Ist die gewählte Firmenbezeichnung zulässig? (Begründung erforderlich.)

2. Ist die KG Kaufmann i. S. des HGB? Begründen Sie Ihre Auffassung.

   Ab wann ist die Gesellschaft buchführungspflichtig?

   Prüfen und begründen Sie, ob die Vereinbarung eines vom Kalenderjahr abweichenden Wirtschaftsjahres zulässig ist.

3. Kann Werner König als Kommanditist die KG vertreten? Geben Sie die entsprechende Regelung im HGB an.

4. Welche Fehler wurden bei der Anmeldung der Gesellschaft gemacht?

5. Ist der Gesellschaftsvertrag bereits vor Eintragung ins Handelsregister rechtswirksam geworden?

   Unterscheiden Sie bei Ihrer Lösung zwischen der Wirksamkeit im Innenverhältnis und im Außenverhältnis und geben Sie dabei jeweils das maßgebliche Datum an.

6. Zu welchem Zeitpunkt kann der Gesellschaftsvertrag gekündigt werden? (mit Datumsangabe.)

   Bis zu welchem Zeitpunkt muss die Kündigung ausgesprochen werden? (mit Datumsangabe.)

7. Ist die im Gesellschaftsvertrag vereinbarte Haftungsbeschränkung für Werner König uneingeschränkt wirksam?

   Prüfen Sie das Problem im Hinblick auf die Verbindlichkeiten aus

   — Anschaffung von Werkzeugen und Maschinen 45 000 € (s. o.),

   — Werkstatt-Miete für September 2014,

   — Werkstatt-Miete für Oktober 2014.

2. Sachverhalt (8,0 Punkte)

Horst Schmidt ist Inhaber eines Lebensmittel-Einzelhandels in Siegen. Um mit den großen Handelsketten mithalten zu können, benötigt er zusätzliches Betriebskapital. Deshalb beabsichtigt er die Aufnahme eines Gesellschafters. Dabei möchte er jedoch die geschäftlichen Entscheidungen weiterhin möglichst alleine treffen.

Prüfen und begründen Sie anhand der folgenden Sachverhalte, inwieweit der neue Gesellschafter

a) im Rahmen einer OHG bzw.

b) als Kommanditist einer KG

an den geschäftlichen Entscheidungen beteiligt werden müsste, wenn die Geschäftsführung vertraglich nicht besonders geregelt wird.

Sachverhalt	a) bei einer OHG	b) Kommanditist
Bestellung von Waren im Werte von 20 000 €		
Erwerb eines weiteren Betriebsgrundstücks		

2. Aufgabe

Sachverhalt (12,0 Punkte)

Lutz Kreienbaum ist Prokurist der Firma Köhler, Vermietung von Nutzfahrzeugen, in Bremerhaven. Während des Urlaubs des Firmeninhabers tätigt er ohne dessen Wissen und Zustimmung folgende Geschäfte:

a) Der Prokurist kauft ein Nachbargrundstück zum Abstellen von Mietfahrzeugen zum Preis von 120 000 €, obwohl die Finanzierung des Kaufpreises erhebliche Schwierigkeiten bereitet.

b) Wegen der schwierigen Finanzlage schließt er die Filiale in Brunsbüttel und entlässt sämtliche dort beschäftigten Mitarbeiter.

c) Lutz Kreienbaum erteilt dem Buchhalter Sigmund Freund Prokura für den Bereich Fahrzeugpflege und -wartung, obwohl dieser nur geringe Sach- und Fachkenntnisse besitzt.

d) Prokurist Kreienbaum unterschreibt den Jahresabschluss für das abgelaufene Wirtschaftsjahr, damit dem Finanzamt endlich die längst fällige Steuererklärung eingereicht werden kann.

Prüfen und begründen Sie, ob der Prokurist Lutz Kreienbaum zur Durchführung der aufgeführten Geschäfte berechtigt war.

3. Aufgabe

1. Sachverhalt (5,0 Punkte)

Die Maschinenbau OHG bestellte am 9. 12. 2014 bei der Computer GmbH 10 21-Zoll TFT Monitore und 6 Laserdrucker Laserjet XXL. Bei der Prüfung stellte Maschinenbau OHG fest, dass die Ein- und Ausschalter der Drucker nicht einrasten, und dass die TFT Monitore nur 19 Zoll groß sind.

a) Welche Art von Störung des Kaufvertrags liegt vor?

b) Was muss die Maschinenbau OHG zunächst unternehmen, um ihre Rechte zu wahren? Begründen Sie Ihre Entscheidung und nennen Sie die gesetzliche Grundlage!

c) Welche Rechte kann die OHG zunächst geltend machen?

d) Welche Rechte können außerdem geltend gemacht werden, wenn der Verkäufer nicht reagiert?

2. Sachverhalt (5,0 Punkte)

Die Computer GmbH veräußert außerdem im Rahmen eines Werksverkaufs an den Privatmann Sven Jona am 6. 7. 2014 einen PC-Tisch, der aus dem Sortiment ausläuft. Sven Jona baut den Tisch sofort auf und stellt dabei diverse Lackmängel fest. Aufgrund seines 4-wöchigen Südafrikaurlaubs wendet sich Sven Jona erst am 29. 7. 2014 an die GmbH. Nachdem er dem Verkäufer den Sachverhalt erläutert hat, erklärt dieser ihm, dass er keine Ansprüche mehr geltend machen kann. Jona hätte den Mangel sofort nach seiner Entdeckung anzeigen müssen. Außerdem verdächtigt der Verkäufer Sven Jona, dass er die Mängel durch unsachgemäßen Aufbau selbst verursacht hätte.

a) Prüfen Sie die allgemeinen Voraussetzungen für eine Sachmangelhaftung unter Angabe der gesetzlichen Bestimmungen. Nehmen Sie zu den Einwänden des Verkäufers Stellung.

b) Prüfen Sie die vorrangigen Rechtsansprüche von Sven Jona gegenüber der Computer GmbH (unter Nennung der gesetzlichen Grundlage).

4. Aufgabe

Die Firma Theo Luchs, Radio- und Fernsehfachgeschäft in Osnabrück, hat seit einiger Zeit wegen der schwierigen Absatzlage finanzielle Probleme.

1. Sachverhalt (10,0 Punkte)

Die Firma benötigt von ihrer Bank einen weiteren Betriebskredit von 15 000 €.

Als Sicherheit für den Kredit kann ein neues Betriebsfahrzeug angeboten werden, das dem Betrieb aber weiterhin zur Verfügung stehen muss.

a) Kommt in diesem Falle die Bestellung eines Pfandrechts an dem Fahrzeug in Betracht? Begründen Sie Ihre Auffassung aus Sicht der Mandantin und der Bank.

b) Schlagen Sie eine günstigere Art der Kreditsicherung unter Einsatz des Fahrzeugs vor. Erläutern Sie die dadurch eintretenden Eigentums- und Besitzverhältnisse.

2. Sachverhalt (11,0 Punkte)

Auf Betreiben der Elektro-Großhandlung Weber GmbH erhielt die Mandantin wegen einer längst fälligen Warenrechnung einen Mahnbescheid über 8 645,76 €.

In diesem Betrag sind Gerichts- und Rechtsanwaltskosten i. H. von insgesamt 514,56 € und die gesetzlichen Verzugszinsen für die Zeit vom 1. 2. 2014 bis zum 16. 6. 2014 (= 135 Zinstage) enthalten. Gehen Sie dabei von einem Basiszinssatz, der von der Europäischen Zentralbank bekannt gegeben wurde, i. H. von - 0,63 % aus (Hinweis: Der Basiszinssatz ist zur Zeit negativ!).

a) Wie hoch ist der gesetzlich vorgesehene Zinssatz für die Berechnung von Verzugszinsen?

b) Geben Sie die gesetzliche Regelung aus dem BGB an.

c) Berechnen Sie in übersichtlicher Form den angemahnten Rechnungsbetrag.

5. Aufgabe

1. Sachverhalt (10,0 Punkte)

Gerlinde Weiss, ledig und kinderlos, hat ihre Schulausbildung beendet. Da sie keine Lehrstelle im gewünschten Ausbildungsberuf gefunden hat, arbeitet sie seit August tagsüber stundenweise in der Modeboutique Madeleine als Verkäuferin und gelegentlich abends als Serviererin im Gasthaus „Bären". Ihre Arbeitszeit beträgt bei beiden Arbeitsstellen wöchentlich jeweils weniger als 15 Stunden.

Ihr Monatslohn betrug im Dezember 2014

► in der Boutique 325 €,
► im Gasthaus 280 €.

1.) Stellen Sie fest, ob Frau Weiss i. S. der Sozialversicherung eine geringfügig entlohnte Tätigkeit ausübt oder nicht. Begründen Sie Ihre Entscheidung und stellen Sie die sich ergebenden Rechtsfolgen heraus.

2.) Die Einzelhandelskauffrau Edith Stuhlkamp arbeitet seit Januar 2014 neben ihrer sozialversicherungspflichtigen Haupttätigkeit im Rewe Markt nebenbei am Wochenende stundenweise in der Bäckerei Brezel. Ihr regelmäßiges monatliches Entgelt beträgt hierfür 250 €.

   a) Übt Frau Stuhlkamp eine sozialversicherungspflichtige Tätigkeit aus? (Begründung erforderlich)?

   b) Welche Abgaben muss die Bäckerei Brezel für dieses Arbeitsverhältnis abführen?

2. Sachverhalt (8,0 Punkte)

Arbeitgeber können von der zuständigen Krankenkasse eine prozentuale Erstattung ihrer geleisteten Aufwendungen für Lohnfortzahlung im Krankheitsfall erhalten.

Voraussetzung dafür ist, dass der Arbeitgeber am Ausgleichsverfahren teilnimmt. Nach dem Auszug aus dem Aufwendungsausgleichsgesetz (AAG) Artikel 1 § 1 besteht folgende Regelung:

(1) Die Ortskrankenkassen .... erstatten den Arbeitgebern, die in der Regel ausschließlich der zu ihrer Berufsausbildung Beschäftigten nicht mehr als dreißig Arbeitnehmer beschäftigen, achtzig vom Hundert....

(2) ... Bei der Errechnung der Gesamtzahl der beschäftigten Arbeitnehmer bleiben Arbeitnehmer in einem Arbeitsverhältnis, in dem die regelmäßige Arbeitszeit wöchentlich zehn Stunden oder monatlich fünfundvierzig Stunden nicht übersteigt, sowie Schwerbehinderte i. S. des Neunten Buches des SGB außer Ansatz. Arbeitnehmer, die wöchentlich regelmäßig nicht mehr als zwanzig Stunden zu leisten haben, werden mit 0,5 und diejenigen, die nicht mehr als dreißig Stunden zu leisten haben, mit 0,75 angesetzt.

Die Firma Werninghaus beschäftigt folgende Arbeitnehmer:

Arbeitnehmer	wöchentliche Arbeitszeit
4 Meister (Werkstatt)	38,5 Stunden
12 Gesellen (Werkstatt)	38,5 Stunden
6 Auszubildende (Werkstatt u. Büro)	38,5 Stunden
3 Büroangestellte	38,5 Stunden
2 Teilzeitkräfte im Büro	22,0 Stunden
1 Schwerbehinderter (Pförtner)	38,5 Stunden
2 Raumpflegerinnen	12,0 Stunden

Berechnen Sie die für die Teilnahme am Ausgleichsverfahren maßgebliche Arbeitnehmerzahl und stellen Sie fest, ob die Mandantin an diesem Verfahren teilnehmen muss.

Klausursatz II: Lösung Wirtschafts- und Sozialkunde

1. Aufgabe

1. Sachverhalt (31,0 Punkte)

1. Der Gesellschaftsvertrag ist rechtswirksam.   **1,0 P**

   Es besteht grds. Formfreiheit.   **1,0 P**

   Die Firmenbezeichnung ist zulässig.   **1,0 P**

   Sie kennzeichnet den Kaufmann (§ 18 Abs. 1 HGB).   **0,5 P**

   Sie ist nicht irreführend (§ 18 Abs. 2 HGB).   **0,5 P**

   Sie enthält die Bezeichnung „KG" (§ 19 Abs. 1 Nr. 3 HGB).   **0,5 P**

2. Die KG ist Kaufmann i. S. des HGB.   **1,0 P**

   Sie betreibt ein Handelsgewerbe (§ 1 HGB).   **1,0 P**

   Sie ist im Handelsregister eingetragen.   **1,0 P**

   Es besteht Buchführungspflicht mit Beginn der Geschäftstätigkeit der Gesellschaft = also ab dem 1. 7. 2014 (§ 238 Abs. 1 HGB).   **1,0 P**

   Das vom Kalenderjahr abweichende Wirtschaftsjahr ist zulässig.   **1,0 P**

   Die Firma ist im Handelsregister eingetragen (§ 4a Abs. 1 Nr. 2 EStG).   **1,0 P**

3. Der Kommanditist hat alleine keine Vertretungsmacht.   **1,0 P**

   (§ 170 HGB)   **2,0 P**

4. Die Anmeldung der Gesellschaft muss in öffentlich (notariell) beglaubigter Form eingereicht werden (§ 12 HGB).   **2,0 P**

   Die Anmeldung ist von allen Gesellschaftern vorzunehmen (§ 161 Abs. 2 und § 108 Abs. 1 HGB).   **1,0 P**

5. Im Innenverhältnis ist der Vertrag bei Vertragsabschluss   **1,0 P**

   am 15. 6. 2014 wirksam geworden.   **1,0 P**

   Im Außenverhältnis entsteht die Gesellschaft mit Beginn des Geschäftsbetriebs: 1. 7. 2014 (§ 161 Abs. 2 i. V. mit § 123 Abs. 2 HGB),   **1,5 P**

   weil bereits Geschäfte vor Eintragung ins Handelsregister erfolgten.   **1,0 P**

6. Der Gesellschaftsvertrag kann nur zum Schluss eines Geschäftsjahres gekündigt werden (§ 161 Abs. 2 und § 132 HGB).   **1,0 P**

   Das ist der 31. 6. 2015.   **1,0 P**

   Die Kündigung muss sechs Monate vor diesem Zeitpunkt erfolgen.   **1,0 P**

   Das ist der 30. 12. 2014 (§ 132 HGB).   **1,0 P**

7. Werner König haftet für die Gesellschaftsschulden aus der Anschaffung von Werkzeugen und Maschinen unbeschränkt, da sie vor Eintragung der KG ins Handelsregister begründet wurden (§ 176 Abs. 1 HGB).   **2,0 P**

   Die Haftungsbeschränkung lt. Gesellschaftsvertrag ist insoweit Dritten gegenüber unwirksam.   **1,0 P**

Die Verbindlichkeiten aus der Werkstatt-Miete für September 2014 wurden nach Eintragung ins Handelsregister bewirkt. Für sie gilt die vertragliche Haftungsbeschränkung, sofern König seine Einlage geleistet hat (§ 171 Abs. 1 HGB).

1,0 P

Für die Werkstatt-Miete für Oktober 2014 haftet Werner König im Rahmen seiner Haftungsbeschränkung ebenfalls, weil durch seine Kündigung die Gesellschaft erst zum 31. 6. 2015 beendet wird.

2,0 P

2. Sachverhalt (8,0 Punkte)

Sachverhalt	a) bei einer OHG	b) Kommanditist
Bestellung von Waren im Werte von 20 000 €	Gewöhnliches Geschäft. Schmidt kann allein entscheiden (§ 114 HGB i.V. mit § 116 Abs. 1 HGB). **2,0 P**	Keine Geschäftsführungsbefugnis des Kommanditisten. Schmidt kann alleine entscheiden (§ 164 HGB). Kein Widerspruchsrecht des Kommanditisten, da kein außergewöhnliches Geschäft. **2,0 P**
Erwerb eines weiteren Betriebs-grundstücks	Außergewöhnliches Geschäft. Ein gemeinsamer Beschluss beider Gesellschafter ist erforderlich (§ 116 Abs. 2 HGB). **2,0 P**	Außergewöhnliches Geschäft. Der Kommanditist kann Widerspruch erheben (§ 164 HGB). **2,0 P**

2. Aufgabe

Sachverhalt (12,0 Punkte)

a) Der Prokurist war dazu berechtigt, das Nachbargrundstück zu kaufen.

1,0 P

Grundstücke dürfen nur mit besonders erteilter Befugnis **verkauft**, aber ohne besondere Befugnis gekauft werden (§ 49 Abs. 2 HGB).

2,0 P

b) Der Prokurist war berechtigt, die unrentable Filiale zu schließen und das Personal zu entlassen.

1,0 P

Diese Maßnahmen gehören zu den Rechtshandlungen eines Handelsgewerbes (§ 49 Abs. 1 HGB).

2,0 P

c) Der Prokurist ist nicht berechtigt, seinerseits Prokura zu erteilen.

1,0 P

Prokura darf nur vom Inhaber des Handelsgeschäfts erteilt werden (§ 48 Abs. 1 HGB).

2,0 P

d) Der Prokurist ist nicht berechtigt, den Jahresabschluss zu unterschreiben.

1,0 P

Der Jahresabschluss ist vom Kaufmann zu unterzeichnen (§ 245 HGB).

2,0 P

3. Aufgabe

1. Sachverhalt (5,0 Punkte)

a) Es liegt eine mangelhafte Lieferung bzw. Schlechtleistung vor (§ 434 BGB). **1,0 P**

b) Da es sich um ein zweiseitiges Handelsgeschäft handelt, muss der Käufer unverzüglich rügen, um seine Rechte zu wahren. (§ 377 HGB). **1,0 P**

c) Der Käufer kann vom Verkäufer entweder eine Nachbesserung (Reparatur der defekten Drucker) oder eine Neulieferung verlangen. Für die in anderer Größe gelieferten Monitore kommt wohl nur eine Neulieferung oder eine Minderung des Kaufpreises in Frage (§ 439 Abs. 1 BGB). **2,0 P**

d) Rücktritt vom Vertrag, Minderung des Kaufpreises, Schadenersatz statt Leistung oder Ersatz der vergeblichen Aufwendungen (§§ 437, 441, 280, § 281 Abs. 1 BGB). **1,0 P**

2. Sachverhalt (5,0 Punkte)

a) Sachmangel gem. § 434 BGB, da der Käufer ein fehlerfreien Computertisch erwerben wollte.

Gem. § 438 BGB: Verjährung der Mängelansprüche in 2 Jahren (Gewährleistungsfrist).

Bei Verbrauchsgüterkauf: Tritt innerhalb von 6 Monaten seit Übergabe ein

Mangel auf: Vermutung, dass das die Sache bereits bei Gefahrenübergang mangelhaft war. **3,0 P**

b) Gem. § 439 BGB: Anspruch auf Nachbesserung (Beseitigung des Mangels) oder Ersatzlieferung (Lieferung einer mangelfreien Sache). **2,0 P**

4. Aufgabe

1. Sachverhalt (10,0 Punkte)

a) Die Bestellung eines Pfandrechts kommt nicht in Betracht. **1,0 P**

Das Fahrzeug müsste der Bank übergeben werden und kann von der Mandantin nicht weiter genutzt werden. **2,0 P**

Die Bank müsste das Pfand (Fahrzeug) verwahren. **2,0 P**

b) Die Sicherungsübereignung ist günstiger. **2,0 P**

Die Bank wird Eigentümer des Fahrzeugs. **1,5 P**

Die Mandantin bleibt Besitzerin und nutzt das Fahrzeug weiter. **1,5 P**

2. Sachverhalt (11,0 Punkte)

a) Der Zinssatz für Verzugszinsen liegt fünf Prozentpunkte über dem Basiszinssatz (- 0,63 % + 5 %) = 4,37 %. **3,0 P**

b) § 288 Abs. 1 BGB **1,0 P**

c) Berechnung des angemahnten Rechnungsbetrags:

Gesamtsumme Mahnbescheid	8 645,76 €	
./. Gerichts- und Rechtsanwaltskosten	514,56 €	
= Rechnungsbetrag einschl. Verzugszinsen	8 131,20 €	1,0 P

Verzugszinsen für 135 Zinstage $\dfrac{4,37\,\% \times 135}{360}$ = 1,64 %   3,0 P

Rechnungsbetrag einschl. Verzugszinsen   8 131,20 €   = 101,64 %

also: Rechnungsbetrag $\dfrac{8\,131,20\,€ \times 100}{101,64}$ = 8 000 €   3,0 P

5. Aufgabe

1. Sachverhalt   (10,0 Punkte)

1.) Aufgabe

Frau Weiss übt keine geringfügig entlohnte Tätigkeit aus.	0,5 P
Die Arbeitsentgelte sind zusammenzurechnen (§ 8 Abs. 2 SGB IV).	2,0 P
Mtl. Arbeitsentgelt: 325 € + 280 € = 605 €	0,5 P
Die Geringfügigkeitsgrenze von 450 € ist überschritten.	1,0 P
Jede der ausgeübten Tätigkeiten ist sozialversicherungspflichtig.	1,0 P

HINWEIS:

Anwendung der Gleitzonenregelung.

2.) Aufgabe

a) Frau Stuhlkamp übt neben ihrem sozialversicherungspflichtigen Hauptberuf nur eine einzige Tätigkeit im Umfang von bis zu 400 € monatlich aus. Die Tätigkeit wird außerdem bei einem anderen Arbeitgeber ausgeübt. Somit handelt es sich um einen aus Sicht von Frau Stuhlkamp sozialversicherungsfreien Minijob.   2,0 P

b) Der Arbeitgeber muss pauschal abführen:

Rentenversicherung (i. H. von 15 %),	0,5 P
Krankenversicherung (i. H. von 13 %),	0,5 P
Pauschalsteuer (i. H. von 2 %).	0,5 P
Umlage U1 (0,7 %)	0,5 P
Umlage U2 (0,14 %)	0,5 P
Insolvenzgeldumlage (0,15 %)	0,5 P

2. Sachverhalt (8,0 Punkte)

Arbeitnehmer	wöchentliche Arbeitszeit	maßgebliche Arbeitnehmer	
4 Meister (Werkstatt)	38,5 Stunden	4	1,0 P
11 Gesellen (Werkstatt)	38,5 Stunden	11	1,0 P
6 Auszubildende (Werkstatt u. Büro)	38,5 Stunden	0	1,0 P
2 Büroangestellte	38,5 Stunden	2	1,0 P
2 Teilzeitkräfte im Büro	22,0 Stunden	1,5	1,0 P
1 Schwerbehinderter (Pförtner)	38,5 Stunden	0	1,0 P
2 Raumpflegerinnen	12,0 Stunden	1	1,0 P

19,5 Summe Arbeitnehmer

Die Firma **nimmt am Ausgleichsverfahren bei Krankheit (U1) teil**, weil sie nicht mehr als 30 Arbeitnehmer i. S. des Aufwendungsausgleichsgesetzes beschäftigt. **1,0 P**

Klausursatz II: Aufgabe Steuerwesen

Bearbeitungszeit: 150 Minuten

Teil I: Einkommensteuer, Gewerbesteuer, Körperschaftsteuer (25,0 Punkte)

Sachverhalt

Die Messe & Bau GmbH hat sich auf die Planung und die Erstellung von Messe- und Präsentationsständen spezialisiert. Das Wirtschaftsjahr entspricht dem Kalenderjahr.

Die GmbH ist als Eigentümerin eines Grundstücks im Grundbuch eingetragen, welches sie in vollem Umfang eigenbetrieblich nutzt (Einheitswert 1. 1. 1964: 120 000 €).

Das Stammkapital i. H. von 25 000 € ist vollständig eingezahlt. Alleiniger Gesellschafter ist Bruno Baumeister, der seine Beteiligung im Privatvermögen hält.

Als Gesellschafter-Geschäftsführer erhält Baumeister laut Anstellungsvertrag in 2014 eine angemessene Tätigkeitsvergütung i. H. von 73 200 €. Die GmbH erfasste diesen Betrag in ihrer Buchführung als Betriebsausgabe. Für die Renovierung der auf dem Betriebsgrundstücks befindlichen Lagerhalle hat Baumeister der Messe & Bau GmbH in 2012 ein Darlehen i. H. von 50 000 € zur Verfügung gestellt. Die Darlehensforderung ist Privatvermögen des Baumeisters und soll Ende des Jahres 2017 in einer Summe durch die GmbH getilgt werden. Die Verzinsung beträgt angemessene 6 %. Die Zinsen wurden laufend pünktlich gezahlt. Die GmbH hat die Zinsaufwendungen als Betriebsausgaben behandelt.

Für das Geschäftsjahr 2014 hat die GmbH einen vorläufigen Jahresüberschuss i. H. von 100 000 € ermittelt.

Die Gesellschafterversammlung hatte am 1. 4. 2015 beschlossen, für das Wirtschaftsjahr 2014 eine Gewinnausschüttung von 30 000 € vorzunehmen. Nach Abzug der Kapitalertragsteuer i. H. von 7 500 € und 5,5 % Solidaritätszuschlag (412,50 €) wurden Bruno Baumeister am 8. 4. 2015 22 087,50 € auf sein Privatkonto überwiesen.

Die GmbH weist zum 31. 12. 2014 kein Körperschaftsteuer-Guthaben aus.

AUFGABEN:

1. Wie hoch ist der Körperschaftsteuertarif sowie die Steuermesszahl für den Gewerbeertrag für die GmbH 2014 in Prozent?
2. Welche Auswirkung hat die Gewinnausschüttung auf die Körperschaftsteuerbelastung der GmbH?
3. Wie (Einkunftsart, Höhe der Einnahmen) und wann (Veranlagungszeitraum) ist die Gewinnausschüttung bei Bruno Baumeister zu erfassen?
4. Bei welcher Einkunftsart und in welchem Veranlagungszeitraum sind die von der GmbH gezahlten Darlehenszinsen bei Baumeister zu erfassen? Ermitteln Sie deren Höhe!
5. Geben Sie an, welcher Einkunftsart und welchem Veranlagungszeitraum die Bruno Baumeister von der GmbH gezahlte Tätigkeitsvergütung zuzurechnen ist!
6. Prüfen Sie, ob sich aus dem Sachverhalt Hinzurechnungen bzw. Kürzungen bei der Ermittlung des Gewerbeertrags der Messe & Bau GmbH für den Erhebungszeitraum 2014 ergeben und berechnen Sie –

unter Angabe der jeweiligen Rechtsvorschrift des GewStG – die Höhe der entsprechenden Hinzurechnung bzw. Kürzung.

7. Ermitteln Sie die Höhe der Gewerbesteuerschuld der GmbH für den Erhebungszeitraum 2014 (Hebesatz der Gemeinde: 440 %). Der zutreffend ermittelte Gewerbeertrag beläuft sich auf 99 400 €.

Teil II: Einkommensteuer (29,0 Punkte)

Sachverhalt A   (13,0 Punkte)

Peter Prinz (ledig; geboren am 11.11.1977) lebt in Köln. Er ist als kaufmännischer Angestellter tätig. Sein Gesamtbetrag der Einkünfte hat im Jahr 2014 insgesamt 36 250 € betragen.

Peter Prinz legt Ihnen u. a. über folgende in 2014 getätigte Zahlungen Belege vor:

Beiträge private Leibrentenversicherung („Rürup-Vertrag")	600 €
Berufsunfähigkeitsversicherung	600 €
zusätzliche freiwillige Pflegeversicherung	240 €
Pkw-Versicherung	
– Haftpflichtversicherung	235 €
– Kaskoversicherung	188 €
– Insassen-Unfallversicherung	42 €
Bausparbeiträge	1 200 €
Beiträge Rechtsschutzversicherung	120 €
Spenden	
– für kirchliche Zwecke	300 €
– für gemeinnützige Zwecke	1 000 €
– für wissenschaftliche Zwecke	1 420 €
– an eine politische Partei	2 200 €

Die Lohnsteuerbescheinigung für 2014 enthält folgende Angaben:

Bruttoarbeitslohn	*37 250 €*
Einbehaltene Lohnsteuer	*5 937 €*
Einbehaltener Solidaritätszuschlag	*327 €*
Einbehaltene Kirchensteuer des Arbeitnehmers	*534 €*
Arbeitgeberanteil zur gesetzlichen Rentenversicherung	*3 520 €*
Arbeitnehmeranteil zur gesetzlichen Rentenversicherung	*3 520 €*
Arbeitnehmerbeitrag zur gesetzlichen Krankenversicherung	*3 055 €*
Arbeitnehmerbeitrag zur sozialen Pflegeversicherung	*475 €*
Arbeitnehmerbeiträge zur Arbeitslosenversicherung	*559 €*

Ihren Unterlagen können Sie entnehmen, dass Peter Prinz in 2014 Kirchensteuer i. H. von 120 € nachzahlen musste. Für die Erstellung der Einkommensteuererklärung 2013 hat Prinz in 2014 240 € bezahlt.

Mit welchen einkommensteuerlichen Vergünstigungen kann Peter Prinz angesichts seiner Aufwendungen aus dem Jahre 2014 rechnen? Berechnen Sie deren Höhe in einer übersichtlichen Darstellung und unter Verwendung der steuerlichen Fachbegriffe! Eine Günstigerprüfung i.S. des § 10 Abs. 4a EStG ist nicht durchzuführen.

Sachverhalt B   (16,0 Punkte)

Mit notariellem Vertrag vom 3. 2. 2014 hat der ledige Karl Krösus das bebaute Grundstück Herrenstraße 13 in Lübeck erworben. Der Kaufpreis i. H. von 500 000 € entfällt zu 20 % auf den Grund und Boden. Die Grunderwerbsteuer beträgt 5 % des Kaufpreises.

Das Grundstück ist mit einem Wohn- und Geschäftsgebäude bebaut, Fertigstellung 2004. Die insgesamt vier Etagen werden wie folgt genutzt:

Etage	Fläche in m²	Nutzung	Miete + Nebenkosten monatlich in €
Erdgeschoss	140	Büro eines Versicherungsvertreters	1 650
1. Obergeschoss	140	Praxis eines Augenarztes	1 720
2. Obergeschoss	140	Wohnung des Versicherungsvertreters	1 040
Dachgeschoss Wohnung 1 Wohnung 2	50 50	– fremde Wohnzwecke – unentgeltlich an die Mutter des Karl Krösus überlassen	380 0

Krösus sind im Jahr 2014 u. a. folgende Aufwendungen, das Objekt Herrenstraße in Lübeck betreffend, entstanden:

Grundbesitzabgaben	1 840 €
laufende Betriebskosten	2 610 €
Hausverwalter, Treppenreinigung, Gartenarbeiten	2 800 €
Renovierungskosten	
– Außenfassade	5 280 €
– Praxisräume Augenarzt	3 150 €

Weitere Ausgaben diesbezüglich ergeben sich aus den beigefügten Belegen, die Ihnen Krösus vorlegt:

Beleg 1

Notarieller Kaufvertrag vom 3. 2. 2014 – Auszug –

. . .

Besitz, Nutzen und Lasten gehen mit Wirkung ab 1. 4. 2014 auf den Käufer über.

. . .

Alle mit diesem Vertrag und seiner Durchführung verbunden Kosten trägt der Käufer.

. . .

Beleg 2

Notar Dr. Altklug	
...	
Kaufvertrag	2 365,00 €
Grundschuldbestellung	620,00 €
	2 985,00 €
zzgl. USt 19 %	+ 567,15 €
Rechnungsbetrag	3 552,15 €
...	

Beleg 3

Amtsgericht Lübeck	
...	
Eigentumswechsel	840 €
Eintragung Grundschuld	590 €
Rechnungsbetrag	1 430 €
...	

Beleg 4

HypoBank Lübeck – Zinsbescheinigung 2014	
...	
Darlehenszinsen	9 000 €
Bereitstellungszinsen	450 €
Disagio	12 000 €
...	

Beleg 5

Steuerberater Kummer & Sorge – Gebührenrechnung	
...	
Beratung Grundstückserwerb Herrenstraße, Lübeck	
Zeitgebühr	240,00 €
zzgl. USt 19 %	+ 45,60 €
Rechnungsbetrag	285,60 €
...	

AUFGABE:

Ermitteln Sie die Höhe der Einkünfte aus Vermietung und Verpachtung des Mandanten Karl Krösus für den Veranlagungszeitraum 2014.

Teil III: Gewerbesteuer (10,0 Punkte)

Sachverhalt

Conrad Cool betreibt einen Jeansshop in Dortmund. In Hamm hat er vor zwei Jahren einen Filial-betrieb eröffnet.

Für das Wirtschaftsjahr 2014 (= Kalenderjahr) hat Cool zutreffend eine Steuermesszahl nach dem Gewerbeertrag i. H. von 190 € ermittelt.

Die Summe der Löhne und Gehälter belief sich in Dortmund auf 112 000 € einschließlich 5 800 € Ausbildungsvergütung. In Hamm wurden 89 500 € einschließlich 4 900 € Ausbildungs-vergütung gezahlt.

Die geschäftsführende Tätigkeit von Conrad Cool verteilt sich zu 70 % auf Dortmund und zu 30 % auf den Standort Hamm.

AUFGABE:

Berechnen Sie die Höhe der Gewerbesteuer, die für den Erhebungszeitraum 2014 an die Gemeinde Dort-mund bzw. Hamm zu entrichten ist.

BEARBEITUNGSHINWEIS:

Der Hebesatz der Gemeinde Dortmund beträgt 440 %. Die Stadt Hamm hat die Höhe des Hebesatzes auf 430 % festgesetzt.

Teil IV: Umsatzsteuer (21,0 Punkte)

Kalle Kräftig betreibt in Wörlitz (Sachsen-Anhalt) eine Fleischerei und den Gasthof „Zum Grünen Kranz" mit Vermietung von Fremdenzimmern.

Er versteuert seine Umsätze nach den allgemeinen Vorschriften des UStG nach vereinbarten Entgelten und gibt seine USt-Voranmeldungen monatlich ab. Im Jahr 2014 ergaben sich u. a. folgende Sachverhalte:

Sachverhalt 1

Der Mandant hat Fleisch- und Wurstwaren aus seiner Fleischerei für seine Gastwirtschaft ent-nommen. Der Nettoeinkaufspreis dieser angeschafften bzw. die Selbstkosten dieser hergestell-ten Ware betrugen insgesamt 2 200 €. Im regulären Verkauf hätte die Ware 3 800 € einschließ-lich Umsatzsteuer gekostet.

Da er für Fleischerei und Gastwirtschaft getrennt Bücher führt, hat er der Gastwirtschaft 2 200 € berechnet, aber dabei keine Umsatzsteuer gesondert ausgewiesen.

Beurteilen Sie, ob der Mandant diesen Vorgang richtig behandelt hat. Begründen Sie Ihre Entscheidung unter Angabe der Rechtsvorschrift.

Sachverhalt 2

Mandant Kräftig verarbeitet in der Küche seiner Gastwirtschaft ausschließlich Waren und Zutaten, die in der Anlage zum UStG enthalten sind. Nach den Kassenabrechnungen für Dezember hat er aus Umsätzen in seiner Gaststätte folgende Einnahmen erzielt:

Speisen	8 469 €
Getränke	3 907 €

Prüfen Sie die Umsätze. Geben Sie die Umsatzart (mit Rechtsvorschrift), Steuersatz und Bemessungsgrundlage an. Berechnen Sie die entstandene Umsatzsteuer.

Sachverhalt 3

Außerdem hat der Mandant im Dezember nach eigenen Aufzeichnungen für 422 € Speisen zum Verzehr außerhalb der Gaststätte „über die Straße" verkauft.

Geben Sie Auskunft über die Umsatzart und den Steuersatz (jeweils mit Rechtsvorschrift) und die Bemessungsgrundlage. Berechnen Sie die entstandene Umsatzsteuer.

Sachverhalt 4

Mandant Kräftig, alle seine Familienangehörigen und das in der Gastwirtschaft und in der Fleischerei beschäftigte Personal haben ihre Mahlzeiten im vergangenen Monat häufig in der Gaststätte des Mandanten eingenommen. Die Speisen und Getränke wurden unentgeltlich überlassen.

Beurteilen Sie die Umsatzart und den anzuwendenden Steuersatz jeweils unter Angabe der anzuwendenden Rechtsvorschrift.

Sachverhalt 5

Das Betriebsgebäude, das in vollem Umfang Unternehmensvermögen ist, wird wie folgt genutzt:

Keller:	Kegelbahn und Lagerraum
Erdgeschoss:	Schankraum und Gaststube
1. Obergeschoss:	Zimmer zur kurzfristigen Vermietung an Gäste
2. Obergeschoss:	eigene Wohnung der Familie Kräftig

Jedes der Geschosse hat eine Nutzfläche von 150 qm.

Im lfd. Jahr sind für das Gebäude folgende Kosten angefallen:

a) Reparatur der Kegelbahn 800 € zzgl. 152 € USt.

b) Tapezieren des 1. und 2. Obergeschosses 2 200 € zzgl. 418 € USt.

   Die Kosten verteilen sich gleichmäßig auf beide Geschosse.

c) Anstrich der Fassade des Gebäudes 12 000 € zzgl. 2 280 € USt.

   Alle Geschosse haben dieselbe Geschosshöhe.

AUFGABE:

In welcher Höhe ist Vorsteuerabzug möglich. Geben Sie für Ihre Entscheidung eine kurze Begründung.

Sachverhalt 6

In einem Anbau befindet sich der große Festsaal, der für Familienfeierlichkeiten, Schützenfeste usw. zur Verfügung steht. Im vergangenen Monat wurde der Saal an die FDP zur Durchführung einer Wahlkampfveranstaltung für 500 € vermietet. Für Speisen und Getränke sorgte der Veranstalter selbst.

AUFGABE:

Prüfen Sie, ob die vereinnahmte Miete steuerfrei oder steuerpflichtig ist und begründen Sie Ihre Auffassung. Berechnen Sie ggf. die entstandene Umsatzsteuer.

Teil V: Abgabenordnung (15,0 Punkte)

Sachverhalt

Am Donnerstag, den 12. 3. 2015 legt Ihnen der Mandant Dr. Dringlich seinen Einkommensteuerbescheid 2013 vor. Der Steuerbescheid trägt das Datum 2. 1. 2015. Während Sie Ihrem Mandanten eine Steuererstattung i. H. von 2 000 € in Aussicht gestellt hatten, soll er laut Steuerbescheid für 2013 nun eine Nachzahlung i. H. von 3 000 € leisten.

Den Erläuterungen zum Steuerbescheid entnehmen Sie folgenden Text:

„Die Aufwendungen für Ihren USA-Aufenthalt i. H. von insgesamt 12 500 € konnten mangels ausschließlich beruflicher Veranlassung nicht als Werbungskosten bei den Einkünften aus nicht-selbständiger Tätigkeit berücksichtigt werden."

Auf Ihre Frage hin, warum Herr Dr. Dringlich nicht schon eher zu Ihnen gekommen sei, legt er Ihnen eine Bescheinigung vor, aus der hervorgeht, dass er sich wegen eines Verkehrsunfalls in der Zeit vom 23. 1. (Freitag) bis zum 14. 2. (Samstag) in stationärer Behandlung im Krankenhaus befand.

AUFGABEN:

1. Bitte prüfen Sie, ob es in zeitlicher Hinsicht noch möglich ist, gegen den Einkommensteuerbescheid 2013 des Herrn Dr. Dringlich vorzugehen. Führen Sie dabei bitte detaillierte Fristberechnungen durch.

2. Das Finanzamt hat die als Werbungskosten geltend gemachten Aufwendungen für die USA-Reise Ihres Mandanten rechtsirrtümlich nicht in Ansatz gebracht. An der Rechtmäßigkeit des Steuerbescheides bestehen daher ernstliche Zweifel.

   Welchen Antrag sollten Sie ggf. gleichzeitig mit dem Einspruch stellen, um den Mandanten vor Säumniszuschlägen zu bewahren? Nennen Sie die entsprechende Rechtsvorschrift.

3. Was sollten Sie ggf. unternehmen, damit Ihr Einspruchsschreiben noch fristgerecht beim zuständigen Finanzamt eingeht?

Klausursatz II: Lösung Steuerwesen

Teil I: Einkommensteuer, Gewerbesteuer, Körperschaftsteuer (25,0 Punkte)

1. Aufgabe

Der Körperschaftsteuersatz für das Jahr 2014 beträgt 15 % des zu versteuernden Einkommens, § 23 Abs. 1 KStG. Die Steuermesszahl nach dem Gewerbeertrag beträgt 3,5 %, § 11 Abs. 2 GewStG.

1,0 P

2. Aufgabe

Die Gewinnausschüttung i. H. von 30 000 € wird vollständig aus dem Gewinn der GmbH aus dem Jahr 2014 finanziert, so dass sich insoweit keine Auswirkung auf die Körperschaftsteuer der GmbH ergibt (§ 8 Abs. 3 Satz 1 KStG).

3,0 P

3. Aufgabe

Die Gewinnausschüttung stellt Einnahmen aus Kapitalvermögen des Bruno Baumeister dar, § 20 Abs. 1 Nr. 1 EStG.

1,0 P

Die Einnahmen sind in voller Höhe (= 30 000 €) steuerpflichtig und dem Veranlagungszeitraum 2014 steuerlich zuzuordnen (Zufluss).

4,0 P

ERGÄNZENDE HINWEISE:

Handelt es sich um Dividendeneinnahmen im betrieblichen Bereich, unterliegen sie dem sog. Teileinkünfteverfahren und bleiben zu 40 % steuerfrei (§ 3 Nr. 40 EStG). Damit im Zusammenhang stehende Aufwendungen sind gem. § 3c Abs. 2 EStG lediglich zu 60 % abzugsfähig.

Handelt es sich hingegen – wie im vorliegenden Fall – um private Kapitaleinkünfte, findet das Teileinkünfteverfahren keine Anwendung, die Dividendeneinnahmen unterliegen zu 100 % der Besteuerung (§ 3 Nr. 40 Buchst. a EStG). Der Schuldner der Dividende (= Messe & Bau GmbH) hat bei Auszahlung die Kapitalertragsteuer mit 25 % (ggf. zuzüglich Kirchensteuer) einzuhalten und abzuführen. Der Steuerabzug hat grundsätzlich Abgeltungswirkung, so dass Baumeister die Dividendenzahlung nicht in seine private Steuererklärung aufnehmen muss. Ihm steht jedoch ein Wahlrecht zu, die Einnahmen zu erklären und den Steuerabzug auf die private Einkommensteuer anrechnen zu lassen.

4. Aufgabe

Die von der GmbH gezahlten Darlehenszinsen sind für Baumeister Einnahmen aus Kapitalvermögen, § 20 Abs. 1 Nr. 7 EStG.

1,0 P

Darlehen 50 000 € × 6 % =   3 000 €   **1,0 P**

Die Zinsen sind Baumeister im Zuflussjahr 2014 zuzurechnen.

1,0 P

5. Aufgabe

Die Tätigkeitsvergütung für die Geschäftsführung stellt für Baumeister Einnahmen aus nichtselbständiger Arbeit dar, § 19 Abs. 1 Nr. 1 EStG. Sie sind Baumeister im Jahr 2014 zugeflossen.

3,0 P

6. Aufgabe

Hinzurechnungen, § 8 GewStG		1,5 P
Schuldzinsen zu 25 %, § 8 Nr. 1 GewStG		
Darlehenszinsen Baumeister 3 000 € × 50 % = 1 500 €		2,0 P
Keine Hinzurechnung, da die Zinsen insgesamt den Betrag von 100 000 € nicht übersteigen.		
Kürzungen, § 9 GewStG		1,5 P
1,2 % vom Einheitswert des Betriebsgrundstücks, § 9 Nr. 1 GewStG		
120 000 € × 1,4 = 168 000 € × 1,2 % =	2 016,00 €	2,0 P

7. Aufgabe

Gewerbeertrag	99 400,00 €	1,0 P
Steuermesszahl, § 11 Abs. 2 GewStG		
Gewerbeertrag 99 400 € × 3,5 % =	3 479,00 €	1,0 P
Gewerbesteuer		
Steuermessbetrag 3 479 € × Hebesatz 440 % =	15 307,60 €	1,0 P

Teil II: Einkommensteuer (29,0 Punkte)

Sachverhalt A (13,0 Punkte)

Peter Prinz kann folgende Sonderausgaben für den Veranlagungszeitraum 2014 steuerlich geltend machen:

1. Basisversorgung, Höchstbetragsberechnung nach § 10 Abs. 3 EStG

ArbN-Anteil zur gesetzlichen Rentenversicherung	3 520 €	
ArbG-Anteil zur gesetzlichen Rentenversicherung	3 520 €	
Beiträge zur privaten Leibrentenversicherung („Rürup-Vertrag")	600 €	
Beiträge zur Basisversorgung gesamt, max. 20 000 €	7 640 €	1,0 P
Davon 78 %	5 959 €	0,5 P
ArbG-Anteil zur gesetzlichen Rentenversicherung	3 520 €	0,5 P
Steuerlich abzugsfähig	2 439 €	0,5 P

2. Sonstige Vorsorgeaufwendungen, Höchstbetragsberechnung nach § 10 Abs. 4 EStG

ArbN-Betrag zur gesetzlichen Krankenversicherung	3 055 €	
ArbN-Beitrag zur sozialen Pflegeversicherung	475 €	
Sonstige Vorsorgeaufwendungen	1 676 €	
	5 206 €	1,0 P
Höchstbetrag	1 900 €	0,5 P
Zwischensumme somit	1 900 €	
Mindestansatz (Beiträge nach § 10 Abs. 1 Nr. 3 EStG)		
Krankenversicherung 3 055 € abzüglich 4 % =	2 933 €	
Pflegeversicherung	475 €	
Summe	3 408 €	
Anzusetzen somit	3 408 €	2,0 P

3. Übrige Sonderausgaben

Kirchensteuer (534 € + 120 € =)		654 €		1,0 P
Spenden (wissenschaftliche Zwecke)	1 420 €			
Spenden (gemeinnützige Zwecke)	1 000 €			
Spenden (kirchliche Zwecke)	300 €			
	2 720 €			
max. 36 250 € × 20 % =	7 250 €	2 720 €		2,0 P
Spende an politische Partei	2 200 €			
abzgl. § 34g EStG	./. 1 650 €			2,0 P
verbleiben	550 €	550 €		
abzugsfähige Spenden		3 270 €	3 270 €	
Summe abzugsfähiger Sonderausgaben			9 771 €	

Die Spende an eine politische Partei bringt Herrn Prinz eine Steuerermäßigung i. H. von (1 650 € × 50 % =) 825 € ein, § 34g EStG.

2,0 P

👉 **ERGÄNZENDER HINWEIS:**

Günstigerprüfung nach § 10 Abs. 4a EStG mit Erhöhungsbetrag
Versicherungsbeiträge / Vorsorgeaufwendungen

	€	€	€
Sozialversicherung	7 609		
Berufsunfähigkeitsversicherung	600		
Pkw-Haftpflichtversicherung	235		
Insassen-Unfallversicherung	42		
insgesamt	8 486		
freiwillige Pflegeversicherung	240		
höchstens	./. 184	184	
insgesamt	8 542		

	€	€	€
Vorwegabzug	2 400		
Kürzung			
37 250 € × 16 % =	5 960		
	0	./. 0	0
verbleiben		8 542	
Grundhöchstbetrag		./. 1 334	1 334
verbleiben		7 208	
hälftiger Höchstbetrag		./. 667	667
abzugsfähige Vorsorgeaufwendungen (ohne Rürup-Versicherung)		2 185	2 185
Erhöhungsbetrag „Rürup-Versicherung"			
Rürup-Versicherungsbeiträge	600		
davon 78 %	468		468
abzugsfähige Vorsorgeaufwendungen einschl. Erhöhungsbetrag			2 653

Der Vergleich nach § 10 Abs. 4a EStG führt nicht zu einem günstigeren Ergebnis als der Abzug der Höchstbeträge nach § 10 Abs. 3 und 4 EStG (insg. + 5 847 €), so dass die Höchstbeträge nach neuem Recht zum Abzug kommen.

Sachverhalt B   (16,0 Punkte)

Ermittlung der Einkünfte aus Vermietung und Verpachtung des Mandanten Karl Krösus für den Veranlagungszeitraum 2014:

Einnahmen

Mieteinnahmen und Umlagen

Erdgeschoss	1 650 € × 9 =	14 850 €		0,5 P
1. Obergeschoss	1 720 € × 9 =	15 480 €		0,5 P
2. Obergeschoss	1 040 € × 9 =	9 360 €		0,5 P
Dachgeschoss	380 € × 9 =	3 420 €		0,5 P
insgesamt		43 110 €	43 110 €	0,5 P

Werbungskosten

Abschreibung	6 344 €	
Schuldzinsen (vgl. Beleg 4)	21 450 €	1,0 P
Geldbeschaffungskosten		
Gericht (Eintragung Grundschuld; vgl. Beleg 3)	590 €	0,5 P
Notar (Grundschuldbestellung, gerundet)	738 €	0,5 P
Erhaltungsaufwendungen (Außenfassade)	5 280 €	1,0 P
Grundbesitzabgaben	1 840 €	0,5 P
laufende Betriebskosten	2 610 €	0,5 P

Hausverwalter, …	2 800 €	0,5 P
Steuerberatungskosten	286 €	0,5 P
Werbungskosten, das gesamte Haus betreffend	41 938 €	0,5 P
davon entfallen auf die Dachgeschosswohnung (unentgeltlich an Mutter überlassen; 50/520)	4 033 €	1,0 P
verbleiben	37 905 €	
Erhaltungsaufwand Praxisräume	3 150 €	1,0 P
Einkünfte	**2 055 €**	0,5 P

Ermittlung der Gebäudeabschreibung

Kaufpreis	500 000,00 €	
Grunderwerbsteuer (5 %)	25 000,00 €	1,0 P
Notar (Kaufvertrag; vgl. Beleg 2: 2 365 × 1,19)	2 814,35 €	0,5 P
Gericht (Eigentumswechsel; vgl. Beleg 3)	840,00 €	0,5 P
insgesamt	528 654,35 €	0,5 P
davon Grund und Boden – Anteil (20 %)	105 730,87 €	1,0 P
Gebäudeanteil	422 923,48 €	
Abschreibung 2 %, § 7 Abs. 4 Nr. 2a EStG	8 458,47 €	1,0 P
zeitanteilig für 2014 ($^9/_{12}$ gerundet)	6 344,00 €	1,0 P

Teil III: Gewerbesteuer (10,0 Punkte)

Berechnung der Gewerbesteuer 2014 für Dortmund und Hamm

Gemeinde Dortmund

Löhne und Gehälter, § 31 GewStG	112 000 €	
abzgl. Ausbildungsvergütung, § 31 Abs. 2 GewStG	./. 5 800 €	1,0 P
zzgl. fiktiver Unternehmerlohn, § 31 Abs. 5 GewStG		
25 000 € × 70 % =	+ 17 500 €	1,5 P
Arbeitslohn	123 700 €	
Abrundung, § 29 Abs. 3 GewStG	123 000 €	0,5 P

Gemeinde Hamm

Löhne und Gehälter, § 31 GewStG	89 500 €	
abzgl. Ausbildungsvergütung, § 31 Abs. 2 GewStG	./. 4 900 €	1,0 P
zzgl. fiktiver Unternehmerlohn, § 31 Abs. 5 GewStG		
25 000 € × 30 % =	+ 7 500 €	1,5 P
Arbeitslohn	92 100 €	
Abrundung, § 29 Abs. 3 GewStG	92 000 €	0,5 P

Die Gewerbesteuerschuld der einzelnen Gemeinden beträgt demnach:

Dortmund:	190 € × 123/215 × 440 %	478,27 €	2,0 P
Hamm:	190 € × 92/215 × 430 %	349,60 €	2,0 P

Teil IV: Umsatzsteuer (21,0 Punkte)

Sachverhalt 1 (2,0 Punkte)

Mandant Kräftig hat einen sog. Innenumsatz getätigt. Es wurden keine Lieferung und kein Leistungsaustausch ausgeführt.   1,0 P

Der Vorgang ist nicht steuerbar gem. § 1 Abs. 1 Nr. 1 UStG.   0,5 P

Die Umsatzsteuer wurde zu Recht nicht ausgewiesen.   0,5 P

Sachverhalt 2 (4,0 Punkte)

Umsatzart:	sonstige Leistung		1,0 P
	§ 3 Abs. 9 Satz 4 UStG		1,0 P
Bemessungsgrundlage:	Entgelt:	8 469 €	
		+ 3 907 €	
		12 376 € : 1,19 = 10 400 €	1,0 P
	§ 10 Abs. 1 UStG		0,5 P
Umsatzsteuer:	19 % × 10 400 € = 1 976 €		0,5 P

Sachverhalt 3 (4,0 Punkte)

Umsatzart:	Lieferung	1,0 P
	§ 3 Abs. 1 i.V. mit Abs. 9 Satz 4 UStG	1,0 P
Steuersatz:	7 % gem. § 12 Abs. 2 Nr. 1 UStG	1,0 P
Bemessungsgrundlage:	Entgelt: 422 € : 1,07 = 394,39 €	0,5 P
Umsatzsteuer:	7 % × 394,39 € = 27,61 €	0,5 P

Sachverhalt 4 (3,0 Punkte)

Umsatzart:	sonstige Leistung	1,0 P
	§ 3 Abs. 9a Nr. 2 i.V. mit Abs. 9 Satz 4 UStG	1,0 P
Steuersatz:	19 % gem. § 12 Abs. 1 UStG, weil keine Lieferung vorliegt	1,0 P

Sachverhalt 5 (5,5 Punkte)

Zu a) Keller

Die Vermietung der Kegelbahn und die Nutzung zur Lagerung von Vorräten dient zur Ausführung von steuerpflichtigen Umsätzen.   1,0 P

Der Vorsteuerabzug aus der Reparaturrechnung ist abzugsfähig (152 €).   1,0 P

Zu b) 1. und 2. Obergeschoss

Die Zimmervermietung ist kurzfristig und damit nicht nach § 4 Nr. 12a Satz 2 UStG steuerfrei. Der Vorsteuerabzug ist insoweit zulässig (209 €). **1,0 P**

Die private Eigennutzung des 2. Obergeschosses ist eine sonstige Leistung i. S. des § 3 Abs. 9a Nr. 1 UStG, die nicht nach § 4 Nr. 12a UStG steuerfrei ist, weil keine Vermietung erfolgt. Der Vorsteuerabzug (209 €) ist insoweit möglich. **1,0 P**

Zu c) Fassadenanstrich

Dieser erstreckt sich auf das Erdgeschoss und das 1. und 2. Obergeschoss, nicht aber auf den Keller.

Erdgeschoss:	anteilig 760 €. Vorsteuer ist abzugsfähig	**0,5 P**
1. Obergeschoss:	anteilig 760 €. Vorsteuer ist abzugsfähig	**0,5 P**
2. Obergeschoss:	anteilig 760 €. Vorsteuer ist nicht abzugsfähig	**0,5 P**

ERGÄNZENDER HINWEIS:

Verwendet der Unternehmer ein Grundstück sowohl für Zwecke seines Unternehmens als auch für Zwecke, die außerhalb des Unternehmens liegen, oder für den privaten Bedarf seines Personals, ist die Steuer für die Lieferungen, die Einfuhr und den innergemeinschaftlichen Erwerb sowie für die sonstigen Leistungen im Zusammenhang mit diesem Grundstück vom Vorsteuerabzug ausgeschlossen, soweit sie nicht auf die Verwendung des Grundstücks für Zwecke des Unternehmens entfällt, § 15 Abs. 1b UStG.

Verwendet der Unternehmer … eine von ihm in Anspruch genommene sonstige Leistung nur zum Teil zur Ausführung von Umsätzen, die den Vorsteuerabzug ausschließen, so ist der Teil der jeweiligen Vorsteuerbeträge nicht abziehbar, der den zum Ausschluss vom Vorsteuerabzug führenden Umsätzen wirtschaftlich zuzurechnen ist. Der Unternehmer kann die nicht abziehbaren Teilbeträge im Wege einer sachgerechten Schätzung ermitteln, § 15 Abs. 4 UStG.

Sachverhalt 6   (2,5 Punkte)

Die Vermietung des Festsaales ist steuerfrei, weil es sich um eine Grundstücksvermietung handelt. **1,0 P**

Es liegt keine kurzfristige Vermietung von Wohn- und Schlafräumen i. S. von § 4 Nr. 12 Satz 2 UStG vor, die steuerpflichtig wäre. **1,5 P**

Teil V: Abgabenordnung (15,0 Punkte)

1. Aufgabe

Berechnung der Einspruchsfrist zum Einkommensteuerbescheid 2012 des Herrn Dr. Dringlich:

Datum des Poststempels	2. 1. 2015		**0,5 P**
Tag der Bekanntgabe	5. 1. 2015 = Montag		
Beginn der Einspruchsfrist	6. 1. 2015	0.00 Uhr	**1,0 P**
Ende der Einspruchsfrist	5. 2. 2015	24.00 Uhr	**1,0 P**
	(= Donnerstag)		

Wiedereinsetzungsfrist

Eintritt des Hindernisses (Einlieferung ins Krankenhaus)	23.1.2015		**1,0 P**
Eintritt damit **vor** Ablauf der Einspruchsfrist			**1,0 P**
Wegfall des Hindernisses (Entlassung aus dem Krankenhaus)	14.2.2015		**1,0 P**
Beginn der Frist für Wiedereinsetzungsantrag bzw. Nachholung versäumter Handlung	15.2.2015	0.00 Uhr	**1,0 P**
Ende der Antrags- bzw. Nachholungsfrist	14.3.2015 = Samstag	24.00 Uhr	**1,0 P**
Ablauf der Wiedereinsetzungsfrist verschiebt sich auf Montag, den	16.3.2015	24.00 Uhr	**1,0 P**

Am 12.3.2015 kann somit noch fristgerecht Wiedereinsetzung in den vorigen Stand beantragt und Einspruch eingelegt werden.

ERGÄNZENDER HINWEIS:

§ 108 Abs. 3 AO findet auch bei der Berechnung der Wiedereinsetzungsfrist nach § 110 AO der Anwendung. Dadurch verschiebt sich der Ablauf der Monatsfrist auf Montag, den 16.3.2015.

Die Einspruchsfrist ist am Tag der Bearbeitung (12.3.2015) grds. abgelaufen. Herr Dr. Dringlich war allerdings ohne Verschulden (Krankenhausaufenthalt nach Verkehrsunfall) gehindert, eine gesetzliche Frist (Einspruchsfrist) einzuhalten. Daher ist grds. eine Wiedereinsetzung in den vorigen Stand möglich, § 110 AO. Der Antrag auf Wiedereinsetzung ist innerhalb eines Monats nach Wegfall des Hinderungsgrundes zu stellen bzw. die versäumte Handlung (Einlegung des Einspruchs) ist binnen Monatsfrist nachzuholen.

2. Aufgabe

Zugleich sollte mit dem Einspruch Aussetzung der Vollziehung beantragt werden,	**2,0 P**
§ 361 Abs. 2 Satz 2 AO.	**2,0 P**

3. Aufgabe

Das Einspruchsschreiben muss spätestens am Montag, den 16.3.2015 (24.00 Uhr) beim Finanzamt eingehen. Daher sollte der Einspruch möglichst zeitnah in den Hausbriefkasten des Finanzamtes eingeworfen bzw. per Fax oder E-Mail übermittelt werden. **2,5 P**

Klausursatz III: Aufgabe Rechnungswesen

Bearbeitungszeit: 120 Minuten

Aufgabenteil I

Aloys Zimmermann ist Inhaber eines Möbel-Einzelhandelsgeschäfts in Aachen. Die Firma ist als „Einrichtungshaus Zimmermann" im Handelsregister eingetragen. Seinen Gewinn ermittelt er nach § 4 Abs. 1 i. V. mit § 5 EStG. Das Wirtschaftsjahr entspricht dem Kalenderjahr.

Er versteuert seine Umsätze nach den allgemeinen Vorschriften des UStG. Alle seine Umsätze unterliegen, sofern nicht anders angegeben, dem Steuersatz von 19 %. Er ist zum vollen Vorsteuerabzug berechtigt. Die Voraussetzungen des § 7g EStG sind erfüllt. Für das Wirtschaftsjahr 2014 möchte Aloys Zimmermann einen möglichst niedrigen steuerlichen Gewinn ausweisen. Abschreibungsbeträge sind auf volle Euro aufzurunden. Alle erforderlichen Belege liegen vor. Die Rechnungen sind ordnungsgemäß i. S. des § 14 UStG.

1. Sachverhalt (10,0 Punkte)

Der Mandant hat im Mai u. a. Möbel an Kunden verkauft, die in den Niederlanden, Belgien und in der Schweiz ansässig sind.

a) Ein Schreibtisch wurde an einen Niederländer für 1 102 € in bar verkauft. Der Kunde gab beim Kauf seine niederländische USt-IdNr. an und nahm den Schreibtisch sofort mit.

b) Ein Wohnzimmerschrank wurde an einen Kunden aus Belgien verkauft, der keine USt-IdNr. angegeben hat. Der Schrank wurde von Fachkräften des Mandanten nach Belgien transportiert. Der Kunde zahlte den vereinbarten Kaufpreis von 3 332 € in bar.

c) Ein Kunde aus der Schweiz kaufte einen Kristallleuchter für 1 450 € und nahm ihn sofort mit in seine Heimat. Entsprechende Belege liegen vor.

HINWEIS:

Der Mandant überschreitet mit seinen Umsätzen nicht die Lieferschwelle von den Niederlanden und Belgien und hat auf ihre Anwendung auch nicht nach § 3c Abs. 4 UStG verzichtet.

AUFGABE:

Buchen Sie die Vorgänge und geben Sie kurze Hinweise auf deren umsatzsteuerliche Beurteilung mit Angabe der entsprechenden Vorschrift des UStG.

2. Sachverhalt (7,0 Punkte)

Der Mandant hatte gegenüber dem Kunden Bergmann eine Forderung i. H. von 16 660 € aus der Lieferung einer kompletten Büroeinrichtung. Aufgrund eines im September 2013 eröffneten Insolvenzverfahrens wurde die Forderung zum 31. 12. 2013 abgeschrieben.

Bei den Jahresabschlussarbeiten zum 31.12.2013 wurde zutreffend wie folgt gebucht:

– Zweifelhafte Forderungen	16 660 €	an	Forderungen aus LuL	16 660 €
– Abschreibungen auf Umlaufvermögen	5 600 €	an	Zweifelhafte Forderungen	8 260 €
Umsatzsteuer	2 660 €			

Zur Korrektur der Umsatzsteuer in voller Höhe vgl. auch Abschn. 17.1 Abs. 5 UStAE.

Nach Abschluss des Verfahrens im Mai 2014 überwies der Involvenzverwalter 8 330 € auf das Geschäftskonto des Mandanten.

AUFGABEN:

a) Ermitteln Sie die vom Mandanten erwartete Insolvenzquote, die bei der Bewertung der Forderung zum 31.12.2013 berücksichtigt wurde.

b) Buchen Sie den Zahlungseingang vom Mai 2014.

3. Sachverhalt (11,0 Punkte)

Mandant Zimmermann hat im Mai einen neuen Möbelwagen für seinen Betrieb erworben. Das Neufahrzeug war im Internet günstig von einem italienischen Großhändler aus Turin für 85 000 € angeboten worden. Zugleich erklärte sich der Händler bereit, das Gebrauchtfahrzeug des Mandanten für 20 000 € in Zahlung zu nehmen.

Der italienische Händler lieferte das Neufahrzeug am 23.5.2014 an und nahm das Gebrauchtfahrzeug (Buchwert 1.1.2014 24 000 €, Jahres-AfA 12 000 €) sofort mit nach Italien. Der Mandant überwies am 13.6.2014 den Differenzbetrag von 65 000 € von seinem betrieblichen Bankkonto.

Beide Unternehmer verwendeten bei Ausführung der Umsätze jeweils ihre nationale Umsatzsteuer-Identifikationsnummer.

Noch im Mai ließ der Mandant das Neufahrzeug mit seinem Firmen-Logo beschriften. Die Lackierwerkstatt berechnete dafür 1 500 € zzgl. 285 € Umsatzsteuer. Der Betrag wurde sofort vom betrieblichen Bankkonto überwiesen.

AUFGABEN:

a) Berechnen Sie die Anschaffungskosten des Möbelwagens.

b) Ermitteln Sie die höchstmögliche AfA für den Möbelwagen für 2014. Die Nutzungsdauer des Fahrzeugs beträgt 8 Jahre. Der Mandant hatte für die Anschaffung keinen Investitionsabzugsbetrag nach § 7g Abs. 1 EStG in 2013 gewinnmindernd abgezogen.

c) Buchen Sie die Anschaffung des Fahrzeugs und die Inzahlunggabe des Altfahrzeugs.

d) Buchen Sie die Leistung der Lackiererei.

e) Buchen Sie den Rechnungsausgleich (65 000 €).

4. Sachverhalt (20,0 Punkte)

Frank Möllers ist Geschäftsführer der Firma Zimmermann. Er bezieht ein monatliches Gehalt von 3 000 €.

Zusätzlich stellt ihm die Firma einen Pkw auch für Privatfahrten und Fahrten von seiner Wohnung zur Arbeitsstätte (30 Entfernungskilometer) ohne besondere Berechnung zur Verfügung. Das Fahrzeug hatte bei Erstzulassung einschließlich Sonderausstattung und Umsatzsteuer einen Listenpreis von 32 500 €.

Außerdem erhält er zu seinen eigenen vermögenswirksamen Leistungen i. H. von monatlich 13 € vom Arbeitgeber einen Zuschuss von 10 € monatlich.

Bei der Lohnabrechnung für Dezember 2014 ist außerdem ein noch nicht gebuchter Personalkauf über insgesamt 476 € zu berücksichtigen.

Entsprechend der Steuerklasse I/0 ergeben sich für Dezember 2014 folgende Abzugsbeträge:

Lohnsteuer	636,41 €
Steuersatz Solidaritätszuschlag	5,5 %
Steuersatz Kirchensteuer	9 %
Rentenversicherung	18,9 %
Arbeitslosenversicherung	3,0 %
Krankenversicherung (14,6 % regulärer KV + 0,9 % Sonderbeitrag)	15,5 %
Pflegeversicherung	2,05 %
Zuschlag PV (kinderlos)	0,25 %
Umlage U 1 (Entgeltfortzahlung Krankheit)	1,5 %
Umlage U 2 (Entgeltfortzahlung Mutterschaft)	0,28 %
Umlage U 3 (Insolvenzgeld)	0,15 %

AUFGABEN:

a) Ermitteln Sie den geldwerten Vorteil aus der Pkw-Überlassung.

b) Erstellen Sie in übersichtlicher Form die Gehaltsabrechnung für Dezember 2014, aus der sich Bruttolohn, Nettolohn und Auszahlungsbetrag ergeben.

c) Bilden Sie die erforderlichen Buchungssätze.

Aufgabenteil II

Sie haben den Auftrag, den Jahresabschluss für 2014 des Mandanten Kottmann vorzubereiten. Herr Kottmann ist Inhaber der Firma Eisen-Kottmann, Einzelhandel mit Haushaltswaren in Duisburg-Ruhrort.

Mandant Kottmann ermittelt seinen Gewinn nach den § 4 Abs. 1 und § 5 EStG und versteuert seine Umsätze nach dem Soll. Das Wirtschaftsjahr entspricht dem Kalenderjahr.

1. Sachverhalt (18,0 Punkte)

Im Warenbestand zum 31. 12. 2014 sind u. a. folgende Positionen enthalten:

a) 150 kg Schrauben und Nägel verschiedener Größen und Sorten. Dieser Posten ist durch eine Undichtigkeit im Dach des Lagergebäudes feucht geworden und stark verrostet. Die Ware wurde für durchschnittlich 10,50 €/kg angeschafft. Durch den Rost ist der beizulegende Wert/Teilwert mit nur noch 2,50 €/kg zu veranschlagen.

b) 25 Gartengrills aus Gusseisen. Die Ware hat im Einkauf 40 €/Stück gekostet und ist in einwandfreiem Zustand. Da aber die Grillsaison längst vorbei ist, ist deren beizulegender Wert/Teilwert am Bilanzstichtag auf 5 €/Stück abgesunken.

Dieser Bestand konnte allerdings bereits im Mai 2015 – noch vor der Bilanzerstellung – zum normal kalkulierten Verkaufspreis veräußert werden.

AUFGABE:

Die beiden Warenbestände sind zu bewerten. Stellen Sie zunächst jeweils den/die handelsrechtlich zulässigen Wert(e) fest und ermitteln Sie dann den/die Wert(e) für die Steuerbilanz. Begründen Sie Ihre Lösung und geben Sie die jeweils gültigen Vorschriften an.

2. Sachverhalt (11,0 Punkte)

Der Mandant hat sein Betriebsgrundstück in der Hüttenstraße 15 Anfang April 2012 erworben. Das Grundstück (Bauantrag vom 25. 1. 1995) dient zu 100 % eigenen betrieblichen Zwecken.

Die Anschaffungskosten betrugen damals insgesamt 428 000 €, davon entfielen 75 000 € auf den Grund und Boden.

Bereits im September 2013 hat der Mandant mit der Errichtung eines betrieblich genutzten Anbaus begonnen, der im Januar 2014 fertig gestellt werden konnte. Die Herstellungskosten betrugen 80 000 € netto und wurden zutreffend gebucht.

AUFGABEN:

a) Ermitteln Sie die AfA-Bemessungsgrundlage und die Höhe der AfA für 2014.
b) Buchen Sie die AfA.
c) Ermitteln Sie den Buchwert des Betriebsgebäudes zum 31. 12. 2014.

3. Sachverhalt (10,0 Punkte)

Beim Jahresabschluss sind noch folgende nicht gebuchte Entnahmen zu berücksichtigen:

a) Der Mandant nutzt einen zum Betriebsvermögen gehörenden Pkw, der im Oktober 2013 angeschafft wurde, auch für private Zwecke. Das Fahrzeug hatte einen Brutto-Listenpreis (einschließlich Sonderausstattung und Umsatzsteuer) von 28 400 €. Ein Fahrtenbuch wurde nicht geführt.

b) In 2014 wurden Schlafzimmermöbel für private Zwecke entnommen. Diese Möbel hatte der Mandant im Februar 2014 für insgesamt 4 700 € netto bei der Herstellerfirma für den Betrieb eingekauft.

Als die Tochter des Mandanten im Mai 2014 heiratete, wurden ihr die Möbel zur Hochzeit geschenkt. Zu diesem Zeitpunkt hatte der Hersteller seine Abgabepreise um 5 % erhöht.

AUFGABE:

Ermitteln Sie die Höhe der Entnahmen und buchen Sie die Vorgänge. Erläutern Sie kurz die umsatzsteuerliche Behandlung der Entnahmen unter Angabe der Vorschriften des UStG.

Aufgabenteil III

Sachverhalt (13,0 Punkte)

Ludger Kampkötter, Einzelhandel mit Papier- und Schreibwaren, ermittelt seinen Gewinn zulässig nach § 4 Abs. 3 EStG. Der Mandant erfüllt die Voraussetzung des § 7g EStG. Es soll ein möglichst niedriger Gewinn ausgewiesen werden.

Die folgenden Sachverhalte sind bei der Gewinnermittlung 2014 noch nicht berücksichtigt. Geben Sie die betragsmäßige Auswirkung auf den Gewinn des Jahres 2014 an.

Stellen Sie dabei einen Vergleich mit der Gewinnauswirkung an, die sich im Falle eines Betriebsvermögensvergleichs nach § 4 Abs. 1 und § 5 EStG ergeben würde. Tragen Sie die Ergebnisse in die nachfolgende Aufstellung ein.

a) Zahlung der Feuerversicherungsprämie für die Zeit vom 1. 11. 2014 bis 31. 10. 2015 i. H. von 1 800 € am 10. 11. 2014.

b) Im April 2014 wurde ein gebrauchtes ausschließlich betrieblich genutztes Betriebsfahrzeug für 4 000 € zzgl. 760 € USt angeschafft und sofort bar bezahlt. Die Nutzungsdauer beträgt 2 Jahre.

c) Das bis dahin genutzte Betriebsfahrzeug musste verschrottet werden, weil eine Reparatur nicht mehr lohnte. Es stand am 1. 1. 2014 noch mit 500 € im Anlageverzeichnis. Für seine Entsorgung zahlte der Mandant 160 € in bar und erhielt eine Quittung, die die Umsatzsteuer nicht gesondert ausweist.

d) Die zum 31. 12. 2014 für Dezember 2014 fällige Leasingrate für das Fotokopiergerät i. H. von 100 € zzgl. 19 € USt wurde erst am 8. 1. 2015 gezahlt.

e) In der Nacht vom 17. 12. auf den 18. 12. 2014 wurde die Tür des Ladengeschäftes aufgebrochen und Waren gestohlen, die der Mandant für 2 000 € zzgl. 380 € USt eingekauft hatte.

f) Die Forderung gegen den Kunden Winkels i. H. von 59,50 € (inkl. 19 % USt) ist nicht beitreibbar, weil er unbekannt verzogen ist.

Nr. der Aufgabe	Gewinn § 4 Abs. 3 EStG	Gewinn § 4 Abs. 1 und § 5 EStG
a)		
b)		
c)		
d)		
e)		
f)		

Klausursatz III: Lösung Rechnungswesen

Aufgabenteil I

1. Sachverhalt (10,0 Punkte)

a) Warenverkauf an einen Niederländer:

Steuerbare (§ 1 Abs. 1 Nr. 1 UStG) und steuerfreie (§ 4 Nr. 1b i.V. mit § 6a Abs. 1   **2,0 P**
UStG) innergemeinschaftliche Lieferung.

Buchung:

Kasse	1 102 €	an	steuerfreie i. g. Lieferungen	1 102 €
				1,0 P

b) Warenverkauf an einen Belgier:

Steuerbare (§ 1 Abs. 1 Nr. 1 UStG – Hinweis: Ort der Lieferung gem. § 3 Abs. 6
Satz 1 und 2 UStG in Aachen und nicht gem. § 3c UStG in Belgien) und steuer-
pflichtige Lieferung. Keine steuerfreie innergemeinschaftliche Lieferung, da der
Abnehmer kein Unternehmer ist (Indiz: Keine USt-IdNr. angegeben – § 6a Abs. 1
Nr. 2a UStG).   **2,5 P**

Buchung:

Kasse	3 332 €	an	Erlöse 19 %	2 800 €
		an	Umsatzsteuer	532 €
				1,5 P

c) Warenverkauf an einen Schweizer:

Steuerbare (§ 1 Abs. 1 Nr. 1 UStG) und gem. § 4 Nr. 1a i.V. mit § 6 Abs. 1 Nr. 2 UStG
steuerfreie Ausfuhrlieferung.   **2,0 P**

Buchung:

Kasse	1 450 €	an	steuerfreie Umsätze (§ 4 Nr. 1a UStG)	1 450 €
				1,0 P

2. Sachverhalt (7,0 Punkte)

a)

Forderung brutto	16 660 €
./. enthaltene Umsatzsteuer	2 660 €
Forderung netto	14 000 €
./. Abschreibung	5 600 €
= Wert der Forderung netto	8 400 €

berücksichtigte Insolvenzquote:

$$\frac{8\,400 \times 100}{14\,000} = 60\,\%$$

    3,0 P

b)

	Forderung netto	Umsatzsteuer
Ursprünglich	14 000 €	2 660 €
./. Abschreibung per 31. 12. 2013	5 600 €	2 660 €
= bilanzierte Restforderung	8 400 €	0 €
./. Zahlungseingang	7 000 €	1 330 €
= noch aus-/einzubuchen	1 400 €	1 330 €

Buchung:

Bank	8 330 €			
Abschreibung		an	zw. Forderungen	8 400 €
Umlaufvermögen	1 400 €		Umsatzsteuer	1 330 €
				4,0 P

3. Sachverhalt (11,0 Punkte)

a) Berechnung der Anschaffungskosten

Kaufpreis	85 000 €
+ Sonderlackierung	1 500 €
= Anschaffungskosten	86 500 €
	1,0 P

b) AfA-Berechnung

Lineare AfA (AK 86 500 € × $^1/_8$ × $^8/_{12}$)	= rd. 7 209 €
Sonder-AfA § 7g Abs. 5 EStG (86 500 € × 20 %)	= rd. 17 300 €
	24 509 €
	2,0 P

HINWEIS:

Für bewegliche Wirtschaftsgüter des Anlagevermögens, die nach dem 31. 12. 2010 angeschafft oder hergestellt werden, kann keine degressive AfA nach § 7 Abs. 2 EStG mehr abgezogen werden.

c) Buchung der Anschaffung des Neufahrzeugs und der Inzahlunggabe des Altfahrzeugs

AfA Alt-Fahrzeug ($^5/_{12}$)	5 000 €			
Anlagenabgang	19 000 €	an	Alt-Fahrzeug	24 000 €
				2,0 P
Neu-Fahrzeug	85 000 €	an	Erlöse aus Anlagenverkauf (steuerfrei)	20 000 €
Vorsteuer i. g. Erwerb	16 150 €		Umsatzsteuer i. g. Erwerb	16 150 €
			Verbindlichkeiten	65 000 €
				4,0 P

d) Leistung der Lackiererei
    Neu-Fahrzeug   1 500 €
    Vorsteuern   285 € an Bank   1 785 €
                                                                                          1,0 P

e) Buchung Rechnungsausgleich
    Verbindlichkeiten   65 000 € an Bank   65 000 €
                                                                                          1,0 P

4. Sachverhalt (20,0 Punkte)

a) Berechnung des geldwerten Vorteils:
    1 % von 32 500 €   =   325,00 €
    + 0,03 % von 32 500 × 30 km   =   292,50 €
    = geldwerter Vorteil/Sachbezug (brutto)   =   617,50 €   2,0 P

b) Gehaltsabrechnung:
    Monatslohn lt. Vertrag/Barlohn   3 000,00 €   1,0 P
    + AG-Anteil vermögenswirksame Leistungen (VL)   10,00 €   1,0 P
    + geldwerter Vorteil/Sachbezug   617,50 €   1,0 P
    = Bruttolohn   3 627,50 €
    ./. Lohnsteuer   636,41 €   0,5 P
    ./. Solidaritätszuschlag   35,00 €   0,5 P
    ./. Kirchensteuer   57,27 €   0,5 P
    ./. Rentenversicherung (18,9 % × 50 %)   342,80 €   0,5 P
    ./. Arbeitslosenversicherung (3,0 % × 50 %)   54,41 €   0,5 P
    ./. Krankenversicherung (14,6 % × 50 %)   264,80 €   0,5 P
    ./. Krankenversicherung (Sonderbeitrag: 0,9 % × 100 %)   32,65 €   0,5 P
    ./. Pflegeversicherung (2,05 % × 50 %)   37,18 €   0,5 P
    ./. Pflegeversicherung (Zuschlag: 0,25 % × 100 %)   9,07 €   0,5 P
    = Nettolohn   2 157,91 €
    ./. Einbehaltung VL   23,00 €   1,0 P
    ./. Sachbezug   617,50 €   1,0 P
    ./. Verrechnung Personalkauf   476,00 €   1,0 P
    = Auszahlungsbetrag   1 041,41 €   0,5 P

AG-Anteil Sozialversicherung inkl. Umlagen = 769,21 €.

c) Buchungssätze:

Gehälter	3 617,50 €				
VL	10,00 €	an	Verb. LSt/KiSt/SolZ		728,68 €
		an	Verb. Vermögensbildung		23,00 €
		an	Verb. soz. Sicherheit		740,91 €
		an	verr. Sachbezüge (19 %)		518,91 €
		an	Umsatzsteuer		98,59 €
		an	Erlöse		400,00 €
		an	Umsatzsteuer		76,00 €
		an	Verb. aus Gehalt		1 041,41 €
=	je Kontenbezeichnung 0,5 P				5,0 P
	Ges. soz. Aufwand	769,21 €	an	Verb. soz. Sicherheit	769,21 €
					2,0 P

Aufgabenteil II

1. Sachverhalt (18,0 Punkte)

a) Schrauben und Nägel

Allgemein	Voraussichtlich dauernde Wertminderung.	2,0 P
HGB:	Pflicht: Bewertung mit dem beizulegenden Wert i. H. von 2,50 €/kg gem. § 253 Abs. 4 Satz 1 und 2 HGB.	3,0 P
EStG:	Wahlrecht: Bewertung mit dem Teilwert i. H. von 2,50 €/kg oder mit 10,50 €/kg oder mit einem Zwischenwert gem. § 6 Abs. 1 Nr. 2 Satz 2 i. V. mit § 5 Abs. 1 Satz 1 zweiter Halbsatz EStG.	4,0 P

b) Gartengrillgeräte

Allgemein	Keine voraussichtlich dauernde Wertminderung	2,0 P
HGB:	Pflicht: Bewertung mit dem beizulegenden Wert i. H. von 5 €/Stück gem. § 253 Abs. 4 Satz 1 und 2 HGB (strenges Niederstwertprinzip).	3,0 P
EStG:	Pflicht: Bewertung mit den Anschaffungskosten i. H. von 40 €/Stück. Der Ansatz des Teilwerts (oder eines Zwischenwerts) ist unzulässig, da keine voraussichtlich dauernde Wertminderung vorliegt (§ 6 Abs. 1 Nr. 2 Satz 1 und 2 i. V. mit § 5 Abs. 6 EStG).	4,0 P

2. Sachverhalt (11,0 Punkte)

a) AfA-Bemessungsgrundlage/AfA-Berechnung

Anschaffungskosten bebautes Grundstück	428 000 €	
./. Anteil Grund und Boden	75 000 €	
= Anschaffungskosten Gebäude	353 000 €	1,0 P
+ nachträgliche Herstellungskosten	80 000 €	2,0 P
AfA-Bemessungsgrundlage für 2013	433 000 €	
3 % von 433 000 € =	12 990 €	1,0 P

b) AfA-Buchung

Abschreibungen	12 990 € an Gebäude	12 990 €	
			1,0 P

c) Buchwert des Betriebsgebäudes zum 31.12.2014:

Anschaffungskosten Gebäude 2012		353 000 €	1,0 P
./. AfA für 2012 3 % von 353 000 × $^9/_{12}$	rd.	7 943 €	2,0 P
./. AfA für 2013		10 590 €	1,0 P
+ Zugang 2014 (nachträgliche Herst.-Kosten)		80 000 €	1,0 P
./. AfA für 2014		12 990 €	1,0 P
= Buchwert 31.12.2014		401 477 €	

3. Sachverhalt (10,0 Punkte)

a) Private Pkw-Nutzung

1 % × 28 400 € × 12 Monate = Entnahme	3 408,00 €	1,0 P
Sonstige Leistung nach § 3 Abs. 9a UStG. Steuerbar gem. § 1 Abs. 1 Nr. 1 UStG und steuerpflichtig.		1,0 P
USt-Bemessungsgrundlage = 80 % von 3 408 € =	2 726,40 €	1,0 P

Buchung:

Privatentnahme (20 %)	681,60 €	an	Verwendung von Gegenst. o. USt	681,60 €
				1,0

und

Privatentnahme (80 %)	3 244,42 €	an	Verwendung von Gegenst. (19 %)	2 726,40 €
		an	Umsatzsteuer	518,02 €
				1,0 P

b) Entnahme Möbel

Teilwert: Schätzung anhand der Wiederbeschaffungskosten im Zeitpunkt der Entnahme.   1,0 P

Entnahme 4 700 € + 5 % = 4 935 € zzgl. 19 % USt.   **1,0 P**

Es handelt sich um eine unentgeltliche Lieferung i. S. des § 3 Abs. 1b Nr. 1   **1,0 P**
UStG, die steuerbar (§ 1 Abs. 1 Nr. 1 UStG) und steuerpflichtig ist. Bemessungsgrundlage: § 10 Abs. 4 Nr. 1 UStG.

Buchung:

Privatentnahme	5 872,65 €	an	Entnahmen durch den Unternehmer	4 935,00 €
		an	Umsatzsteuer	937,65 €

                                                                                      2,0 P

Aufgabenteil III

Sachverhalt   (13,0 Punkte)

Nr. der Aufgabe	Gewinn § 4 Abs. 3 EStG			Gewinn § 4 Abs. 1 und § 5 EStG			Gesamtpunkte
a)		./. 1 800 €	1,0 P		./. 300 €	1,0 P	2,0 P
b)	AfA $^9/_{12}$ Sonder-AfA (§ 7g Abs. 5 EStG) 20 % VoSt	./. 1 500 € ./. 800 € ./. 760 €	2,0 P	AfA und Sonder-AfA	(./. 1 500 €; ./. 800 €)	1,0 P	3,0 P
c)		./. 660 €	1,0 P		./. 660 €	1,0 P	2,0 P
d)		./. 119 €	1,0 P		./. 100 €	1,0 P	2,0 P
e)		0 €	1,0 P		0 €	1,0 P	2,0 P
f)		0 €	1,0 P		./. 50 €	1,0 P	2,0 P

Klausursatz III: Aufgabe Wirtschafts- und Sozialkunde

Bearbeitungszeit: 90 Minuten

1. Aufgabe

Sachverhalt   (37,0 Punkte)

Arno Zimmermann und Bernd Simon haben die NOSTALGIE-GmbH gegründet. Gegenstand des Unternehmens ist der Einzelhandel mit Antiquitäten. Sitz der Gesellschaft ist Köln.

Das Stammkapital der Gesellschaft beträgt 100 000 €. Die Geschäftsanteile betragen:

Arno Zimmermann	80 000 €
Bernd Simon	20 000 €

Es erfolgten:

Abschluss des Gesellschaftsvertrags	am 10. 5. 2014
Notarielle Beurkundung des Gesellschaftsvertrags	am 17. 5. 2014
Eingang der Anmeldung zur Eintragung beim Amtsgericht	am 30. 5. 2014
Eintragung ins Handelsregister	am 6. 6. 2014

Zum alleinigen Geschäftsführer der GmbH wurde Bernd Simon bestellt und ins Handelsregister eingetragen. In seinem Anstellungsvertrag ist seine Vertretungsbefugnis auf 20 000 €/Vertrag beschränkt. Bei höheren Beträgen soll die Gesellschafterversammlung entscheiden.

Bereits am 18. 5. 2014 kauft der Geschäftsführer für die GmbH ohne die erforderliche Zustimmung eine kostbare englische Standuhr mit Westminstergong für 30 000 €.

AUFGABEN:

1. Wann ist die GmbH entstanden? Geben Sie das genaue Datum an und begründen Sie Ihre Auffassung unter Angabe der gesetzlichen Bestimmung des GmbH-Gesetzes.
2. Ist die GmbH rechtsfähig? Begründen Sie Ihre Entscheidung.
3. Ist die GmbH Kaufmann i. S. des HGB? Geben Sie eine kurze Begründung.
4. Ist die gewählte Firmierung zulässig? Begründen Sie Ihre Antwort und geben Sie die entsprechende Regelung des GmbH-Gesetzes an.
5. Wie hoch müssen das Stammkapital der Gesellschaft und die Geschäftsanteile (Stammeinlage) eines Gesellschafters mindestens sein? Geben Sie die entsprechende Bestimmung des GmbH-Gesetzes an.
6. In welcher Abteilung des Handelsregisters wird die GmbH eingetragen? Begründen Sie Ihre Entscheidung.
7. Welche wesentlichen Inhalte muss der Gesellschaftsvertrag enthalten?
8. Prüfen und begründen Sie, ob die Gesellschaft beim Kauf der Wanduhr für 30 000 € durch ihren Geschäftsführer wirksam vertreten worden ist. Geben Sie die gesetzliche Regelung an.
9. Haftet Bernd Simon für die Verbindlichkeiten aus dem Kauf der Standuhr? Begründen Sie Ihre Auffassung und geben Sie die Regelung des GmbH-Gesetzes an.

2. Aufgabe

Sachverhalt (10,5 Punkte)

Tragen Sie in die nachfolgende Tabelle ein, wer bei den genannten Unternehmensformen aufgrund gesetzlicher Regelung das Recht zur Vertretung des Unternehmens hat.

Unternehmensform	Vertreter
Gesellschaft des bürgerlichen Rechts	
Aktiengesellschaft	
Kommanditgesellschaft	
Offene Handelsgesellschaft	
Gesellschaft mit beschränkter Haftung	
Stille Gesellschaft	
Genossenschaft	

3. Aufgabe

Sachverhalt (8,0 Punkte)

Die Firma Westermann, Möbeleinzelhandel in Braunschweig, beabsichtigt, gegen den Kunden Kaiser das gerichtliche Mahnverfahren einzuleiten. Kunde Kaiser schuldet seit langem den Kaufpreis für einen gelieferten Kleiderschrank. Mahnungen blieben bisher ohne Erfolg.

Der Ablauf des Verfahrens wird durch die nachfolgend geschilderten Sachverhalte dargestellt. Bringen Sie diese in die richtige Reihenfolge, indem Sie die Ziffern 1–8 in die Tabelle eintragen.

Sachverhalte	Reihenfolge
Firma Westermann stellt beim Amtsgericht den Antrag auf Erlass eines Vollstreckungsbescheides (§ 699 ZPO).	
Der Mahnbescheid wird dem Kunden Kaiser zugestellt (§ 693 ZPO).	
Firma Westermann erhält nach fruchtloser Pfändung beim Kunden Kaiser vom Gerichtsvollzieher eine Unpfändbarkeitsbescheinigung.	
Firma Westermann beantragt beim zuständigen Amtsgericht den Erlass eines Mahnbescheides (§ 690 ZPO).	
Firma Westermann zwingt den Kunden Kaiser zur Abgabe einer eidesstattlichen Versicherung (§§ 899 ff. ZPO).	
Kunde Kaiser zahlt nicht und lässt den Mahnbescheid rechtskräftig werden.	
Kunde Kaiser zahlt nicht und erhebt auch keinen Einspruch gegen den Vollstreckungsbescheid.	
Es kommt zur Zwangsvollstreckung in das Vermögen des Kunden Kaiser (§§ 704 ff. ZPO).	

4. Aufgabe

1. Sachverhalt (11,5 Punkte)

Die Baustoffgroßhandlung Unger kauft bei der Zementwerke Beckum GmbH am 3.8.2014 30 Tonnen Zement. Dabei wurden kein Liefertermin und auch keine Lieferfrist vereinbart. Nachdem die Baustoffgroßhandlung Unger am 25.8.2014 noch keine Lieferung erhalten hat, fordert sie die Zementwerke Beckum GmbH auf, umgehend zu liefern. Die Zementwerke Beckum GmbH schreibt zurück, dass sie das Recht habe innerhalb einer angemessenen Frist zu liefern und avisiert die Lieferung zum 19.9.2014.

AUFGABEN:

a) Ist die Auffassung der Zementwerke Beckum GmbH richtig? Begründen Sie Ihre Entscheidung.

b) Unter welchen Voraussetzungen ist die Baustoffgroßhandlung Unger berechtigt, die Annahme des Zements bei verspäteter Lieferung zu verweigern und vom Kaufvertrag zurückzutreten?

c) Da die Zementlieferung für Folgeaufträge umgehend benötigt wird, kauft die Baustoffgroßhandlung Unger bei einem anderen Lieferanten 30 Tonnen Zement, jedoch zu einem um 200 € pro Tonne höheren Preis. Außerdem entstehen der Baustoffgroßhandlung noch Telefon- und Transportkosten über insgesamt 1 100 €. Welche Rechte kann die Baustoffgroßhandlung zusätzlich geltend machen?

d) Beurteilen Sie den Sachverhalt, wenn im Kaufvertrag ein Liefertermin festgelegt worden wäre und die Lieferung aufgrund eines Planungsfehlers bei der Zementwerke Beckum GmbH nicht rechtzeitig erfolgt ist. Befindet sich die Zementwerke Beckum GmbH im Lieferungsverzug? Begründen Sie Ihre Entscheidung.

2. Sachverhalt (15,0 Punkte)

Die Baustoffgroßhandlung Unger in Gütersloh hatte von den Zementwerken Beckum am 2.2.2014 ein Angebot über die Lieferung eines Sonderpostens Portland-Zement erhalten. Der Kaufpreis für den Posten Portland-Zement beträgt 105 000 € netto. Die Fa. Unger muss diesen Betrag über einen Zeitraum von 5 Monaten finanzieren. Dafür ergeben sich folgende Möglichkeiten:

▶ Aufnahme eines Lieferantenkredits;

▶ Lieferung innerhalb einer Woche nach Eingang der Bestellung;

▶ Zahlung innerhalb von 10 Tagen 2 % Skonto oder 1 Monat Ziel ohne Abzug;

▶ die Zementwerke Beckum sind bereit, den Netto-Kaufpreis nach Ablauf des Zahlungsziels zu einem Zinssatz von 14 % zu stunden;

▶ Überziehung des Kontokorrentkontos bei der Volksbank;

▶ die Hausbank bietet einen erweiterten Kreditrahmen für 16,25 %;

▶ Aufnahme eines Bankdarlehens bei der Deutschen Bank;

▶ für das Darlehen berechnet die Bank 11,5 % Zinsen und zusätzlich eine einmalige Bearbeitungsgebühr i. H. von 2 % des Darlehensbetrags.

Ermitteln Sie in einer übersichtlichen Darstellung die kostengünstigste Finanzierungsmöglichkeit bei

1. Inanspruchnahme des Skontoabzugs,
   a) bei Überziehung des Kontokorrentkredits,
   b) bei Aufnahme des Bankdarlehens.
2. Ausnutzung des Zahlungsziels
   a) bei Überziehung des Kontokorrentkredits,
   b) bei Aufnahme des Bankdarlehens,
   c) bei Aufnahme des Lieferantenkredits.

5. Aufgabe

Bei der Firma Tegeler, Kfz-Reparaturbetrieb in Bielefeld, bestehen u. a. die folgenden Forderungen. Prüfen Sie, ob Anfang Februar 2015 bereits Verjährung eingetreten ist. Erläutern Sie Ihre Entscheidung unter Angabe der Vorschriften des BGB.

1. Sachverhalt (10,0 Punkte)

Forderung gegenüber dem Finanzbeamten Höfer aus einer Kfz-Reparatur von 350 € einschl. 19 % USt. Die Firma gibt dazu folgende Informationen:

▶ Ausführung der Reparatur am 12. 12. 2012,

▶ Erteilung der Rechnung am 15. 1. 2013,

▶ Fälligkeit des Rechnungsbetrags am 31. 1. 2013,

▶ 1. Mahnung am 10. 3. 2013,

▶ Eingang von 150 € als Teilzahlung am 10. 6. 2013,

▶ 2. Mahnung am 18. 4. 2014.

Weitere Maßnahmen unterblieben wegen Überlastung der Buchhalterin.

2. Sachverhalt (8,0 Punkte)

Forderung gegenüber dem Bäckermeister Breuer i. H. von 4 500 € zzgl. 855 € USt aus der Reparatur eines Unfallschadens am Betriebsfahrzeugs. Aus den Unterlagen der Mandantin ergibt sich Folgendes:

▶ Ausführung der Reparatur am 18. 11. 2013,

▶ Fälligkeit des Rechnungsbetrags 30. 11. 2013,

▶ 1. Mahnung 10. 3. 2014,

▶ Anschreiben des Schuldners vom 15. 3. 2014 mit der Bitte um Stundung des Betrags für drei Monate,

▶ Gewährung der Stundung mit Schreiben vom 28. 3. 2014 bis zum 31. 5. 2014.

Wider Erwarten erfolgte bisher keine Zahlung. Weitere Beitreibungsmaßnahmen unterblieben.

Klausursatz III: Lösung Wirtschafts- und Sozialkunde

1. Aufgabe

Sachverhalt   (37,0 Punkte)

1.	Die GmbH ist mit ihrer Eintragung ins Handelsregister entstanden,	2,5 P
	am 6. 6. 2014,	0,5 P
	§ 11 Abs. 1 GmbHG.	1,0 P
2.	Die GmbH ist rechtsfähig (§ 13 Abs. 1 GmbHG),	1,0 P
	weil sie als juristische Person Träger von Rechten und Pflichten ist.	1,0 P
3.	Die GmbH ist Kaufmann,	1,0 P
	weil sie eine Handelsgesellschaft (Formkaufmann) ist (§ 6 HGB i.V. mit § 13 Abs. 3 GmbHG).	2,0 P
4.	Die gewählte Firmierung ist zulässig.	1,0 P
	Eine Einschränkung der Firmierung besteht nicht,	1,0 P
	wenn der Zusatz „GmbH" vorhanden ist.	1,0 P
	§ 4 GmbHG	1,0 P
5.	Das Stammkapital der Gesellschaft muss mindestens 25 000 € betragen.	2,0 P
	Der Geschäftsanteil eines Gesellschafters muss mindestens 1 € betragen.	2,0 P
	§ 5 Abs. 1 GmbHG, § 5 Abs. 2 GmbHG	1,0 P
6.	Die GmbH wird in der Abteilung B eingetragen,	1,0 P
	da es sich um eine Kapitalgesellschaft handelt.	1,0 P
7.	Wesentliche Inhalte des Gesellschaftsvertrags sind (§ 3 GmbHG):	
	Firma und Sitz der Gesellschaft	1,0 P
	Gegenstand des Unternehmens	1,0 P
	Betrag des Stammkapitals	1,0 P
	Geschäftsanteile des/der Gesellschafter	1,0 P
8.	Es wurde gegen die im Innenverhältnis vereinbarte Regelung zur Beschränkung der Vertretung auf 20 000 € pro Vertrag verstoßen.	2,0 P
	Im Außenverhältnis liegt trotzdem eine wirksame Vertretung vor.	2,0 P
	Die Vertretungsbefugnis kann nur im Innenverhältnis beschränkt werden.	1,0 P
	Die Beschränkung gilt nicht gegenüber Dritten.	1,0 P
	§ 37 Abs. 1 und 2 GmbHG	1,0 P
9.	Bernd Simon haftet für die Verbindlichkeit.	2,0 P
	Die Verbindlichkeiten entstanden vor Eintragung der GmbH.	2,0 P
	Bernd Simon war Handelnder, § 11 Abs. 2 GmbHG.	2,0 P

2. Aufgabe

Sachverhalt (10,5 Punkte)

Das Recht zur Vertretung des Unternehmens haben:

Unternehmensform	Vertreter	
Gesellschaft des bürgerlichen Rechts	alle Gesellschafter gemeinschaftlich (§ 714 BGB i.V. mit § 709 BGB)	1,5 P
Aktiengesellschaft	Vorstand (§ 78 Abs. 1 AktG)	1,5 P
Kommanditgesellschaft	Komplementäre (§ 161 Abs. 2 HGB i.V. mit § 125 Abs. 1 HGB und § 170 HGB)	1,5 P
Offene Handelsgesellschaft	alle Gesellschafter (§ 125 Abs. 1 HGB)	1,5 P
Gesellschaft mit beschränkter Haftung	Geschäftsführer (§ 35 Abs. 1 GmbHG)	1,5 P
Stille Gesellschaft	Geschäftsinhaber (§ 230 Abs. 2 HGB)	1,5 P
Genossenschaft	Vorstand (§ 24 Abs. 1 GenG)	1,5 P

3. Aufgabe

Sachverhalt (8,0 Punkte)

Das gerichtliche Mahnverfahren wird in dieser Reihenfolge ablaufen:

Sachverhalte	Reihenfolge
Firma Westermann stellt beim Amtsgericht den Antrag auf Erlass eines Vollstreckungsbescheides (§ 699 ZPO).	4
Der Mahnbescheid wird dem Kunden Kaiser zugestellt (§ 693 ZPO).	2
Firma Westermann erhält nach fruchtloser Pfändung beim Kunden Kaiser vom Gerichtsvollzieher eine Unpfändbarkeitsbescheinigung.	7
Firma Westermann beantragt beim zuständigen Amtsgericht den Erlass eines Mahnbescheides (§ 690 ZPO).	1
Firma Westermann zwingt den Kunden Kaiser zur Abgabe einer eidesstattlichen Versicherung (§§ 899 ff. ZPO).	8
Kunde Kaiser lässt den Mahnbescheid rechtskräftig werden und zahlt nicht.	3
Kunde Kaiser erhebt auch keinen Einspruch gegen den Vollstreckungsbescheid und zahlt nicht.	5
Es kommt zur Zwangsvollstreckung in das Vermögen des Kunden Kaiser (§§ 704 ff. ZPO).	6

Für jede richtige Lösung 1,0 P. 8,0 P

4. Aufgabe

1. Sachverhalt (11,5 Punkte)

a) Die Auffassung ist falsch. Da kein Liefertermin vereinbart wurde, hat die Baustoff-großhandlung Unger Anspruch auf sofortige Lieferung.
(§ 271 Abs. 1 BGB) **2,5 P**

b) Die Lieferung ist kalendermäßig nicht bestimmt. Somit müsste die Baustoffgroß-handlung die Zementwerke Beckum GmbH mittels einer Mahnung in Verzug setzen. Mit der Ablehnungsdrohung muss die Baustoffgroßhandlung eine ange-messene Nachfrist setzen. Diese beinhaltet die Mitteilung eines genauen Liefer-termins. Falls nicht innerhalb dieser Frist geliefert wird, kann die Baustoffgroß-handlung die Annahme der Lieferung verweigern und vom Vertrag zurücktreten.
(§323 BGB) **4,0 P**

c) Schadensersatz wegen Nichterfüllung (Deckungskauf):

$30 \times 200\,€$ (Mehrkosten) $+ 1\,100\,€$ (Telefon- + Transportkosten)

$= 7\,100\,€$ **2,0 P**

d) Die GmbH befindet sich im Lieferungsverzug vor, da die Lieferung kalendermäßig bestimmt ist und somit fällig ist. Es liegt ein Verschulden des Lieferers (GmbH) vor. Eine Mahnung ist somit nicht erforderlich. **3,0 P**

2. Sachverhalt (15,0 Punkte)

1. Inanspruchnahme des Skontoabzugs

    a) *Überziehung des Kontokorrentkredits:*

    $105\,000\,€$ ./. 2 % Skonto ($2\,100\,€$) $= 102\,900,00\,€$ **1,0 P**

    $$\frac{102\,900\,€ \times 16,25 \times 140 \text{ Tage (Abzug 10 Tage Zahlungsziel)}}{100 \times 360 \text{ Tage}} = 6\,502,71\,€$$

    1,0 P

    ./. Skontoabzug $2\,100,00\,€$

    = Finanzierungskosten $4\,402,71\,€$ **1,0 P**

    b) *Aufnahme eines Bankkredits:*

    $$\frac{102\,900\,€ \times 11,5 \times 140 \text{ Tage (Abzug 10 Tage; s. o.)}}{100 \times 360 \text{ Tage}} = 4\,601,92\,€$$

    1,0 P

    + 2 % Bearbeitungsgebühr von $102\,900\,€$ $= 2\,058,00\,€$ **1,0 P**

    ./. Skontoabzug $= 2\,100,00\,€$

    = Finanzierungskosten $4\,559,92\,€$ **1,0 P**

2. Ausnutzung des Zahlungsziels
   a) *Überziehung des Kontokorrentkredits*:

$$\frac{105\,000\,€ \times 16,25 \times 120\,\text{Tage}}{100 \times 360\,\text{Tage}} \qquad = 5\,687,50\,€$$

            2,0 P

   b) *Aufnahme eines Bankdarlehens*:

$$\frac{105\,000\,€ \times 11,5 \times 120\,\text{Tage}}{100 \times 360\,\text{Tage}} \qquad = 4\,025,00\,€$$

            2,0 P

+ 2 % Bearbeitungsgebühr von 102 900 €   = 2 058,00 €   **1,0 P**

= Finanzierungskosten   6 083,00 €   **1,0 P**

   c) *Aufnahme eines Lieferantenkredits*:

$$\frac{105\,000\,€ \times 14,0 \times 120\,\text{Tage}}{100 \times 360\,\text{Tage}} \qquad = 4\,900,00\,€$$

            2,0 P

Der Überziehungskredit der Volksbank nach Inanspruchnahme des Skontoabzugs stellt mit 4 402,71 € die günstigste Finanzierungsmöglichkeit dar.   **1,0 P**

5. Aufgabe

1. Sachverhalt (10,0 Punkte)

Es liegt ein Werkvertrag vor. Die Verjährungsfrist beträgt 3 Jahre (§ 195 BGB).   **1,0 P**

Die Verjährungsfrist beginnt mit Ablauf des Jahres, in dem die Fälligkeit der Forderung eintritt (die Forderung entsteht).   **1,0 P**

Die Frist beginnt also am 31. 12. 2012 um 24.00 Uhr, weil der Anspruch in 2012 entstanden ist (§ 199 Abs. 1 BGB).   **2,0 P**

Außergerichtliche Mahnungen führen weder zu einer Verlängerung noch zu einem Neubeginn der Verjährungsfrist (§ 203 und § 212 BGB).   **2,0 P**

Durch Teilzahlung erfolgt ein Schuldanerkenntnis. Das bewirkt einen Neubeginn der Verjährung (§ 212 Abs. 1 Nr. 1 BGB).   **2,0 P**

Die neue Verjährungsfrist beginnt am 10. 6. 2013 um 24.00 Uhr und ist am 10. 6. 2016 um 24.00 Uhr abgelaufen.
Die Restforderung ist damit noch nicht verjährt.   **2,0 P**

2. Sachverhalt (8,0 Punkte)

Es liegt ein Werkvertrag vor. Die Verjährungsfrist beträgt 3 Jahre (§ 195 BGB).   **1,0 P**

Beginn der Verjährungsfrist mit Ablauf des Jahres, in dem die Fälligkeit der Forderung eintritt (die Forderung entsteht).   **1,0 P**

Die Frist beginnt am 31. 12. 2013 um 24.00 Uhr, weil der Anspruch in 2013 entstanden ist (§ 199 Abs. 1 BGB).   **1,0 P**

Außergerichtliche Mahnungen führen weder zu einer Verlängerung noch zu einem Neubeginn der Verjährungsfrist (§ 203 und § 212 BGB).

1,0 P

Der Stundungsantrag bedeutet Schuldanerkenntnis und Neubeginn der Verjährungsfrist (§ 212 Abs. 1 Nr. 1 BGB) am 15. 3. 2014 um 24.00 Uhr.

1,0 P

Der Lauf der Frist wird während der Dauer der Stundung bis zum 31. 5. 2014 gehemmt (§ 205 BGB).

2,0 P

Die Frist läuft vom 31. 5. 2014 (24.00) bis zum 31. 5. 2017 (24.00). Die Forderung ist im Februar 2015 noch nicht verjährt.

1,0 P

Klausursatz III: Aufgabe Steuerwesen

Bearbeitungszeit: 150 Minuten

Teil I: Einkommensteuer (37,0 Punkte)

Sachverhalt

1. Persönliche Verhältnisse

Architekt Bernd Baumeister (geb. 1. 4. 1945) und seine Frau Bettina (geb. 15. 8. 1949) wohnen in Bielefeld. Sie gehören keiner Konfession an und haben keine Kinder.

Für den Veranlagungszeitraum (VZ) 2014 beantragen die Eheleute die Zusammenveranlagung.

2. Angaben zu den Einkünften

2.1. Einkünfte Bernd Baumeister

Bernd war bis zu seinem Ruhestand als selbständiger Architekt in Bielefeld tätig. Seit dem 1. 4. 2010 bezieht er eine Rente vom Versorgungswerk der Architektenkammer NRW i. H. von monatlich 3 800 €.

2.2. Einkünfte Bettina Baumeister

a) Vom 1. 1.–31. 8. war Bettina als Bausachverständige für eine Versicherung tätig. Seit dem 1. 9. bezieht sie eine Betriebsrente i. H. von monatlich 1 320 € (vgl. Anlage 1). Werbungskosten macht Bettina Baumeister nicht geltend.

b) Seit dem 1. 9. 2014 bezieht Bettina Baumeister zudem Altersruhegeld (vgl. Anlage 2). Mit der Beantragung ihrer Rente hat Bettina einen Rentenberater beauftragt, der diesbezüglich einen Betrag i. H. von (200 € + 38 € USt =) 238 € in Rechnung stellte. Bettina hat diesen noch im Jahr 2014 bezahlt.

3. Sonstige Ausgaben und Angaben der Eheleute Baumeister für das Jahr 2014

- Private Kranken- und Pflegeversicherungsbeiträge für den Ehemann, monatlich (Beitragsanteil Basisabsicherung 85 %)   360 €
- Zusatzkrankenversicherung (Ehefrau), monatlich   48 €
- Kfz-Haftpflichtversicherungsbeiträge (Eheleute), jeweils jährlich   288 €
- Unfallversicherungsbeiträge (Ehemann), monatlich   15 €
- Zahnarztrechnung (Eigenanteil)   3 640 €
- Die Eheleute Baumeister beschäftigen eine Haushaltshilfe auf Basis eines geringfügigen Beschäftigungsverhältnisses. Einschließlich der anfallenden Abgaben zahlten sie hierfür im Jahr 2014 monatlich einen Betrag von 220 €.
- Für Gartenarbeiten beauftragen Baumeisters zweimal jährlich einen Gärtner. Die ordnungsgemäßen Rechnungen (jeweils 150 € zzgl. 19 % USt) wurden im Jahr 2014 überwiesen.

Ermitteln Sie in einer übersichtlichen Darstellung für die Eheleute Baumeister

1. das zu versteuernde Einkommen, das so niedrig wie möglich sein soll sowie

2. die Höhe der zu erwartenden Einkommensteuererstattung bzw. -abschlusszahlung. Gehen Sie dabei bitte von einem Steuersatz von 16,94 % aus.

BEARBEITUNGSHINWEISE:

1. Sämtliche Anträge gelten als gestellt und die dazu erforderlichen Nachweise als erbracht.

2. Im Rahmen der ESt-Festsetzung 2011 wurde bei der Ermittlung der Einkünfte des Bernd Baumeister ein Rentenfreibetrag i. H. von 20 976 € berücksichtigt.

3. Für den VZ 2014 haben die Eheleute Baumeister ESt-Vorauszahlungen i. H. von 1 210 € pro Quartal geleistet.

4. Nichtansätze sind mit „0" zu kennzeichnen und kurz zu begründen.

5. Die „Öffnungsklausel" des § 22 Nr. 1 Satz 3 Buchst. a) Doppelbuchst. bb) Satz 2 EStG findet im vorliegenden Fall keine Anwendung.

6. Die Vorsorgepauschale ist nicht zu berechnen.

7. § 10 Abs. 4a EStG (Günstigerprüfung für Vorsorgeaufwendungen) ist nicht zu berücksichtigen.

Besondere Lohnsteuerbescheinigung für das Kalenderjahr 2014

Auf Verlangen des Arbeitnehmers aushändigen, sonst bis zum 31. Dezember 2014 dem Finanzamt der Betriebsstätte einsenden.

	vom - bis
1. Dauer des Dienstverhältnisses	01.01. - 31.12.
2. Zeiträume ohne Anspruch auf Arbeitslohn	Anzahl „U"
Großbuchstaben (S, F)	

Arbeitnehmer

Herrn/Frau

Bettina Baumeister

Detmolder Allee 12

33108 Bielefeld

	EUR	Ct
3. Bruttoarbeitslohn einschl. Sachbezüge ohne 9. und 10.	33.640	00
4. Einbehaltene Lohnsteuer von 3.	2.562	00
5. Einbehaltener Solidaritätszuschlag von 3.	132	60
6. Einbehaltene Kirchensteuer des Arbeitnehmers von 3.		
7. Einbehaltene Kirchensteuer des Ehegatten von 3. (nur bei konfessionsverschiedener Ehe)		
8. In 3. enthaltene Versorgungsbezüge	5.280	00
9. Ermäßigt besteuerte Versorgungsbezüge für mehrere Kalenderjahre		
10. Ermäßigt besteuerter Arbeitslohn für mehrere Kalenderjahre (ohne 9.) und ermäßigt besteuerte Entschädigungen		
11. Einbehaltene Lohnsteuer von 9. und 10.		
12. Einbehaltener Solidaritätszuschlag von 9. und 10.		
13. Einbehaltene Kirchensteuer des Arbeitnehmers von 9. und 10.		
14. Einbehaltene Kirchensteuer des Ehegatten von 9. und 10. (nur bei konfessionsverschiedener Ehe)		
15. Kurzarbeitergeld, Zuschuss zum Mutterschaftsgeld, Verdienstausfallentschädigung (Infektionsschutzgesetz), Aufstockungsbetrag und Altersteilzeitzuschlag		

Identifikationsnummer: **78 276 982 268**

Personalnummer: **BB 0011**

Geburtsdatum: **15.08.1949**

Dem Lohnsteuerabzug wurden zugrunde gelegt:

Gültig ab | 01.01. - 31.12.

Steuerklasse / Faktor | **drei**

Zahl der Kinderfreibeträge

Steuerfreier Jahresbetrag | € | €

Jahreshinzurechnungsbetrag | € | €

Kirchensteuermerkmale | **vd**

Vorgelegen hat

☐ Bescheinigung des Finanzamts

16. Steuerfreier Arbeitslohn nach	a) Doppelbesteuerungsabkommen		
	b) Auslandstätigkeitserlass		
17. Steuerfreie Arbeitgeberleistungen für Fahrten zwischen Wohnung und Arbeitsstätte		
18. Pauschalbesteuerte Arbeitgeberleistungen für Fahrten zwischen Wohnung und Arbeitsstätte		
19. Steuerpflichtige Entschädigungen und Arbeitslohn für mehrere Kalenderjahre, die nicht ermäßigt besteuert wurden - in 3. enthalten		
20. Steuerfreie Verpflegungszuschüsse bei Auswärtstätigkeit		
21. Steuerfreie Arbeitgeberleistungen bei doppelter Haushaltsführung		
22. Arbeitgeberanteil	a) zur gesetzlichen Rentenversicherung	3.347	00
	b) an berufsständische Versorgungseinrichtungen		
23. Arbeitnehmeranteil	a) zur gesetzlichen Rentenversicherung		
	b) an berufsständische Versorgungseinrichtungen		
24. Steuerfreie Arbeitgeberzuschüsse	a) zur gesetzlichen Krankenversicherung	3.347	00
	b) zur privaten Krankenversicherung		
	c) zur gesetzlichen Pflegeversicherung		
25. Arbeitnehmerbeiträge zur gesetzlichen Krankenversicherung	2.657	00
26. Arbeitnehmerbeiträge zur sozialen Pflegeversicherung	412	00
27. Arbeitnehmerbeiträge zur Arbeitslosenversicherung	470	00
28. Beiträge zur privaten Kranken- und Pflege-Pflichtversicherung (ggf. Mindestvorsorgepauschale)		
29. Bemessungsgrundlage für den Versorgungsfreibetrag zu 8.	15.840	00
30. Maßgebendes Kalenderjahr des Versorgungsbeginns zu 8. und/oder 9.		
31. Zu 8. bei unterjähriger Zahlung: Erster und letzter Monat, für den Versorgungsbezüge gezahlt wurden		
32. Sterbegeld, Kapitalauszahlungen/Abfindungen und Nachzahlungen von Versorgungsbezügen - in 3. und 8. enthalten		
33. Ausgezahltes Kindergeld		–
Finanzamt, an das die Lohnsteuer abgeführt wurde (Name und vierstellige Nr.)		

Arbeitgeber

DOMUS Versicherung

Anschrift der Betriebsstätte (Straße, Hausnummer, Ort)
Carl-Severing-Straße 123, Bielefeld

Steuernummer | (Stempel, Unterschrift)

Finanzamt

6.12

Deutsche Rentenversicherung Bund
Ruhrstr. 2, 10709 Berlin
Postanschrift: 10704 Berlin

Telefon 030 865-1 Telefax 030 865-27240
Servicetelefon: 0800 100048070
drv@drv-bund.de
www.deutsche-Rentenversicherung-bund.de

**Deutsche
Rentenversicherung**

Versicherungsnummer	BKZ
50 150848 Z 004	4870
Bei Anfragen stets angeben	

191//0005426//10831-12.05/ 0,58 EUR

Frau
Bettina Baumeister
Detmolder Allee 12

33108 Bielefeld

**Auszug
Rentenbescheid**

Berlin, den 09.08.2014

Altersrente aus der gesetzlichen Rentenversicherung

Sehr geehrte Frau Baumeister,

aufgrund Ihres Antrags vom 15.07.2014 gewähren wir ab dem 01.09.2014 eine Altersrente aus der gesetzlichen Rentenversicherung.

Rentenbetrag	1.418,00 EUR
Beiträge zur gesetzlichen Krankenversicherung	- 88,40 EUR
Beiträge zur gesetzlichen Pflegeversicherung	- 25,70 EUR
Auszahlungsbetrag	1 303,90 EUR

Die Zahlung der Krankenversicherungsbeiträge erfolgt an die AOK Westfalen-Lippe.

Den Versicherungsverlauf und weitere Informationen zur Berechnung des Rentenbetrages entnehmen Sie bitte den beigefügten Anlagen.

Ihr Recht

Gegen diesen Bescheid können Sie innerhalb eines Monats nach seiner Bekanntgabe Widerspruch erheben.

Der Widerspruch ist schriftlich bei der
Deutsche Rentenversicherung Bund

Ruhrstr. 2
10709 Berlin
Postanschrift: 10704 Berlin
einzureichen.

Sie können diese Stelle auch aufsuchen und Ihren Widerspruch schriftlich aufnehmen lassen.

Mit freundlichen Grüßen
Ihre Deutsche Rentenversicherung Bund

Teil II: Körperschaftsteuer (14,5 Punkte)

Sachverhalt

a) Gesellschaftsrechtliche Verhältnisse

Die Picobello-GmbH betreibt eine Autowaschanlage in Aachen. Das Stammkapital beträgt seit der Gründung 25 000 € und ist voll eingezahlt. Das Wirtschaftsjahr entspricht dem Kalenderjahr.

Alleiniger Gesellschafter ist Klaus Klien, der auch der Geschäftsführer der GmbH ist.

b) Geschäftsergebnis und Ergebnisverwendung

Der Jahresabschluss zum 31.12.2014 weist einen vorläufigen handelsrechtlichen Jahresüberschuss i.H. von 51 750 € aus.

In der Gesellschafterversammlung am 12.5.2014 wurden folgende Beschlüsse gefasst:

► Von dem Bilanzgewinn des Wirtschaftsjahres 2012 werden 32 200 € ausgeschüttet. Der Ausschüttungsbetrag ist – vermindert um die Steuerabzugsbeträge – am 23.5.2014 auf das Konto des Gesellschafters Klien überwiesen worden. Eine ordnungsgemäße Steuerbescheinigung liegt vor.

► Das Gehalt des Geschäftsführers wird monatlich um 920 € von bisher 5 980 € auf 6 900 € erhöht. Die Erhöhung wird rückwirkend zum 1.1.2014 wirksam. Nach Auskunft der Industrie- und Handelskammer Bochum handelt es sich bei der Gehaltserhöhung um einen unangemessenen Betrag.

Laut Gesellschafterversammlung vom 10.5.2015 erfolgte keine Gewinnausschüttung für das Wirtschaftsjahr 2014.

c) Lohnaufwand

Das Gehalt wurde regelmäßig am letzten Werktag eines jeden Monats ausbezahlt und als Aufwand „Geschäftsführergehalt" gebucht.

Die Lohnsteuerbescheinigung für das Kalenderjahr 2014 weist u.a. folgende Beträge aus:

Bruttoarbeitslohn (6 900 € × 12 =)	82 800,00 €
Lohnsteuer	17 382,00 €
Kirchensteuer – ev.	1 562,38 €
Solidaritätszuschlag	956,01 €

d) Kundengeschenk

Die Picobello-GmbH schenkte einem ihrer besten Kunden, dem Taxiunternehmer Ratzeflink im August 2014 zum Firmenjubiläum ein Hochdruck-Reinigungsgerät.

Die Anschaffungskosten i.H. von 600 € wurden als sonstiger Aufwand gebucht. Die Umsatzsteuer i.H. von 114 € wurde bei der Erstellung der Umsatzsteuer-Voranmeldung als Vorsteuer abgezogen und über das Konto „abzugsfähige Vorsteuer" gebucht.

e) Steuerzahlungen

In der Gewinn- und Verlustrechnung wurden für 2014 folgende Aufwendungen für geleistete Vorauszahlungen gebucht:

Gewerbesteuer 2014	1 495 €
Säumniszuschlag zu den GewSt-Vorauszahlungen	30 €
Körperschaftsteuer 2014	14 891 €
Solidaritätszuschlag 2014	819 €
Säumniszuschlag zur KSt-Vorauszahlung III/2014	40 €
Zinsen zur Körperschaftsteuer 2012 nach § 233a AO	60 €

AUFGABEN:

1. Ermitteln Sie in einer übersichtlichen Darstellung das zu versteuernde Einkommen der Picobello-GmbH für 2014.
2. Berechnen Sie für 2014 die Höhe der tariflichen Körperschaftsteuer in € sowie den darauf entfallenden Solidaritätszuschlag.

BEARBEITUNGSHINWEISE:

Mögliche gewerbesteuerliche Auswirkungen sind nicht zu berücksichtigen.

Nichtansätze sind mit „0" zu kennzeichnen und kurz zu begründen.

Teil III: Gewerbesteuer (16,0 Punkte)

Sachverhalt

Leo Lässig betreibt ein Auflauf-Restaurant in eigenen Räumlichkeiten in der Innenstadt von Bremen (Einheitswert des Grundstücks 1. 1. 1964: 120 000 €). 25 % des ansonsten eigenbetrieblich genutzten Grundstücks nutzt Lässig zu privaten Wohnzwecken.

Für das Jahr 2014 ergibt sich folgende vorläufige Gewinn- und Verlustrechnung:

Vorläufige Gewinn- und Verlustrechnung vom 1. 1. bis zum 31. 12. 2014

Aufwendungen	Leo Lässig		Erträge
Wareneinsatz	128 300 €	Umsatzerlöse	328 400 €
Personalaufwand	87 200 €	Erträge aus stiller Beteiligung an	
Bewirtungsaufwendungen	1 850 €	der „Biogemüse KG"	4 760 €
Gewinnanteil typisch stiller			
Gesellschafter (Luigi Cardoso)	12 000 €		
Zinsaufwand	10 600 €		
sonstige betriebliche			
Aufwendungen	61 200 €		
vorläufiger Jahresüberschuss	32 010 €		
	333 160 €		333 160 €

1. Während der Gründungsphase des Restaurants hatte sich Luigi Cardoso, ein guter Freund von Lässig, mit 100 000 € als typisch stiller Gesellschafter an dem Unternehmen beteiligt. Cardoso hält die Beteiligung im Privatvermögen.

2. Die „Biogemüse KG" ist eine Einkaufsgemeinschaft von Gastwirten aus der Region.

3. Die Bewirtungsaufwendungen sind in der Gewinn- und Verlustrechnung zu 100 % ausgewiesen. Nach der allgemeinen Verkehrsauffassung sind 1 000 € der ausgewiesenen Bewirtungsaufwendungen als unangemessen anzusehen. Lässig hatte bisher wie folgt gebucht:

Bewirtungsaufwendungen	1 850,00 €		
Vorsteuer	351,50 €	an Geldkonto	2 201,50 €

4. Im Mai 2014 hatte Lässig seinem Patensohn einen bislang ausschließlich betrieblich genutzten Kombi-Pkw geschenkt. Das Fahrzeug war sechs Jahre alt und bereits vollständig abgeschrieben. Der Teilwert (= Wiederbeschaffungspreis) ist durch Wertgutachten nachwiesen und beträgt im Zeitpunkt der Entnahme 3 500 €.

   Lässig ist der Auffassung, dass dieser Vorgang nicht besonders zu berücksichtigen ist, da der Pkw bereits vollständig abgeschrieben war.

5. Als Ersatz für dieses Fahrzeug hat Lässig einen kleinen Lieferwagen für Wareneinkäufe bei einem Autohaus geleast. Der Vertrag entspricht in seiner Ausgestaltung im Wesentlichen einem Mietvertrag. Die Leasingrate beträgt 446,25 € monatlich (ab 1. 8. 2014). Zur Überbrückung des Zeitraums Anfang Mai (Entnahme) bis Ende Juli (Leasingfahrzeug ab August) hat Lässig den Zweitwagen von seinem Freund Cardoso für monatlich 200 € gemietet. Das Fahrzeug ist Privatvermögen. Die Aufwendungen wurden zutreffend als Betriebsausgaben erfasst.

6. Für laufende Verbindlichkeiten auf dem Kontokorrentkonto stellt die Bank Lässig 11,5 % Zinsen in Rechnung. Im Jahr 2014 sind diesbezüglich Zinsaufwendungen i. H. von 2 400 € entstanden (in der Position „Zinsaufwand 10 600 €" enthalten).

7. In den Aufwendungen laut Gewinn- und Verlustrechnung sind Zinsen i. H. von 8 200 € für ein langfristiges Darlehen enthalten. Das Darlehen diente der Finanzierung notwendiger Renovierungen, das Restaurant betreffend.

AUFGABE:

Ermitteln Sie den Gewerbesteuer-Messbetrag für den Erhebungszeitraum 2014.

BEARBEITUNGSHINWEIS:

Die sich aus den Sachverhalten ergebenden Hinzurechnungen und Kürzungen sind entsprechend der gesetzlichen Reihenfolge aufzuführen. Falls sich aus den Sachverhalten keine Hinzurechnung bzw. Kürzung ergibt, ist ein Betrag von 0 € auszuweisen und der Nichtansatz zu begründen.

Teil IV: Umsatzsteuer (12,5 Punkte)

Sachverhalt 1

Theo Grüneberg ist Alleininhaber der Fa. Autohaus Grüneberg in Köln-Ehrenfeld. Nach dem Tode seiner Eltern ist er zusammen mit seiner Schwester Margret Grüneberg zu je $^1/_2$ an der Erbengemeinschaft Grüneberg, die ein Wohn- und Geschäftshaus in Köln, Cheruskerring 84, zum Teil steuerpflichtig vermietet, beteiligt.

Ehefrau Gerda Grüneberg ist als Kommanditistin zu 30 % an der Reifengroßhandlung Kröger KG beteiligt.

Frau Margret Grüneberg erzielt neben ihrer Beteiligung aus der Erbengemeinschaft Grüneberg erhebliche Zinseinnahmen aus einem größeren Sparguthaben.

AUFGABE:

Prüfen Sie die Unternehmereigenschaft der o. a. Mandanten und entscheiden Sie, wer zur Abgabe einer USt-Erklärung verpflichtet ist und welche Umsätze dabei zu erfassen sind.

Sachverhalt 2

Das von der Erbengemeinschaft Grüneberg vermietete Wohn- und Geschäftshaus wurde in 2000 errichtet und wird wie folgt genutzt:

Erdgeschoss (300 qm)   :   Ladengeschäft, vermietet an die Fa. Aldi

1. Obergeschoss (150 qm)   :   Zimmervermietung an Messebesucher

1. Obergeschoss (150 qm)   :   Büroräume, vermietet an den selbständigen Versicherungs-
                                    vertreter Hohlmayer.

2. Obergeschoss (300 qm)   :   Privatwohnung der Familie Theo Grüneberg.
                                    Die Nutzung erfolgt in Absprache mit seiner Schwester Margret unentgeltlich.

AUFGABE:

Geben Sie für die vermieteten und die unentgeltlich überlassenen Räumlichkeiten die Art und den Ort der ausgeführten Umsätze an. Prüfen Sie, ob ein Verzicht auf Steuerbefreiung möglich ist. Begründen sie Ihre Lösung jeweils unter Angabe der entsprechenden Rechtsgrundlage.

Teil V: Abgabenordnung (20,0 Punkte)

Sachverhalt 1 (8,0 Punkte)

Peter Pingel erhielt am 4. 5. 2015 einen geänderten Einkommensteuerbescheid für 2009.

Das Finanzamt hatte die Einkünfte aus Vermietung und Verpachtung um 5 000 € erhöht. Mit den Erläuterungen zur Steuerfestsetzung weist das Finanzamt darauf hin, dass die Werbungskosten aus Vermietung und Verpachtung aufgrund eines Übertragungsfehlers (von der Seite 2 auf die Seite 1 der Anlage V) um 5 000 € zu hoch berücksichtigt worden seien. Die Steuererklärung 2009 hatte Pingel Mitte Februar 2013 beim zuständigen Finanzamt eingereicht.

Pingel soll nunmehr eine Nachzahlung i. H. von 1 800 € entrichten. Er bittet Sie daher zu prüfen, ob das Finanzamt berechtigt war, den ursprünglichen, bestandskräftigen Bescheid zu ändern.

AUFGABE:

Prüfen und begründen Sie – unter Angabe der Rechtsvorschriften der Abgabenordnung – in rechtlicher und in zeitlicher Hinsicht, ob das Finanzamt den Bescheid vom 15. 7. 2013 ändern durfte.

Sachverhalt 2 (5,0 Punkte)

Norbert Nervig gibt Ihnen im März 2015 seinen Bescheid des Versorgungsamtes vom 9. 1. 2015, wonach ihm ein Grad der Behinderung von 45 bescheinigt wird. Der Bescheid ist gültig ab dem 12. 12. 2013.

AUFGABE:

Prüfen und begründen Sie – unter Angabe der Rechtsvorschriften der Abgabenordnung –, ob Nervigs endgültiger Einkommensteuerbescheid 2013 vom 24. 9. 2014 unter Berücksichtigung eines Behinderten-Pauschbetrags gem. § 33b EStG noch geändert werden kann.

Sachverhalt 3 (7,0 Punkte)

Nach Durchführung einer Betriebsprüfung erwartet Leo Listig für das Jahr 2010 eine Einkommensteuer-Nachzahlung i. H. von 16 560 €. Mit der Bekanntgabe des Änderungsbescheides ist Mitte des Monats September 2015 zu rechnen.

AUFGABE:

Listig bittet Sie, die zu erwartenden Nachforderungszinsen zur Einkommensteuer 2010 für ihn zu berechnen.

Klausursatz III: Lösung Steuerwesen

Teil I: Einkommensteuer (37,0 Punkte)

Ermittlung des Gesamtbetrags der Einkünfte der Eheleute Baumeister:

Einkünfte aus nichtselbständiger Arbeit (Bettina Baumeister)

Bruttoarbeitslohn	33 640 €	0,5 P
./. Versorgungsfreibetrag		
(15 840 € × 25,6 % = 4 055 €,		1,0 P
max. 1 920 € × $^4/_{12}$ =)	640 €	1,0 P
./. Zuschlag zum Versorgungsfreibetrag		
(576 € × $^4/_{12}$ =)	192 €	1,0 P
./. Arbeitnehmer-Pauschbetrag	1 000 €	0,5 P
./. Werbungskosten-Pauschbetrag für Versorgungsbezüge	102 €	1,0 P
= Einkünfte	31 706 €	0,5 P

Sonstige Einkünfte (Bernd Baumeister)

Rentenbetrag	45 600 €	0,5 P
Rentenfreibetrag (aus Steuerfestsetzung 2011)	20 976 €	1,0 P
./. Werbungskosten-Pauschbetrag	102 €	0,5 P
= Einkünfte	24 522 €	0,5 P

Sonstige Einkünfte (Bettina Baumeister)

Rentenbetrag (1 418 € × 4 =) 5 672 €		0,5 P
Besteuerungsanteil (68 %)	3 857 €	1,0 P
./. tats. Werbungskosten (Rentenberater)	238 €	0,5 P
= Einkünfte	3 619 €	0,5 P

Zusammenfassung

	Bernd	Bettina	
nichtselbständige Arbeit		31 706 €	
Sonstige Einkünfte	24 522 €	3 619 €	
Summe der Einkünfte	24 522 €	35 325 €	1,0 P
./. Altersentlastungsbetrag			
Leibrente bleibt außer Ansatz	0 €		1,0 P
Arbeitslohn - Betriebsrente + positive Summe übrige Einkünfte			
28 360 € (33 640-(1 320 × 4)) × 25,6 %, max.		./. 1 216 €	2,0 P
Summe der Einkünfte	24 522 €	34 109 €	

Gesamtbetrag der Einkünfte		58 631 €	0,5 P
./. **übrige Sonderausgaben**			
Sonderausgaben-Pauschbetrag		72 €	1,0 P
./. **Altersvorsorgeaufwendungen**			
AN-Anteil zur gesetzl. RV	3 347 €		1,0 P
+ AG-Anteil zur gesetzl. RV	3 347 €		1,0 P
= Summe	6 694 €		
davon 78 %	5 221 €		1,0 P
./. AG-Anteil zur gesetzl. RV	3 347 €		1,0 P
= abzugsfähiger Betrag	1 874 €	1 874 €	0,5 P
./. **übrige Vorsorgeaufwendungen**			
+ Beiträge zur gesetzlichen Krankenversicherung			
– laut Lohnsteuerbescheinigung Ehefrau	2 657 €		
– laut Rentenbescheid (88,40 € × 4 =)	354 €		
+ Beiträge zur gesetzlichen Pflegeversicherung			
– laut Lohnsteuerbescheinigung Ehefrau	412 €		
– laut Rentenbescheid (25,70 € × 4 =)	103 €		
+ Private KV und PV Ehemann	4 320 €		
(360 € × 12 =)			
+ übrige Vorsorgeaufwendungen			
Zusatz-KV (48 € × 12 =)	576 €		
Arbeitslosenversicherung	470 €		
Kfz-Haftpflicht (288 € × 2 =)	576 €		
Unfallvers. (15 € × 12 =)	180 €		
= Summe der Aufwendungen	9 648 €		3,0 P
Höchstbetrag für Bernd Baumeister		2 800 €	1,0 P
Höchstbetrag für Bettina Baumeister		1 900 €	1,0 P
= Gemeinsamer Höchstbetrag		4 700 €	
Mindestansatz			
Beiträge zur gesetzlichen Krankenversicherung			
– laut Lohnsteuerbescheinigung Ehefrau (2 657 € - 4 % =)		2 551 €	
– laut Rentenbescheid (354 € - 4 % =)		340 €	
+ Beiträge zur gesetzlichen Pflegeversicherung			
– laut Lohnsteuerbescheinigung Ehefrau		412 €	
– laut Rentenbescheid		103 €	
+ Private KV und PV Ehemann (4 320 € × 85 %)		3 672 €	
Summe		7 078 €	
Anzusetzen damit		7 078 €	3,0 P

./.	**Außergewöhnliche Belastungen**		
	Zahnarzt (Eigenanteil)	3 640 €	0,5 P
./.	zumutbare Belastung		
	(6 % von 58 631 € =)	3 518 €	1,0 P
	abzugsfähiger Betrag	122 €	0,5 P
=	Einkommen / zu versteuerndes Einkommen	49 485 €	0,5 P

	Berechnung der ESt-Nachzahlung		
	zu versteuerndes Einkommen	49 485 €	
	tarifliche ESt (49 485 € × 16,94 % =)	8 383 €	1,0 P
./.	Steuerermäßigung nach § 35a EStG:		
	2 640 € × 20 % = 528 €, max. jedoch	510 €	1,5 P
	Gärtner (357 € × 20 % =) aufgerundet	72 €	1,0 P
=	festzusetzende ESt	7 801 €	0,5 P
./.	Lohnsteuer lt. Anlage 1	2 562 €	0,5 P
./.	ESt-Vorauszahlungen (1 210 € × 4 =)	4 840 €	1,0 P
=	ESt-Nachzahlung	399 €	0,5 P

Teil II: Körperschaftsteuer (14,5 Punkte)

vorläufiger Jahresüberschuss	51 750 €	0,5 P

Ergebnisverwendung

Gewinnausschüttung von 32 200 € ist Gewinnverwendung alternativ: § 8 Abs. 3 Satz 1 KStG	0 €	1,0 P

Lohnaufwand

verdeckte Gewinnausschüttung (920 € × 12 =)	+ 11 040 €	2,0 P

Kundengeschenk

Geschenke über 35 €	+ 600 €	1,0 P
Der Vorsteuerabzug ist gem. § 15 Abs. 1a Nr. 1 UStG rückgängig zu machen. Insoweit handelt es sich um eine Korrektur des handelsrechtlichen Ergebnisses.	./. 114 €	1,0 P
Hinzurechnung der nicht abzugsfähigen Vorsteuer nach § 10 Nr. 2 KStG.	+ 114 €	1,0 P

Steuerzahlungen

Gewerbesteuer	+ 1 495 €	1,0 P
Säumniszuschlag GewSt-VZ	+ 30 €	0,5 P
Körperschaftsteuer-Vorauszahlungen	+ 14 891 €	0,5 P
Solidaritätszuschlag-Vorauszahlungen	+ 819 €	1,0 P

Säumniszuschlag zur Körperschaftsteuer-VZ	+ 40 €	1,0 P
Zinsen zur Körperschaftsteuer 2012 nach § 233a AO	+ 60 €	1,0 P
Summe / Gesamtbetrag der Einkünfte		
= zu versteuerndes Einkommen	80 725 €	1,0 P
tarifliche Körperschaftsteuer (15 % von 80 725 € =)	12 108,75 €	1,0 P
Solidaritätszuschlag (5,5 %)	665,98 €	1,0 P

Teil III: Gewerbesteuer (16,0 Punkte)

Ermittlung des Gewerbesteuer-Messbetrags für den Erhebungszeitraum 2014:

vorläufiger Gewinn laut GuV-Rechnung	32 010 €	
zzgl. unangemessene Bewirtungsaufwendungen (Tz. 3)	+ 1 000 €	1,5 P
zzgl. 30 % der angemessenen Bewirtungsaufwendungen (Tz. 3)	+ 255 €	1,5 P
zzgl. Entnahme Pkw (Tz. 4)	+ 3 500 €	1,5 P
berichtigter Gewinn	36 765 €	

Hinzurechnungen, § 8 GewStG

Entgelte für Schulden, § 8 Nr. 1 GewStG

– Kontokorrentzinsen (Tz. 6)	2 400,00 €	
– Schuldzinsen Investition	8 200,00 €	
(Tz. 7; 10 600 € – 2 400 €)		
Gewinnanteil typisch stiller Gesellschafter	12 000,00 €	
Miet- und Pachtzinsen		
– Miete Pkw	600,00 €	
– Leasing/Miete Pkw	2 231,25 €	

Keine Hinzurechnung, da die o. g. Beträge insgesamt nicht mehr als 100 000 € ausmachen. **4,0 P**

Kürzungen, § 9 GewStG

1,2 % vom Einheitswert (140 %) Betriebsgrundstück, § 9 Nr. 1 GewStG

120 000 € × 140 % × 1,2 % × 75 % =	./. 1 512 €	2,0 P
Beteiligungserträge, § 9 Nr. 2 GewStG		
Keine Kürzung, da Lässig nicht Mitunternehmer ist	./. 0 €	2,5 P
Gewerbeertrag	35 253 €	
Abrundung, § 11 Abs. 1 GewStG	35 200 €	0,5 P
Freibetrag, § 11 Abs. 1 GewStG	./. 24 500 €	0,5 P
verbleiben	10 700 €	
x 3,5 %		
Steuermesszahl	374,50 €	2,0 P

Teil IV: Umsatzsteuer (12,5 Punkte)

Sachverhalt 1 (3,5 Punkte)

1. Theo Grüneberg ist als Alleininhaber des Autohauses Unternehmer.   0,5 P
    Die Umsätze des Autohauses sind zu erklären.   0,5 P

2. Ehefrau Gerda Grüneberg ist als Kommanditistin nicht Unternehmerin, weil sie
    keine selbständige Tätigkeit nachhaltig zur Erzielung von Einnahmen ausübt.   1,0 P

3. Margret Grüneberg ist keine Unternehmerin, weil sie mit ihrer Beteiligung an der
    Erbengemeinschaft und ihren Zinseinnahmen selbst nicht gewerblich oder beruf-
    lich tätig ist.   0,5 P

4. Die Kröger KG ist mit ihrem Reifenhandel Unternehmer und hat ihre Umsätze in
    einer USt-Erklärung anzumelden.   0,5 P

5. Die Erbengemeinschaft Grüneberg ist Unternehmer. Sie hat ihre Mieteinnahmen
    aus dem Wohn- und Geschäftshaus zu erklären.   0,5 P

Sachverhalt 2 (9,0 Punkte)

Vermietete Räume:

Umsatzart:	sonstige Leistung	0,5 P
	§ 3 Abs. 9 UStG	0,5 P
Ort des Umsatzes:	Köln (Lageort des Grundstücks)	0,5 P
	§ 3a Abs. 3 Nr. 1a UStG	0,5 P

Option:

Erdgeschoss:	Option ist möglich, weil die Vermietung an einen anderen Unternehmer für dessen Unternehmen erfolgt.	0,5 P
	§ 9 Abs 1 UStG	0,5 P
1. OG:	a) Die Zimmervermietung ist steuerpflichtig, weil sie kurzfristig erfolgt. Eine Option ist nicht erforderlich.	1,0 P
	§ 4 Nr. 12 Satz 2 UStG	0,5 P
	b) Die Vermietung an den Versicherungsvertreter lässt keine Option zu, weil die Räume zur Ausführung von nach § 4 Nr. 11 UStG steuerfreien Umsätzen genutzt werden, die den Vorsteuerabzug ausschließen.	1,0 P
	§ 9 Abs. 2 UStG	0,5 P

Unentgeltlich überlassene Räume im 2. OG:

Umsatzart:	sonstige Leistung	0,5 P
	§ 3 Abs. 9a Nr. 1 UStG	0,5 P
Ort des Umsatzes:	Köln	0,5 P
	§ 3f UStG	0,5 P
Option:	Eine Option ist nicht möglich, weil die sonstige Leistung nicht an einen Unternehmer für dessen Unternehmen erfolgt.	0,5 P
	§ 9 Abs. 1 UStG	0,5 P

Teil V: Abgabenordnung (20,0 Punkte)

Sachverhalt 1 (8,0 Punkte)

Der Übertragungsfehler auf der Anlage V gilt als ähnliche offenbare Unrichtigkeit i. S. des § 129 AO. Das Finanzamt macht sich diesen Fehler dadurch zu Eigen, dass es den erkennbaren Fehler im Rahmen der Steuerfestsetzung nicht berichtigt. Daher kann eine Berichtigung gem. § 129 AO erfolgen, vorausgesetzt, die Festsetzungsfrist ist noch nicht abgelaufen, § 169 Abs. 1 Satz 2 AO. **5,5 P**

Berechnung der Festsetzungsfrist

Beginn der Frist	31. 12. 2012	**0,5 P**
Dauer der Frist:	4 Jahre, § 170 Abs. 2 Nr. 1 AO	**1,0 P**
Ende der Frist:	31. 12. 2016	**0,5 P**

Das Finanzamt ist damit berechtigt, die Steuerfestsetzung des Herrn Pingel im Jahr 2015 gem. § 129 AO zu ändern. **0,5 P**

ERGÄNZENDER HINWEIS:

Die Festsetzungsfrist beginnt grundsätzlich mit Ablauf des Kalenderjahres, in dem die Steuererklärung beim Finanzamt eingereicht wurde. Das wäre hier das Jahr 2013. Jedoch beginnt die Frist nach § 170 Abs. 2 Nr. 1 AO spätestens mit Ablauf des dritten Kalenderjahres nach Entstehung der Steuer. Spätestens beginnt die Festsetzungsfrist daher mit Ablauf des Jahres 2012 (2009 + 3 Jahre).

Sachverhalt 2 (5,0 Punkte)

Der Bescheid des Versorgungsamtes ist ein Grundlagenbescheid.	**2,5 P**
Der Einkommensteuerbescheid 2013 ist daher gem. § 175 Abs. 1 Nr. 1 EStG zu ändern.	**2,5 P**

Sachverhalt 3 (7,0 Punkte)

Zinslauf

Entstehung der Einkommensteuer 2010	31. 12. 2010	**1,0 P**
+ 15 Monate Karenzzeit		**1,0 P**
= Beginn des Zinslaufs	1. 4. 2012	**1,0 P**
Ende des Zinslaufs	Mitte September 2015	**1,0 P**
= 41 Zinsmonate (nur für volle Monate)		**1,0 P**

Berechnung der Nachforderungszinsen

41 Monate × 0,5 % =	20,5 %	**1,0 P**
16 550 € × 20,5 % =	3 392,75 €	**0,5 P**
Abrundung (§ 239 Abs. 2 AO)	3 392,00 €	**0,5 P**

Klausursatz IV: Aufgabe Rechnungswesen

Bearbeitungszeit: 120 Minuten

Aufgabenteil I

Frank Heidsiek ist Inhaber einer nicht markengebundenen Kfz-Reparaturwerkstatt in Dresden. Die Firma ist im Handelsregister eingetragen. Seinen Gewinn ermittelt er nach § 4 Abs. 1 i.V. mit § 5 EStG. Das Wirtschaftsjahr entspricht dem Kalenderjahr. Er versteuert seine Umsätze nach den allgemeinen Vorschriften des UStG. Voranmeldungszeitraum ist der Kalendermonat. Alle seine Umsätze unterliegen, sofern nicht anders angegeben, dem Steuersatz von 19 %. Er ist zum vollen Vorsteuerabzug berechtigt. Die Voraussetzungen des § 7g EStG sind erfüllt. Für das Wirtschaftsjahr 2014 möchte Frank Heidsiek einen möglichst niedrigen steuerlichen Gewinn ausweisen. Abschreibungsbeträge sind auf volle Euro aufzurunden. Alle erforderlichen Belege liegen vor. Die Rechnungen sind ordnungsgemäß i. S. des § 14 UStG.

1. Sachverhalt (8,0 Punkte)

Der Mandant übernahm zum 1. 4. 2014 den Betrieb von Konrad Keller, der sich aus Altersgründen ins Privatleben zurückgezogen hat. Den Kaufpreis i. H. von 150 000 € hat Herr Heidsiek ausschließlich mit Eigenkapital finanziert.

Die übernommenen Wirtschaftsgüter hatten folgende Teilwerte:

1. Anlagevermögen (Werkstatteinrichtung)
   Die Nutzungsdauer beträgt noch 4 Jahre.   40 000 €
2. Umlaufvermögen (Material, Waren, Forderungen)   50 000 €

AUFGABEN:

a) Erstellen Sie für den Mandanten die Eröffnungsbilanz (Steuerbilanz) zum 1. 4. 2014.
b) Ermitteln Sie, welche Bilanzansätze (Steuerbilanz) sich dann zum 31. 12. 2014 für das Anlagevermögen ergeben würden. Dabei soll die höchstzulässige Abschreibung vorgenommen werden.

2. Sachverhalt (6,0 Punkte)

Der Mandant beschäftigt ab November 2014 Maria Hülskötter als Bürokraft. Frau Hülskötter arbeitet wöchentlich 8 Stunden. Ihr Stundenlohn beträgt 10 € (netto). Sie hat keine Lohnsteuerkarte/Ersatzbescheinigung vorgelegt. Ansprüche aus einer eigenen Rentenversicherung sollen nicht erworben werden. Frau Hülskötter ist nicht privat krankenversichert. Der Lohn wird bar ausgezahlt. Im Dezember arbeitete Frau Hülskötter 32 Stunden. Frau Hülskötter übt keine weiteren Beschäftigungen aus.

AUFGABE:

Berechnen Sie den Arbeitslohn und die pauschalen Abgaben und nehmen Sie alle mit der Zahlung des Arbeitslohns zusammenhängenden Buchungen vor (für Dezember).

3. Sachverhalt (9,0 Punkte)

Mandant Heidsiek kaufte am 4. 5. 2014 vom Hersteller Bosch ein neues Test- und Diagnosegerät für 12 400 € zzgl. 2 356 € USt (Nutzungsdauer: 8 Jahre). Ein Investitionsabzugsbetrag nach § 7g Abs. 1 EStG wurde hierfür im Vorjahr nicht gewinnmindernd angesetzt.

Um das Gerät ordnungsgemäß bedienen zu können, war die Teilnahme an einem dreitägigen Einweisungskurs erforderlich, der von der Software-Firma Remax GmbH durchgeführt wurde. Für die Teilnahme berechnete die Firma Herrn Heidsiek lt. Rechnung vom 19. 5. 2014 den Betrag von 750 € zzgl. 142,50 € USt.

Anfang Juni 2014 bezahlte der Mandant beide Rechnungen unter Abzug von 2 % Skonto vom betrieblichen Bankkonto.

AUFGABEN:

a) Der gesamte Vorgang ist in der Buchführung des Mandanten noch nicht erfasst. Nehmen Sie alle erforderlichen Buchungen für die Monate Mai und Juni vor.

b) Berechnen Sie die steuerlich höchstzulässige AfA für 2014 unter Berücksichtigung einer Nutzungsdauer von 6 Jahren.

4. Sachverhalt (7,0 Punkte)

Zur Ausstattung seines Büros nahm Herr Heidsiek Anfang Juli 2014 einen Schreibtisch aus seinem Wohnzimmer und stellte ihn in seinen Betriebsräumen auf. Den Schreibtisch hatte er Anfang Januar 2012 für 2 700 € privat erworben. Die Nutzungsdauer des Möbelstücks beträgt insgesamt 15 Jahre. Der Teilwert beträgt Anfang Juli 2014 noch 2 400 €.

AUFGABEN:

a) Ermitteln Sie den Einlagewert des Wirtschaftsguts und begründen Sie Ihr Ergebnis. Nehmen Sie die entsprechende Buchung vor.

b) Berechnen Sie eine möglichst hohe Abschreibung für 2014.

5. Sachverhalt (10,0 Punkte)

Im Dezember 2014 erhielt der Mandant von einem Kunden den Auftrag zum Restaurieren eines Mercedes 190 SL Bj. 1956. Da dazu viele Neuteile erforderlich waren, verlangte Mandant Heidsiek eine Anzahlung von 4 000 €. Dieser Betrag ging am 24. 12. 2014 auf seinem Geschäftskonto ein.

Der Auftrag konnte im Februar 2015 zur Zufriedenheit des Kunden ausgeführt werden. Vereinbarungsgemäß sollte der Mandant weitere 12 000 € erhalten.

Am 4. 3. 2015 ging dieser Betrag auf dem betrieblichen Bankkonto ein. Auf eine Rechnung verzichtete der Kunde, weil er nicht zum Vorsteuerabzug berechtigt ist.

AUFGABE:

Nehmen Sie alle durch diese Geschäftsvorfälle erforderlichen Buchungen für 2014 und 2015 vor (Steuerbilanz) und ermitteln Sie die Gewinnauswirkung für jeden Buchungssatz.

6. Sachverhalt (11,0 Punkte)

Mitte August 2014 wurde die Werkstatt des Mandanten durch Hochwasser überschwemmt. Waren, Ersatzteile, Geräte und Kundenfahrzeuge konnten rechtzeitig ausgelagert werden.

Lediglich eine Hebebühne wurde infolge eines Wasserschadens total beschädigt und damit unbrauchbar. Das Gerät war Anfang April 2014 vom Vorgänger für 8 400 € übernommen worden und hatte noch eine Nutzungsdauer von 4 Jahren.

Glücklicherweise war der Mandant gegen Schäden durch Naturereignisse versichert. Die FORTUNA-Versicherung zahlte bereits Ende August 2014 zur Regulierung dieses Schadens 14 000 € auf das betriebliche Bankkonto des Mandanten.

Damit die Werkstatt möglichst bald wieder eröffnet werden konnte, kaufte der Mandant Anfang September 2014 eine neue Hebebühne für 22 000 € zzgl. 4 180 € USt (Nutzungsdauer 6 Jahre) und ließ sie von einem Bauunternehmer für 800 € zzgl. 152 € USt ordnungsgemäß einbauen. Beide Rechnungen sind noch nicht bezahlt.

AUFGABEN:

a) Buchen Sie steuergünstig den Verlust der Maschine und den Eingang der Versicherungssumme.
b) Buchen Sie steuergünstig Anschaffung und Montage der neuen Hebebühne und berechnen Sie die höchstmögliche AfA für 2014.

Aufgabenteil II

Für die Firma Wegner, Groß- und Einzelhandel mit Heizungs- und Lüftungsbedarf, ist der Jahresabschluss für 2014 vorzubereiten. Die Mandantin ermittelt ihren Gewinn durch Betriebsvermögensvergleich nach den § 4 Abs. 1 und § 5 EStG. Das Wirtschaftsjahr entspricht dem Kalenderjahr.

Die Umsätze werden nach den allgemeinen Vorschriften des UStG nach dem Soll versteuert. Voranmeldungszeitraum ist der Kalendermonat. Die Firma erfüllt die Voraussetzungen des § 7g EStG.

1. Sachverhalt (6,0 Punkte)

Geben Sie bei den folgenden Aussagen an, ob es sich um

▶ Rückstellungen;
▶ Verbindlichkeiten;
▶ Sonderposten mit Rücklageanteil;

► aktive bzw. passive Rechnungsabgrenzungsposten;

► Rücklagen

handelt.

a) Aufwendungen des Abschlussjahres, die erst im folgenden Wirtschaftsjahr beglichen werden.

Lösung:

b) Zahlungen im Abschlussjahr, die erst im folgenden Wirtschaftsjahr Aufwand darstellen.

Lösung:

c) Bilanzposten, der gesondert erfasste Teile des Eigenkapitals ausweist.

Lösung:

d) Die Betriebseinnahmen fließen im Abschlussjahr zu, der Ertrag muss im neuen Wirtschaftsjahr ausgewiesen werden.

Lösung:

e) Aufgedeckte stille Reserven brauchen unter bestimmten Voraussetzungen nicht gewinnerhöhend ausgewiesen werden. Es kann stattdessen ein besonderer Bilanzposten gebildet werden.

Lösung:

f) Dieser Bilanzposten wird gebildet, um Verbindlichkeiten zu erfassen, deren Höhe ungewiss ist. Es muss jedoch ernsthaft mit einer Inanspruchnahme gerechnet werden.

Lösung:

2. Sachverhalt (16,0 Punkte)

Der Gesamtbestand an Forderungen bei der Firma Wegner beträgt zum 31.12.2014 insgesamt 342 159 €. Der Steuersatz beträgt 19 %, soweit sich nichts anderes aus dem Sachverhalt ergibt. Die folgenden Sachverhalte müssen noch berücksichtigt werden:

a) Über das Vermögen der Kundin Regine Schmidt ist im November 2014 das Insolvenzverfahren eröffnet worden. Die Forderung beläuft sich auf 21 420 € einschließlich 19 % USt. Es ist mit einer Insolvenzquote von 40 % zu rechnen.

b) Der ausländische Kunde Tschechow hat eine Warenlieferung über 6 394 €, die als umsatzsteuerfreie Ausfuhrlieferung in die Ukraine ging, noch nicht beglichen. Da sich der Kunde auf wiederholtes Mahnen noch immer nicht gemeldet hat, ist davon auszugehen, dass die Forderung endgültig als uneinbringlich angesehen werden muss.

c) Über eine Warenlieferung an die Import-Export GmbH im Werte von 14 280 € einschließlich 19 % USt wurde eine Warenkreditversicherung abgeschlossen.

d) Entsprechend den Erfahrungen aus den Vorjahren ist von einem allgemeinen Ausfallrisiko von 3 % auszugehen. Die zum 31.12.2013 gebildete Pauschalwertberichtigung beträgt 8 227 €.

AUFGABE:

Bewerten Sie die Forderungen zum 31.12.2014 und führen Sie entsprechende Buchungen durch. Stellen Sie die Gewinnauswirkung (erhöhend, mindernd, erfolgsneutral) jeder einzelnen Buchung fest.

3. Sachverhalt (14,0 Punkte)

Für den Betrieb der Firma Wegner wird/wurde folgendes Zahlenwerk für 2014 ermittelt:

Aktiva	Bilanz 1.1.2014		Passiva
A. Anlagevermögen	201 320 €	A. Eigenkapital	159 652 €
B. Umlaufvermögen		B. sonst. Passiva	543 018 €
Warenbestand	84 500 €		
sonst. Umlaufvermögen	416 850 €		
	702 670 €		702 670 €

Aktiva	Bilanz 31.12.2014		Passiva
A. Anlagevermögen	248 254 €	A. Eigenkapital	143 033 €
B. Umlaufvermögen		B. sonst. Passiva	697 569 €
Warenbestand	144 220 €		
sonst. Umlaufvermögen	448 128 €		
	840 602 €		840 602 €

Aufwendungen	G + V-Rechnung 2014		Erträge
Wareneingang	385 200 €	Erlöse	1 234 560 €
Löhne	268 660 €	sonst. Erträge	85 640 €
Pacht	48 000 €	Warenbestands-	
AfA	90 524 €	veränderungen	59 720 €
sonst. Aufwand	545 536 €		
Gewinn	42 000 €		
	1 379 920 €		1 379 920 €

AUFGABEN:

Ermitteln Sie für die Firma Wegner

a) den durchschnittlichen Warenbestand,

b) den Wareneinsatz,

c) die Umschlagshäufigkeit des Warenbestands,

d) die durchschnittliche Lagerdauer,

e) den Rohgewinn,

f) die Handelsspanne (Rohgewinnsatz),

g) den Kalkulationszuschlag (Rohgewinn-Aufschlagssatz).

Aufgabenteil III

Sachverhalt   (13,0 Punkte)

Die Voss OHG betreibt in Braunschweig eine Möbelspedition. Gesellschafter sind Artur Voss und sein Sohn Frank, die zu 60 % bzw. zu 40 % am Gewinn bzw. Verlust beteiligt sind. Das Wirtschaftsjahr beginnt am 1. 4. und endet am 31. 3. des Folgejahres.

Das Eigenkapital der OHG betrug am 1. 4. 2014 insgesamt 173 945 € und am 31. 3. 2015 noch 112 768 €.

In dem Wirtschaftsjahr 2014/2015 wurden von den Gesellschaftern 63 400 € entnommen, aber 16 700 € wieder eingelegt.

Laut Arbeitsvertrag erhält Artur Voss ein Geschäftsführergehalt von monatlich 3 500 €, ein Urlaubsgeld von 1 500 € und ein Weihnachtsgeld von 2 500 € zulasten des Gewinns. Sozialversicherungspflicht besteht nicht.

Frank Voss verpachtet der Gesellschaft ein mit einer Lagerhalle bebautes Grundstück für 1 500 € monatlich zulasten des Gewinns. Die Grundstückskosten (AfA, Reparaturen und Grundsteuer) betrugen im abgelaufenen Wirtschaftsjahr insgesamt 2 400 € und werden von der Gesellschaft nicht besonders vergütet.

AUFGABEN:

a) Ermitteln Sie den handelsrechtlichen Gewinn/Verlust.

b) Ermitteln Sie den steuerlichen Gewinn/Verlust.

c) Nehmen Sie die steuerliche Gewinnverteilung für das Wirtschaftsjahr 2014/2015 vor.

Klausursatz IV: Lösung Rechnungswesen

Aufgabenteil I

1. Sachverhalt (8,0 Punkte)

a) Eröffnungsbilanz zum 1.4.2014

Aktiva		Bilanz 1.4.2014	Passiva
I. Anlagevermögen		Eigenkapital	150 000 €
Firmenwert	60 000 €		
Werkstatteinrichtung	40 000 €		
II. Umlaufvermögen	50 000 €		
	150 000 €		150 000 €

4,0 P

b) Anlagevermögen zum 31.12.2014:

Firmenwert 1.4.	60 000 €	
./. AfA ($^1/_{15} \times {}^9/_{12}$)	3 000 €	
Wert 31.12.	57 000 €	**2,0 P**

HINWEIS:

Der Firmenwert ist ein immaterielles und damit unbewegliches Wirtschaftsgut. Nach § 7 Abs. 1 Satz 3 EStG ist seine Nutzungsdauer mit 15 Jahren anzunehmen.

Werkstatteinrichtung 1.4.	40 000 €	
./. lineare AfA (25 % × $^9/_{12}$)	7 500 €	**1,0 P**
./. Sonder-AfA § 7g Abs. 5 EStG (20 %)	8 000 €	**1,0 P**
Wert 31.12.	24 500 €	

2. Sachverhalt (6,0 Punkte)

Arbeitslohn 32 Std. × 10 €	=	320,00 €	
Rentenversicherung: 15 % von 320 €	=	48,00 €	**1,0 P**
Krankenversicherung: 13 % von 320 €	=	41,60 €	**1,0 P**
Pauschalsteuer: 2 % von 320 €	=	6,40 €	**1,0 P**
Umlage U 1 (Krankheit): 0,7 % von 320 €	=	2,24 €	**0,5 P**
Umlage U 2 (Mutterschaft): 0,14 % von 320 €	=	0,44 €	**0,5 P**
Umlage U 3 (Insolvenzgeld): 0,15 % von 320 €	=	0,48 €	

(aus Vereinfachungsgründen ohne Unfallversicherung/
keine Angaben dazu im Sachverhalt)

Buchungen:

Aushilfslöhne	320 €	an	Kasse	320 €
				1,0 P

Gesetzliche soziale Aufwendungen	92,76 €	an	Verb. Soz.-Vers.	99,16 €
Lohnsteuer (2 %)	6,40 €			
				1,0 P

3. Sachverhalt (9,0 Punkte)

a) *Buchungen Mai:*

Maschinen	12 400 €			
Vorsteuern	2 356 €	an	Verb. LuL	14 756 €
				1,5 P

Maschinen	750,00 €			
Vorsteuern	142,50 €	an	Verb. LuL	892,50 €
				1,5 P

Buchungen Juni:

Verb. LuL	14 756,00 €	an	Bank	14 460,88 €
		an	Maschinen	248,00 €
		an	Vorsteuern	47,12 €
				1,5 P

Verb. LuL	892,50 €	an	Bank	874,65 €
		an	Maschinen	15,00 €
		an	Vorsteuern	2,85 €
				1,5 P

b) *AfA-Berechnung*

Maschine	12 400 €	
+ Einweisung	750 €	
Netto-Rechnungsbeträge	13 150 €	
./. 2 % Skonto	263 €	
= Anschaffungskosten	12 887 €	**1,0 P**
Lineare AfA § 7 Abs. 1 EStG: $\frac{1}{6} \times \frac{8}{12}$ = rd.	1 432 €	**1,0 P**
Sonder-AfA § 7g Abs. 5 EStG (20 %) =	2 577 €	**1,0 P**

HINWEIS:

Für bewegliche Wirtschaftsgüter des Anlagevermögens, die nach dem 31.12.2010 angeschafft oder hergestellt werden, kann keine degressive AfA nach § 7 Abs. 2 EStG mehr abgezogen werden.

4. Sachverhalt (7,0 Punkte)

a) Einlagewert

Anschaffungskosten privat	2 700 €	
./. AfA privat für 2012 ($^1/_{15}$)	180 €	
./. dto. für 2013	180 €	
./. dto. für 2014 ($\times ^6/_{12}$)	90 €	
= fortgeführte Anschaffungskosten/Einlagewert	2 250 €	2,0 P

Da die Einlage innerhalb von drei Jahren nach Anschaffung erfolgte, müssen nach § 6 Abs. 1 Nr. 5 EStG die niedrigeren fortgeführten Anschaffungskosten angesetzt werden und nicht der Teilwert. **2,0 P**

Buchung:

BGA	2 250 €	an	Privateinlage	2 250 €
				2,0 P

b) AfA-Berechnung für 2014

Einlagewert	2 250 €	
12,5 Jahre Restnutzungsdauer = 8 % AfA-Satz linear		
gem. § 7 Abs. 1 EStG		
$\times ^6/_{12}$ =	90 €	1,0 P
AfA somit	90 €	

HINWEIS:

Die Inanspruchnahme der Sonder-AfA gem. § 7g Abs. 5 EStG dürfte nicht zulässig sein. Denn es handelt sich vorliegend weder um eine Anschaffung noch um eine Herstellung (vgl. Wortlaut des § 7g Abs. 5 EStG), sondern um eine Einlage. Auch eine am Zweck des § 7g EStG orientierte Auslegung des Begriffs „Anschaffung" führt m. E. nicht zu einem anderen Ergebnis. Denn Zweck des § 7g EStG ist die Förderung von Investitionen durch eine Verbesserung der Liquidität und Eigenkapitalausstattung. Bei einer Einlage ist aber überhaupt keine Minderung der Liquidität eingetreten. Sollten Sie die Sonder-AfA gleichwohl in Ihrer Lösung angesetzt haben, so würde dies aber m. E. nicht zu einem Fehler führen, da das o. a. Ergebnis − keine Sonder-AfA − höchstrichterlich noch nicht abgesichert ist.

5. Sachverhalt (10,0 Punkte)

a) Buchung Anzahlung (24. 12. 2014)

Bank	4 000,00 €			
sonstige Steuern	638,66 €	an	erhaltene Anzahlungen	4 000,00 €
		an	Umsatzsteuer	638,66 €

2,0 P

Gewinnminderung: 638,66 €

1,0 P

b) Buchung zum Jahresabschluss (31. 12. 2014)

akt. RAP	638,66 €	an	sonstige Steuern	638,66 €

1,0 P

Gewinnerhöhung: 638,66 €

1,0 P

c) Buchung der ausgeführten Leistung (Februar)

Forderungen LuL	12 000,00 €			
Erhaltene Anzahlungen	4 000,00 €	an	Erlöse	13 445,38 €
		an	Umsatzsteuer	1 915,96 €
		an	akt. RAP	638,66 €

2,0 P

Gewinnerhöhung: 13 445,38 €

1,0 P

HINWEISE:

a) Die restliche Umsatzsteuer entsteht nach § 13 Abs. 1 Nr. 1a UStG mit Ablauf des Voranmeldungszeitraums, in dem die Leistung ausgeführt worden ist. Der Verzicht des Kunden auf eine Rechnung (vgl. hierzu auch § 14 Abs. 2 Satz 1 Nr. 2 Satz 1 UStG) ist dabei unerheblich.

b) Zum Bruttoausweis von erhaltenen Anzahlungen:

Steuerrechtlich besteht die Pflicht, für als Aufwand berücksichtigte USt auf am Abschlussstichtag auszuweisende Anzahlungen einen akt. RAP zu bilden (§ 5 Abs. 5 Satz 2 Nr. 2 EStG).

Daraus könnte man schließen, dass steuerrechtlich nur die Bruttomethode zulässig ist (so die Lösung im 5. Sachverhalt).

Aufgrund des § 5 Abs. 1 Satz 1 erster Halbsatz EStG (Maßgeblichkeitsgrundsatz) dürfte steuerrechtlich aber auch die Nettomethode zulässig sein

Bank	4 000,00 €	an	erhaltene Anzahlung	3 361,34 €
			Umsatzsteuer	638,66 €

und

Forderungen LuL	12 000,00 €	an	Erlöse	13 445,38 €
erhaltene Anzahlungen	3.361,34 €	an	Umsatzsteuer	1.915,96 €

In der Klausur müssten mithin m. E. beide Lösungen anerkannt werden.

Handelsrechtlich ist nur die Nettomethode zulässig.

d) Zahlungseingang (März)

Bank	12 000 €	an	Forderungen LuL	12 000 €

1,0 P

keine Gewinnauswirkung (erfolgsneutral)

1,0 P

6. Sachverhalt (11,0 Punkte)

a) Buchung Abgang Hebebühne und Eingang Versicherungssumme

Abschreibungen

Sachanlagen (25 % × $^5/_{12}$)	875 €			
Anlagenabgang	7 525 €	an	Maschinen	8 400 €
				2,0 P
Bank	14 000 €	an	sonst. betriebl. Erträge	7 525 €
		an	SoPo mit Rücklageanteil	6 475 €
				2,0 P

b) Buchung der Anschaffung und Montage

Maschinen	22 800 €			
Vorsteuern	4 332 €	an	Verb. LuL	27 132 €
				1,5 P
SoPo mit Rücklageanteil	6 475 €	an	Maschinen	6 475 €
				1,0 P

AfA-Berechnung:

Anschaffungskosten	22 800 €	
./. SoPo mit Rücklageanteil	6 475 €	
= AfA-Bemessungsgrundlage	16 325 €	**2,5 P**
Lineare AfA: $^1/_6 \times ^4/_{12}$ =	907 €	**1,0 P**
Sonder-AfA § 7g Abs. 5 EStG 20 %	3 265 €	**1,0 P**
AfA gesamt:	4 172 €	

HINWEIS:

Zur Rücklage für Ersatzbeschaffung vgl. R 6.6 EStR und BFH-Urteil vom 12. 1. 2012 IV R 4/09. Für bewegliche Wirtschaftsgüter des Anlagevermögens, die nach dem 31. 12. 2010 angeschafft werden, kann keine degressive AfA nach § 7 Abs. 2 EStG mehr abgezogen werden.

Aufgabenteil II

1. Sachverhalt (6,0 Punkte)

a)	Verbindlichkeiten,	**1,0 P**
b)	aktiver Rechnungsabgrenzungsposten,	**1,0 P**
c)	Rücklage,	**1,0 P**
d)	passiver Rechnungsabgrenzungsposten,	**1,0 P**
e)	Sonderposten mit Rücklageanteil,	**1,0 P**
f)	Rückstellungen.	**1,0 P**

2. Sachverhalt (16,0 Punkte)

a) Die Forderung ist mit 7 200 € zu bewerten, da ihr Wert am Bilanzstichtag nur noch 40 % beträgt. Die Umsatzsteuer ist dabei aber in voller Höhe zu korrigieren (Eröffnung Insolvenzverfahren, vgl. Abschn. 17.1 Abs. 5 Satz 5 UStAE).

zweifelhafte Forderungen	21 420 €	an	Forderungen LuL	21 420 €
				2,0 P

Erfolgsneutral   0,5 P

Abschreibung				
Umlaufvermögen	10 800 €	an	zweifelhafte	
Umsatzsteuer	3 420 €		Forderungen (alt. EWB)	14 220 €
				2,0 P

Gewinnminderung: 10 800 €   0,5 P

HINWEIS:

Alternativ kann indirekt über das Konto „Einzelwertberichtigung" (EWB) gebucht werden.

b) Die Forderung ist mit 0 € zu bewerten und mithin in voller Höhe abzuschreiben, da ihr Wert am Bilanzstichtag 0 € beträgt.

Forderungsausfall	6 394 €	an	Forderungen	6 394 €
				1,0 P

Gewinnminderung: 6 394 €   0,5 P

c) Da bzgl. der Forderung eine Warenkreditversicherung abgeschlossen wurde, ist sie mit dem Nennwert anzusetzen.   1,0 P

d)
Forderungen lt. Buchführung per 31. 12. 2014		342 159 €	
./. Einzelwertberichtigung zu a)		21 420 €	0,5 P
./. Einzelwertberichtigung zu b)		6 394 €	0,5 P
= vermutlich einwandfreie Forderungen		314 345 €	
./. Forderung ohne Risiko wg. Versicherung c)		14 280 €	1,0 P
= Restforderungen mit Risiko brutto		300 065 €	
./. enthaltene Umsatzsteuer	rd.	47 910 €	1,0 P
= Restforderungen mit Risiko netto	rd.	252 155 €	
× 3 % = Pauschalwertberichtigung 31. 12. 2014	rd.	7 565 €	1,0 P
./. Pauschalwertberichtigung 31. 12. 2013		8 227 €	
= Abgang Pauschalwertberichtigung		662 €	2,0 P

Buchung:

PWB	662 €	an	Erträge aus Auflösung der PWB	662 €
				2,0 P

Gewinnerhöhung: 662 €   0,5 P

3. Sachverhalt   (14,0 Punkte)

a) Durchschnittlicher Warenbestand:

$$\frac{\text{Waren 1. 1. + Waren 31. 12.}}{2} = \frac{84\,500 + 144\,220}{2} = 114\,360$$

2,0 P

b) Wareneinsatz:

Wareneingang	385 200	
+ / ./. Warenbestandsveränderung	./. 59 720 =	325 480

2,0 P

c) Umschlagshäufigkeit des Warenbestands:

$$\frac{\text{Wareneinsatz}}{\text{durchschnittlicher Warenbestand}} = \frac{325\,480}{114\,360} = \text{rd. 2,85}$$

2,0 P

d) Durchschnittliche Lagerdauer:

$$\frac{360 \text{ Tage}}{\substack{\text{Umschlagshäufigkeit} \\ \text{des Warenbestands}}} = \frac{360}{2,85} = \text{rd. 126 Tage}$$

2,0 P

e) Rohgewinn:

Umsatz/Erlöse	1 234 560	
abzgl. Wareneinsatz	325 480 =	909 080

2,0 P

f) Handelsspanne (Rohgewinnsatz):

$$\frac{\text{Rohgewinn} \times 100}{\text{Umsatz/Erlöse}} = \frac{909\,080 \times 100}{1\,234\,560} = \text{rd. 73,64\%}$$

2,0 P

g) Kalkulationszuschlag (Rohgewinn-Aufschlagssatz):

$$\frac{\text{Rohgewinn} \times 100}{\text{Wareneinsatz}} = \frac{909\,080 \times 100}{325\,480} = \text{rd. 279,3\%}$$

2,0 P

Aufgabenteil III

Sachverhalt   (13,0 Punkte)

a) Handelsrechtlicher Gewinn/Verlust

Betriebsvermögen 31. 3. 2015	112 768 €	
Betriebsvermögen 1. 4. 2014	173 945 €	
= Betriebsvermögensminderung	./. 61 177 €	2,0 P
+ Entnahmen	63 400 €	1,0 P

./. Einlagen	16 700 €	1,0 P
= handelsrechtlicher Verlust	14 477 €	

b) Steuerlicher Gewinn/Verlust

handelsrechtlicher Verlust	14 477 €	
+ Tätigkeitsvergütung Artur Voss (§ 15 Abs. 1 Nr. 2 Satz 1 zweiter Halbsatz EStG)	46 000 €	2,0 P
+ Pacht Lagerhalle Frank Voss (§ 15 Abs. 1 Nr. 2 Satz 1 zweiter Halbsatz EStG)	18 000 €	1,0 P
./. Sonder-Betriebsausgaben Frank Voss	2 400 €	1,0 P
= steuerlicher Gewinn	47 123 €	

c) Steuerliche Gewinnverteilung

Gesellschafter	Sondervergütung	Sonder-BA	Rest	gesamt
Frank Voss	18 000	./. 2 400	./. 5 790,80	9 809,20
Artur Voss	46 000	0	./. 8 686,20	37 313,80
	64 000	./. 2 400	./. 14 477,00	47 123,00
	2,0 P	**1,0 P**	**2,0 P**	

Klausursatz IV: Aufgabe Wirtschafts- und Sozialkunde

Bearbeitungszeit: 90 Minuten

1. Aufgabe

1. Sachverhalt (14,0 Punkte)

Lars Beckmann und Svenja Riese beabsichtigen, sich als Finanzberater selbständig zu machen. Wegen des bestehenden Geschäftsrisikos überlegen sie, ob sie

► eine GmbH,

► eine Kommanditgesellschaft oder

► eine GmbH & Co. KG

gründen sollen.

a) Entscheiden Sie durch Ankreuzen:

	Personengesellschaft	Kapitalgesellschaft
Eine GmbH ist eine		
Eine Kommanditgesellschaft ist eine		
Die GmbH & Co. KG ist eine		

b) Geben Sie an, in welcher Form der Gesellschaftsvertrag

► bei einer GmbH,

► bei einer KG

abzuschließen ist.

c) Geben Sie an, wie hoch bei einer GmbH

► das erforderliche Stammkapital mindestens sein muss,

► der Mindest-Geschäftsanteil jedes Gesellschafters ist,

► die Mindest-Einzahlung auf jeden Geschäftsanteil im Falle der Bargründung ist, so dass die Eintragung in das Handelsregister erfolgen kann.

2. Sachverhalt (12,0 Punkte)

Achim Bauer erwägt sich zum 1.1.2015 als Fliesenleger selbständig zu machen. Ihm stehen flüssige Barmittel über 3 000 € und ein Pkw im Wert von ca. 4 000 € zur Verfügung. Ein Freund empfiehlt ihm die Gründung einer so genannten Mini-GmbH. Die in Münster ansässige Firma soll Achim Bauer GmbH lauten. Es sind Gründungskosten über 290 € angefallen. Der Gesellschafter Fritz Brockmann soll auch alleiniger Geschäftsführer werden.

Nehmen Sie zu den nachstehenden Fragen unter Hinweis auf die maßgeblichen Vorschriften des GmbH-Gesetz Stellung:

a) Welche Form ist für den Gesellschaftsvertrag vorgesehen? Gibt es ggf. Erleichterungen dabei?

b) Ist die vorgesehene Firma zulässig? Welche Änderungen wären ggf. vorzunehmen? Bleibt der Firmenname zum Zeitpunkt der Gründung in der Zukunft unverändert bestehen oder gibt es Möglichkeiten diesen abzuändern?

c) Welches Stammkapital ist für die Gründung der Mini-GmbH erforderlich und zu welchem Zeitpunkt ist dieses zu erbringen?

d) Welche bilanziellen Folgerungen ergeben sich aus einem für 2015 angenommenen Jahresüberschuss über 10 000 €?

e) Ist die vorgesehene Geschäftsführung zulässig?

3. Sachverhalt (12,0 Punkte)

An der Baustoffhandlung Brösel GmbH & Co. KG sind beteiligt:

► Artur Brösel und Paul Grote als Kommanditisten. Beide haben ihre Einlagen in voller Höhe eingezahlt.

► Die Brösel GmbH als Komplementärin. Das Stammkapital von 25 000 € ist voll eingezahlt. Artur Brösel ist ihr einziger Gesellschafter und Geschäftsführer.

a) Erläutern Sie, wer bei der GmbH & Co. KG die laufende Geschäftsführung und die Vertretungsmacht ausübt. Begründen Sie Ihre Auffassung.

b) Entscheiden Sie durch Ankreuzen, ob die folgenden Aussagen zutreffend sind oder nicht. Begründen Sie kurz Ihre Entscheidung.

Behauptung	richtig	falsch	Begründung
Bei der Brösel GmbH & Co. KG gibt es keine persönliche Haftung einer natürlichen Person.			
Die Haftung der Brösel GmbH ist auf die Höhe des Stammkapitals von 25 000 € begrenzt.			
Nur Artur Brösel kann bei der Brösel GmbH Geschäftsführer sein.			

2. Aufgabe

Sachverhalt (10,0 Punkte)

Gregor Herold ist seit 20 Jahren für die Kaffeemaschinengroßhandlung Capucho GmbH tätig. Sein im Kommissionsvertrag festgelegtes Absatzgebiet ist der Raum Bielefeld. Gregor Herold hält ständig ein großes Lager mit Kaffeemaschinen, die ihm zur Kommission übergeben wurden, bereit. Gregor Herold veräußert die Kaffeemaschinen sowohl an private Kunden, an Gastronomiebetriebe sowie an Behörden. Für seine Tätigkeit erhält er eine Ausführungsprovision von 20 % der Verkaufserlöse.

a) Gregor Herold hat an den Gastronomiebetrieb „Tannenhof OHG" die Lieferung von 2 Kaffee-maschinen zum Preis von insgesamt 1 100 € (inkl. MwSt) zugesagt. Benennen Sie Käufer und den Verkäufer, die als Vertragsparteien im zugrundeliegenden Kaufvertrag genannt wer-den.

b) Stellen Sie die Besitz- und Eigentumsverhältnisse für die im Lager vorhandenen 110 Kaffee-maschinen fest.

c) Da die Absatzzahlen des Gregor Herold im Jahr 2014 stagnieren, plant die Kaffeemaschinen-großhandlung Capucho GmbH die Zusammenarbeit mit dem Kommissionär Herold zu kün-digen. Stattdessen soll ein Handlungsreisender angestellt werden. Den jährliche Aufwand für den Arbeitslohn sowie für die Umstrukturierung beziffert die Kaffeemaschinengroßhand-lung Capucho GmbH auf 70 000 € p. a. Zeigen Sie mit genauer Angabe Ihres Rechenwegs auf, ab welchem Jahresumsatz sich die Umstellung des Vertriebs auf einen angestellten Handlungsreisenden lohnt.

d) Die Kaffeemaschinengroßhandlung Capucho GmbH erwägt zum 1. 1. 2015 Elmar Emsig im Vertrieb innerhalb des Außendienstes eine Tätigkeit anzubieten. Dabei überlegt sie Elmar Emsig entweder als Handelsvertreter oder als Handlungsreisenden anzuwerben.

AUFGABE:

Welcher wesentliche Unterschied in den Rechtsstellungen besteht – abgesehen von der Vergütung zwischen Handelsvertreter und Handlungsreisendem?

3. Aufgabe

1. Sachverhalt (12,0 Punkte)

In einer KG sind die unten stehenden Sachverhalte gegeben:

Überprüfen Sie, ob es sich dabei um

(1) Eigenfinanzierung als Innenfinanzierung

(2) Eigenfinanzierung als Außenfinanzierung

(3) Fremdfinanzierung als Außenfinanzierung

(4) Fremdfinanzierung als Innenfinanzierung

handelt.

Tragen Sie die Ziffer der jeweils zutreffenden Finanzierungsart ein!

Sachverhalte: Die KG . . .

a)   nimmt ein Darlehen auf

b)   nimmt einen neuen Kommanditisten auf

c)   erhält ein Darlehen von einem Kommanditisten

d)   vereinbart mit Lieferern eine Verlängerung des Zahlungsziels

e) finanziert eine Ersatzinvestition aus Gewinnen

f) bildet eine Rückstellung

g) verwendet Abschreibungsrückflüsse für Reinvestitionen

h) verlangt von ihren Kunden eine Anzahlung von 10 % der Auftragssumme

2. Sachverhalt (8,0 Punkte)

Mandant Sigmund Dreier ist Inhaber der Fa. Dreier-Baustoffgroßhandel in Kamen. Im März 2014 bat ihn ein guter Kunde, der Bauunternehmer Häusler, für ihn eine Bürgschaft über 30 000 € zu übernehmen. Ohne eine Bürgschaft könne er keine weiteren Kredite von der Stadtsparkasse bekommen.

Anlässlich einer gemeinsamen Besprechung mit dem Kreditsachbearbeiter sagte Herr Dreier die Übernahme der gewünschten Bürgschaft mündlich zu.

Im Juli 2014 musste der Bauunternehmer Häusler die Eröffnung des Insolvenzverfahrens beantragen. Daraufhin forderte die Stadtsparkasse Herrn Dreier auf, der Begleichung der inzwischen fällig gestellten Kredite seiner Bürgschaftsverpflichtung i. H. von 30 000 € nachzukommen und diesen Betrag zu überweisen.

AUFGABEN:

a) Prüfen Sie, ob die vom Mandanten Dreier mündlich abgegebene Bürgschaftserklärung rechtswirksam erfolgt ist und begründen Sie Ihre Entscheidung unter Angabe der entsprechenden gesetzlichen Regelung.

b) Mandant Dreier ist der Auffassung, dass zunächst der Ausgang des Insolvenzverfahrens abgewartet werden müsse, bevor er aus der Bürgschaft in Anspruch genommen werden könne. Prüfen Sie diese Auffassung und begründen Sie Ihre Ansicht.

4. Aufgabe

Sachverhalt (15,0 Punkte)

Die Bauunternehmung Funnemann benötigt einen neuen Turmdrehkran für ihren Betrieb. Ein derartiges Gerät erfordert eine Investition i. H. von 150 000 €. Die Finanzierung soll entweder durch ein Darlehen der Stadtsparkasse oder durch Abschluss eines Leasingvertrags mit der HiTec GmbH erfolgen.

Die Stadtsparkasse bietet zum 1. 9. 2014 folgende Konditionen:

Darlehenssumme:	150 000 €, Auszahlung 100 %
Laufzeit:	5 Jahre
Zinsen:	12,5 % der jeweiligen Restschuld, zahlbar jeweils am 31. 8. des Folgejahres
Tilgung:	5 gleichbleibende Raten jeweils zum 31. 8.

Die HiTec GmbH bietet per 1. 9. 2014 folgenden Leasingvertrag an:

Grundmietzeit:	5 Jahre

Abschlussgebühr:	8 % (einmalig)
Leasingraten:	17,4 % p. a. des Kaufpreises, zahlbar jeweils zum 31. 8. des Folgejahres
Restzahlung bei Ausübung der Kaufoption:	50 000 €

Berechnen Sie ohne Berücksichtigung steuerlicher Auswirkungen die Höhe der Gesamtausgaben für beide Finanzierungsarten. Benutzen Sie dazu die folgenden Lösungstabellen.

a) Kauf bei Darlehensaufnahme

Jahr	Tilgung	Zinsen	gesamt
1			
2			
3			
4			
5			
		Gesamtsumme:	

b) Leasingvertrag

Jahr	Leasingraten	sonst. Kosten	gesamt
1			
2			
3			
4			
5			
		Gesamtsumme:	

5. Aufgabe

Sachverhalt   (17,0 Punkte)

Die kinderlose Steuerfachangestellte Annette Räuber (geboren am 4. 8. 1971) aus Münster wechselt zum 1. 7. 2014 ihren Arbeitgeber. Sie erhält ein Bruttogehalt von 2 650,20 €. Ihr Arbeitgeber, das Modehaus Tulpe (Münster), stellt Annette Räuber außerdem einen betrieblichen PKW (Peugeot 205, Bruttolistenpreis: 15 080 €) für Fahrten zwischen ihrer Wohnung und ihrer Arbeitsstätte (Entfernung: 20 km) zur Verfügung. Auch für Privatfahrten darf Annette Räuber den Peugeot benutzen. Annette Räuber ist ledig und evangelisch.

Gehen Sie von den folgenden Beitragssätzen der gesetzlichen Sozialversicherung in 2014 aus:

Krankenversicherung (inkl. gesetzlicher Sonderbeitrag 0,9 %):	15,5 %
Rentenversicherung:	18,9 %
Arbeitslosenversicherung:	3,0 %
Pflegeversicherung:	2,05 %
Zuschlag Kinderlose (nach Vollendung des 23. Lebensjahres):	0,25 %

HINWEIS:

Von der Pauschalierung der Lohnsteuer macht der Arbeitgeber keinen Gebrauch.

AUFGABEN:

a) Erstellen Sie eine übersichtliche Gehaltsabrechnung für Annette Räuber. Aus Vereinfachungsgründen gehen Sie von einem Lohnsteuersatz i. H. von 20 % aus.

b) Welche Unterlagen muss Annette Räuber dem Modehaus Tulpe übergeben, damit dieses die Gehaltsabrechnung erstellen kann? (mindestens 2 Nennungen)

c) Welche Pflichten ergeben sich aus dem Arbeitsvertrag? Nennen Sie jeweils mindestens zwei Pflichten sowohl für den Arbeitnehmer als auch für den Arbeitgeber.

d) Da im Arbeitsvertrag von Annette Räuber und dem Modehaus Tulpe keine Kündigungsfrist vereinbart wurde, möchte Annette Räuber wissen, wie lang ihre Kündigungsfrist beträgt. Erläutern Sie die Kündigungsfrist unter Nennung der Rechtsgrundlage.

Klausursatz IV: Lösung Wirtschafts- und Sozialkunde

1. Sachverhalt (14,0 Punkte)

a)

	Personengesellschaft	Kapitalgesellschaft	
Eine GmbH ist eine		X	0,5 P
Eine Kommanditgesellschaft ist eine	X		0,5 P
Die GmbH & Co. KG ist eine	X		1,0 P

b) Bei einer GmbH muss der Gesellschaftsvertrag notariell beurkundet sein, § 2 Abs. 1 GmbHG.   **2,0 P**

Der Gesellschaftsvertrag für eine KG kann formfrei geschlossen werden.   **2,0 P**

c) Das Mindest-Stammkapital beträgt 25 000 € (§ 5 Abs. 1 GmbHG).   **2,0 P**

Der Mindest-Geschäftsanteil jedes Gesellschafters muss 1 € betragen (§ 5 Abs. 2 GmbHG).   **2,0 P**

Die Mindest-Einzahlung auf jeden Geschäftsanteil im Falle der Bargründung beträgt ein Viertel (§ 7 Abs. 2 GmbHG).   **2,0 P**

Insgesamt muss jedoch mindestens die Hälfte des erforderlichen Mindest-Stammkapitals von 25 000 € = 12 500 € eingezahlt sein (§ 7 Abs. 2 GmbHG).   **2,0 P**

2. Sachverhalt (12,0 Punkte)

a) Notarielle Beurkundung gem. § 2 Abs. 1 GmbHG   **1,0 P**
Gründung im vereinfachten Verfahren gem. § 2 Abs. 1a GmbHG,   **1,0 P**
Musterprotokoll gem. Anlage zu § 2 Abs. 1a GmbHG   **1,0 P**

b) Nein   **1,0 P**
Abweichende von § 4 GmbHG nach § 5a Abs. 1 GmbHG Festlegung der Firma wie folgt:
Achim Bauer Unternehmergesellschaft (haftungsbeschränkt) oder   **1,0 P**
Achim Bauer UG (haftungsbeschränkt)

Bei Erreichen des satzungsmäßigen Kapitals von 25 000 € Umfirmierung in   **1,5 P**
... GmbH (Wahlrecht § 5a Abs. 5 zweiter Halbsatz GmbHG),
zeigt die verbesserte Kapitalausstattung nach außen

c) Stammkapital zwischen 1 € und 24 999 €   **1,0 P**
gem. § 5a Abs. 1 GmbH i. V. mit § 5 Abs. 2 GmbHG (volle Euro)
Ausschluss von Sacheinlagen gem. § 5a Abs. 2 Satz 2 GmbHG,
Anmeldung in das HR erst zulässig, wenn das satzungsmäßige Stammkapital
voll erbracht wurde (§ 5a Abs. 2 Satz 1 GmbHG)   **1,0 P**

d) Zwangseinbehaltung von Gewinnen gem. § 5a Abs. 3 GmbHG,
25 % des angenommenen Jahresüberschusses müssen in UG eingebracht
werden bis 25 000 € erreicht sind (hier 10 000 € × 25 % = 2 500 €)

    2,0 P

e) Ja, gem. § 6 Abs. 1, Abs. 2 Satz 1 und gem. Abs. 3 GmbHG kann der alleinige Gesellschafter hier Geschäftsführer werden. **1,5 P**

3. Sachverhalt (12,0 Punkte)

a) Bei einer KG ist der Komplementär (hier: Brösel GmbH) zur Geschäftsführung berechtigt und hat Vertretungsmacht (§ 164 HGB i. V. mit § 161 Abs. 2, § 114 Abs. 1, § 125 Abs. 1 HGB). **2,0 P**

Da die Brösel GmbH keine natürliche Person ist, muss sie durch ihren Geschäftsführer, Herrn Artur Brösel, vertreten werden (§ 35 GmbHG). **2,0 P**

b) Entscheiden Sie durch Ankreuzen, ob die folgenden Aussagen zutreffend sind oder nicht. Begründen Sie kurz Ihre Entscheidung.

Behauptung	richtig	falsch	Begründung	
Bei der Brösel GmbH & Co. KG gibt es keine persönliche Haftung einer natürlichen Person.	X		Der Komplementär ist eine juristische Person.	**2,0 P**
			Die Einlagen der Kommanditisten sind in voller Höhe eingezahlt.	**2,0 P**
Die Haftung der Brösel GmbH ist auf die Höhe des Stammkapitals von 25 000 € begrenzt.		X	Die GmbH haftet mit ihrem gesamten Gesellschaftsvermögen (§ 13 Abs. 2 GmbHG).	**2,0 P**
Nur Artur Brösel kann bei der Brösel GmbH Geschäftsführer sein.		X	Jede natürliche Person, die unbeschränkt geschäftsfähig ist, kann Geschäftsführer werden (§ 6 Abs. 2 GmbHG).	**2,0 P**

2. Aufgabe

Sachverhalt (10,0 Punkte)

a) Käufer: Tannenhof OHG **1,0 P**

Verkäufer: Gregor Herold (Kommissionär) **1,0 P**

b) Besitzer: Gregor Herold (Kommissionär) **1,0 P**

Eigentümer: Kaffeemaschinengroßhandlung Capucho GmbH (Kommittent) **1,0 P**

c) $\dfrac{\text{Umsatz} \times 20}{100}$ = 70 000 €

$\dfrac{70\,000 \times 100}{20}$ = Umsatz

Umsatz = 350 000 € = Mindestumsatz des Handlungsreisenden **3,0 P**

d) Als Handelsvertreter ist Elmar Emsig (selbständiger) Kaufmann i. S. des § 1 HGB, da er ein Handelsgewerbe betreibt. Als solcher handelt er im eigenen Namen, aber für fremde Rechnung (§ 84 HGB).

Als Handlungsreisender ist Elmar Emsig (unselbständiger) kaufmännischer Ange-stellter und handelt somit in fremden Namen für fremde Rechnung. 3,0 P

3. Aufgabe

1. Sachverhalt (12,0 Punkte)

a)	=	3	1,5 P
b)	=	2	1,5 P
c)	=	3	1,5 P
d)	=	3	1,5 P
e)	=	1	1,5 P
f)	=	4	1,5 P
g)	=	1	1,5 P
h)	=	3	1,5 P

2. Sachverhalt (8,0 Punkte)

a) Die vom Mandanten Dreier mündlich abgegebene Bürgschaftserklärung ist rechtswirksam. 1,0 P

Mandant Dreier ist Kaufmann. Ein Kaufmann kann eine Bürgschaftserklärung mündlich abgeben. 2,0 P

§ 350 HGB 2,0 P

b) Die Auffassung des Mandanten ist nicht richtig. 1,0 P

Er hat keine Einrede der Vorausklage, 1,0 P

weil die Bürgschaft für ihn ein Handelsgeschäft ist (§ 349 HGB). 1,0 P

4. Aufgabe

Sachverhalt (15,0 Punkte)

a) Kauf bei Darlehensaufnahme

Jahr	Tilgung		Zinsen		gesamt
1	30 000	0,5 P	18 750	1,0 P	48 750
2	30 000	0,5 P	15 000	1,0 P	45 000
3	30 000	0,5 P	11 250	1,0 P	41 250
4	30 000	0,5 P	7 500	1,0 P	37 500
5	30 000	0,5 P	3 750	1,0 P	33 750
			Gesamtsumme:		206 250
					1,5 P

b) Leasingvertrag

Jahr	Leasingraten		sonst. Kosten		gesamt
1	26 100	0,5 P	12 000	1,0 P	38 100
2	26 100	0,5 P			26 100
3	26 100	0,5 P			26 100
4	26 100	0,5 P			26 100
5	26 100	0,5 P	50 000	1,0 P	76 100
			Gesamtsumme:		192 500
					1,5 P

5. Aufgabe

Sachverhalt   (17,0 Punkte)

a) Sachbezugswert:

Bruttolistenpreis, abgerundet auf volle 100 €:	15 000,00 €	
15 000 € × 1 % =	150,00 €	0,5 P
15 000 € × 0,03 % × 20 km =	90,00 €	0,5 P
= Sachbezugswert, brutto	240,00 €	0,5 P
Bruttogehalt	2 650,20 €	0,5 P
+ Sachbezug für PKW	240,00 €	
= Bruttoarbeitslohn	2 890,20 €	1,0 P
./. LSt (20 %)	578,04 €	0,5 P
./. SolZ	31,79 €	0,5 P
./. KiSt	52,02 €	0,5 P
./. Sozialversicherungsbeiträge		
KV (14,6 % × 50 % AN-Anteil)	210,98 €	0,5 P
KV (0,9 % × 100 % AN-Anteil)	26,01 €	0,5 P
RV (18,9 % × 50 % AN-Anteil)	273,12 €	0,5 P
AV (3,0 % × 50 % AN-Anteil)	43,35 €	0,5 P
PV (2,05 % × 50 % AN-Anteil)	29,62 €	0,5 P
PV (0,25 % × 100 % AN-Anteil)	7,23 €	0,5 P
= Nettogehalt:	1 638,04 €	0,5 P
./. Verrechnete Sachbezüge	240,00 €	
= Auszahlungsbetrag:	1 398,04 €	1,0 P

b) **Unterlagen:**

– Sozialversicherungsausweis (Ansicht, SV Nr.)	1,5 P
– Mitgliedsbescheinigung einer Krankenkasse	1,5 P

c) **Arbeitgeber:**

– Vergütungspflicht	0,5 P
– Beschäftigungspflicht	0,5 P
– Fürsorgepflicht	0,5 P

Arbeitnehmer:

– Arbeitspflicht	0,5 P
– Wettbewerbsverbot	0,5 P
– Verschwiegenheitspflicht	0,5 P

d) **Gesetzliche Kündigungsfrist (4 Wochen zum 15. oder zum Ende eines Kalendermonats), § 622 BGB**   2,0 P

Klausursatz IV: Aufgabe Steuerwesen

Bearbeitungszeit: 150 Minuten

Teil I: Gewerbesteuer/Einkommensteuer (58,0 Punkte)

Sachverhalt Gewerbesteuer (14 Punkte)

Theo Trinkfest betreibt eine Privatbrauerei in Tönisvorst bei Krefeld (GewSt-Hebesatz: 400 %). Zu seinem Betriebsvermögen zählt ein Betriebsgebäude, das er zu 75 % eigenbetrieblich nutzt (Einheitswert nach den Wertverhältnissen vom 1. 1. 1964: 70 000 €).

Vor Bildung der Gewerbesteuer-Rückstellung ergibt sich folgende

Vorläufige Gewinn- und Verlustrechnung 1. 1. – 31. 12. 2014

Aufwendungen		Erträge	
Waren-, Materialeinsatz	171 255 €	Umsatzerlöse	496 755 €
Personalaufwendungen	71 175 €	Gewinnanteil	
Fahrzeugkosten	25 331 €	Stille Beteiligung	
Abschreibungen	59 400 €	Hopfen & Malz KG	7 140 €
Mietaufwendungen	4 016 €		
Zinsaufwendungen	12 862 €		
Spenden	3 675 €		
Sonstige Aufwendungen	31 620 €		
Gewinn	124 561 €		
	503 895 €		503 895 €

Erläuterungen zu einzelnen Posten der Gewinn- und Verlustrechnung:

1. Die aus betrieblichen Mitteln geleisteten Spenden setzen sich wie folgt zusammen:

   an die FDP 1 250 €

   an den Kreuzbund

   (Hilfsgemeinschaft Suchtkranker, gemeinnützige Zwecke) 2 425 €

   Ordnungsgemäße Zuwendungsbestätigungen liegen vor.

2. Den Zinsaufwendungen liegen u. a. folgende Sachverhalte zugrunde:

a) Zur Finanzierung betrieblicher Investitionen hat Theo Trinkfest im Jahr 2013 bei der Sparkasse Krefeld ein langfristiges Darlehen aufgenommen. Für dieses Darlehen wurden in 2014 folgende Beträge gezahlt und auf dem Konto „Zinsaufwendungen" gebucht:

   Schuldzinsen 4 725 €

   Disagio (zutreffend zeitanteilig aufgelöster Betrag) 785 €

b) Ferner wurden Zinsen im Zusammenhang mit einem betrieblichen Kontokorrentkonto i. H. von 7 352 € gewinnmindernd berücksichtigt.

3. Die Mietaufwendungen betreffen folgende Vorgänge:

a) Ab August 2014 konnte Theo Trinkfest ein benachbartes Grundstück für monatlich 850 € als zusätzliche Abstellfläche für Fässer und Getränkekisten mieten. Der Eigentümer erzielt aus der Vermietung Einkünfte aus Vermietung und Verpachtung i. S. des § 21 EStG.

b) Zur Pflege der Außenanlagen wurde für den Zeitraum Mai 2014 – September 2014 von einem Landwirt (§ 13 EStG) ein Traktor mit Mähwerk für monatlich 180 € angemietet.

c) Seit 2012 mietet Theo Trinkfest seine Telefonanlage von der Telefon AG an. Die Miete hat in 2014 insgesamt 1 320 € betragen.

4. Seit dem Jahr 2008 ist Theo Trinkfest an der Hopfen & Malz KG beteiligt. Die Beteiligung erstreckt sich auf den Geschäftserfolg, nicht auf das Betriebsvermögen und die stillen Reserven.

AUFGABE:

Ermitteln Sie in einer übersichtlichen Darstellung die Höhe der Gewerbesteuer.

BEARBEITUNGSHINWEISE:

Nichtansätze sind mit „0" zu kennzeichnen und kurz zu begründen.

Sachverhalt Einkommensteuer (44,0 Punkte)

Persönliche Verhältnisse

Theo Trinkfest (geb. 18. 7. 1961) lebt allein mit seinem Sohn Paul in Tönisvorst.

Paul ist am 15. 6. 1988 geboren und studiert an der Westfälischen Wilhelms-Universität in Münster Betriebswirtschaft. Seinen Hauptwohnsitz hat er in einer Wohngemeinschaft in Münster, in der Wohnung seines Vaters ist er mit Nebenwohnsitz gemeldet. Theo überweist Paul 2014 ganzjährig 700 € monatlich Unterhalt, da er keine eigenen Einkünfte und Bezüge erzielt hat.

Direkt nach dem Abitur (im Jahr 2007) hatte Paul seinen 10-monatigen Grundwehrdienst abgeleistet.

Theo ist seit dem 30. 11. 2013 verwitwet.

Angaben zu den Einkünften

1. *Privatbrauerei*

   Aus der Privatbrauerei erzielte Theo Trinkfest im Jahr 2014 einen Jahresüberschuss von 124 561 €.

2. *Grundstück Krefelder Straße 22a in Tönisvorst*

   Das unbebaute Grundstück hatte Theo im Jahr 2009 für 65 100 € erworben. Finanzierungskosten sind insoweit nicht angefallen.

Anfang 2014 hat Theo mit dem Bau eines Zweifamilienhauses begonnen (Bauantrag vom 15. 8. 2013). Nach Fertigstellung am 1. 10. 2014 wird das Gebäude wie folgt genutzt:

Erdgeschoss (260 m²) Vermietung an Fred Freibier für monatlich 1 760 €, der darin eine Gaststätte betreibt. Umsatzsteuer ist im Mietvertrag nicht ausgewiesen.

1. Obergeschoss (140 m²) Nutzung zu eigenen Wohnzwecken

Aufstellung der Kosten

Grunderwerbsteuer	bezahlt	1. 4. 2009	2 278,50 €
Notar-, Grundbuchkosten	bezahlt	15. 7. 2009	734,00 €
Straßenanliegerbeiträge	bezahlt	10. 3. 2010	8 400,00 €
Baugenehmigung	bezahlt	30. 8. 2013	377,00 €
Architektenhonorar	bezahlt	15. 9. 2014	7 700,00 €
Bauunternehmer	bezahlt	4. 10. 2014	315 000,00 €
			334 489,50 €

Finanzierung

a) Hypothekendarlehen der Sparkasse Krefeld im Nennwert von   320 000 €

Für die Eintragung der Grundschuld zugunsten der Sparkasse waren Notarkosten (864 €) und Grundbuchkosten (436 €) zu entrichten (bezahlt jeweils im Jahr 2014).

Für das Darlehen, das zu 98 % ausbezahlt wurde, zahlte Theo in 2014 Zinsen i. H. von 16 640 €.

b) Erlös aus dem Verkauf der Teilfläche an das Land NRW

(vgl. „sonstige Angaben")   14 000 €

      334 000 €

Sonstige Angaben

a) An Grundsteuer zahlte Theo Trinkfest im Jahr 2014 einen Betrag von 420 €.

b) Von der Gesamtfläche des Grundstücks musste Theo im Jahr 2014 zur Begradigung der Bundesstraße eine Teilfläche von 8 % an das Land NRW veräußern. Es handelt sich dabei um einen Teil der an die Gaststätte vermieteten Parkplätze. Der Veräußerungserlös betrug 14 000 €.

3. *Sonstige Aufwendungen*

a) Die abzugsfähigen Vorsorgeaufwendungen für 2014 betragen 8 690 €.

b) Bevor Theo in seine neue Wohnung in der Krefelder Straße einziehen konnte, musste er seine bisher angemietete Wohnung am Düsseldorfer Ring renovieren.

Für Malerarbeiten hat Theo in 2014 bezahlt:

Material	2 225 €
24 Stunden à 35 €	840 €
Anfahrt im Stadtgebiet	35 €
	3 100 €
zuzüglich Umsatzsteuer 19 %	589 €
Rechnungsbetrag	3 689 €

Ermitteln Sie in einer übersichtlichen Darstellung unter Angabe der steuerlichen Fachbegriffe das zu versteuernde Einkommen für das Jahr 2014 für Theo Trinkfest. Welche Steuerermäßigungen kann Trinkfest für das Jahr 2014 beanspruchen?

BEARBEITUNGSHINWEISE:

Nichtansätze sind mit „0" zu kennzeichnen und kurz zu begründen.

Sämtliche Anträge gelten als gestellt und die dazu erforderlichen Nachweise als erbracht.

Gehen Sie bei der Lösung davon aus, dass die Berücksichtigung von Freibeträgen i. S. des § 32 Abs. 6 EStG günstiger ist als die Gewährung von Kindergeld. Eine Günstigerprüfung i. S. des § 31 EStG ist daher nicht erforderlich.

Teil II: Körperschaftsteuer (10,0 Punkte)

Sachverhalt

Rudi Ratlos ist alleiniger Gesellschafter der Ratlos-Unternehmensberatungs-GmbH mit Sitz in Berlin. Ratlos hält seine Beteiligung im Privatvermögen. Das Stammkapital i. H. von 25 000 € ist vollständig eingezahlt.

Das Wirtschaftsjahr der GmbH stimmt mit dem Kalenderjahr überein.

Am 15. 3. 2015 hat die Gesellschafterversammlung beschlossen, für das Wirtschaftsjahr 2014 eine Gewinnausschüttung i. H. von 36 500 € vorzunehmen. Ratlos erhält am 19. 3. 2015 eine Gutschrift auf seinem Bankkonto i. H. von 28 798,50 €.

AUFGABEN:

Welche Auswirkungen hat die Gewinnausschüttung für das Jahr 2014

a) auf Ebene der Kapitalgesellschaft,

b) auf Ebene des Gesellschafters Ratlos?

Teil III: Umsatzsteuer (22,0 Punkte)

Eugen Dingskirchen betreibt seit Jahren einen Einzelhandel mit Haushaltswaren und Elektrogeräten in Köln-Dellbrück. Er versteuert seine Umsätze nach den allgemeinen Vorschriften des UStG nach vereinbarten Entgelten und gibt seine USt-Voranmeldungen monatlich ab.

Bei der Erstellung der USt-Voranmeldung für Dezember 2014 ergeben sich folgende Tatbestände, die noch rechtlich geklärt werden sollen:

Sachverhalt 1

Die Firma hatte eine Waschmaschine für 700 € zzgl. 133 € USt eingekauft und mit 1 088 € brutto ausgezeichnet. Durch ein Versehen des Verkäufers wurde sie für nur 856 € verkauft. Die Kundin hat die Ware sofort bar bezahlt und abholen lassen und ist daher nicht bekannt.

Sachverhalt 2

Der Firmeninhaber hatte auf der Haushaltswaren-Messe in Mailand (Italien) 12 neuartige Schnellkochtöpfe für insgesamt 1 200 € gekauft und im eigenen Fahrzeug nach Köln transportiert. Die Ware war ihm vom italienischen Hersteller ohne Umsatzsteuer geliefert worden, weil er die USt-IdNr. seiner Firma angegeben hatte.

Sachverhalt 3

Einem tüchtigen Mitarbeiter wurde zum 25. Dienstjubiläum ein Elektroherd geschenkt. Das Gerät war mit 850 € zzgl. 161,50 € USt eingekauft worden. Dabei waren 23,80 € einschl. 19 % USt an Transportkosten angefallen. Das Gerät sollte im Verkauf 1 400 € (brutto) kosten.

Sachverhalt 4

Herr Dingskirchen hat aus seinem Lager einen Geschirrspüler entnommen und ihn seiner Frau zum Hochzeitstag geschenkt. Das Gerät war für 400 € zzgl. 19 % gesondert ausgewiesener USt einschl. Nebenkosten schon vor einem halben Jahr gekauft und wegen eines Modellwechsels günstig für 650 € brutto zum Verkauf angeboten worden. Anfang Dezember hat der Großhändler seinen Abgabepreis inkl. Transportkosten erneut auf nur noch 350 € (netto) gesenkt.

Sachverhalt 5

Seinem Bruder Bernd, körperbehindert und deshalb Frührentner, hat Herr Dingskirchen einen Farbfernseher preisgünstig für 200 € überlassen.

Das Gerät hatte vor Monaten 600 € zzgl. 114 € im Einkauf gekostet, war in der aktuellen Verkaufsliste des Großhändlers wegen eines Modellwechsels nur noch mit 500 € netto angeboten und deshalb im Laden nur noch mit 800 € brutto ausgepreist worden.

AUFGABEN:

Überprüfen Sie die Sachverhalte 1–7 und halten Sie dabei diese Reihenfolge ein:

► Besteuerungstatbestand (Art des Umsatzes),
► Ort des Umsatzes,
► Steuerbarkeit,
► Steuerfreiheit/Steuerpflicht,
► Steuersatz,
► Bemessungsgrundlage und Steuerbetrag,
► Vorsteuerabzug.

Teil IV: Abgabenordnung (10,0 Punkte)

Sachverhalt

Gino Gigolo, Inhaber einer Eisdiele in Oberhausen, ist z. Zt. in Zahlungsschwierigkeiten. Aufgrund schlechter Geschäfte konnte er sowohl die Einkommensteuer-Abschlusszahlung 2014 i. H. von 4 435 €, fällig am 22. 10. 2015, und die einbehaltene Lohnsteuer lt. Lohnsteueranmeldung September i. H. von 3 480 € im Oktober 2015 nicht bezahlen. Weitere Kredite bekommt Gigolo bei seiner Hausbank nicht, da sämtliche Kreditmöglichkeiten bereits ausgeschöpft sind. Allerdings könnte er dem Finanzamt entsprechende Sicherheiten leisten.

AUFGABEN:

1. Prüfen Sie die Aussichten eines Stundungsantrags hinsichtlich der zu leistenden Einkommensteuer-Abschlusszahlung und der einbehaltenen Lohnsteuer September 2015.

2. In seinem Stundungsantrag bzgl. der Einkommensteuer-Abschlusszahlung bietet Gigolo dem Finanzamt folgende Teilzahlungen an:

   1 100 € am 31. 12. 2015,

   1 100 € am 31. 1. 2016,

   1 100 € am 28. 2. 2016 und

   1 135 € am 31. 3. 2016.

   Mit welcher steuerlichen Nebenleistung muss Gigolo rechnen? Ermitteln Sie die Höhe der steuerlichen Nebenleistung unter Angabe des Berechnungswegs.

Klausursatz IV: Lösung Steuerwesen

Teil I: Gewerbesteuer/Einkommensteuer (58,0 Punkte)

Sachverhalt Gewerbesteuer (14,0 Punkte)

Vorläufiger Gewinn		124 561 €	0,5 P
Spenden ≠ Betriebsausgaben	+	3 675 €	1,0 P
korrigierter vorläufiger Gewinn	=	128 236 €	0,5 P
GewSt-Vorauszahlungen 2014		0 €	0,5 P

Hinzurechnungen

Keine Hinzurechnung von Zinsen oder Miete, da die Aufwendungen insgesamt den Betrag von 100 000 € nicht übersteigen.   **2,0 P**

Kürzungen

Grundbesitz (70 000 € × 140 % × 1,2 % × 75 % =)	./.	882 €	1,0 P
KG-Gewinnanteil: kein Mitunternehmer		0 €	1,0 P
Spende für gemeinnützige Zwecke	./.	2 425 €	1,0 P
Parteispende (nicht in § 9 Nr. 5 GewStG aufgeführt)		0 €	1,0 P
Gewerbeertrag		124 929 €	0,5 P
abgerundet (volle 100 €)		124 900 €	0,5 P
Freibetrag	./.	24 500 €	1,0 P
		100 400 €	0,5 P

GewSt-Messbetrag			
(100 400 € × 3,5 % =)		3 514 €	2,0 P
GewSt (3 514 € × 400 % =)		14 056 €	1,0 P

Sachverhalt Einkommensteuer (44,0 Punkte)

Ermittlung des zu versteuernden Einkommens

<u>Einkünfte aus Gewerbebetrieb</u>		1,0 P
Korrigierter steuerlicher Gewinn		
= Einkünfte gem. § 15 Abs. 1 Nr. 1 EStG	128 236 €	1,0 P

<u>Einkünfte aus Vermietung und Verpachtung</u>		1,0 P
Mieteinnahmen (1 760 € × 3 =)	5 280 €	1,0 P
./. Werbungskosten		
Darlehenszinsen (16 640 € × 65 % (260 : 400 × 100) =)	10 816 €	2,0 P
Disagio (320 000 € × 2 % × 65 % =)	4 160 €	1,0 P
Geldbeschaffungskosten (1 300 € × 65 % =)	845 €	1,0 P

	Grundsteuer (420 € × 65 % =)	273 €	**1,0 P**
	Abschreibung (siehe unten)	1 050 €	
=	Einkünfte aus Vermietung und Verpachtung	./. 11 864 €	**0,5 P**
	Ermittlung der Abschreibung		
	Grunderwerbsteuer = AK Grund und Boden	0 €	**0,5 P**
+	Notar / Grundbuch = AK Grund und Boden	0 €	**0,5 P**
+	Straßenanliegerbeiträge = AK Grund und Boden	0 €	**0,5 P**
+	Baugenehmigung	377 €	**1,0 P**
+	Architekt	7 700 €	**1,0 P**
+	Bauunternehmer	315 000 €	**1,0 P**
=	Herstellungskosten	323 077 €	**0,5 P**
×	65 % (Anteil Vermietung)	210 000 €	**1,5 P**
×	2 %	4 200 €	**2,0 P**
×	$^3/_{12}$	1 050 €	**1,5 P**

Sonstige Einkünfte (privates Veräußerungsgeschäft) — **0,5 P**

	Veräußerungserlös		14 000 €	**1,0 P**
./.	Anschaffungskosten			
	Kaufpreis	65 100,00 €		**0,5 P**
	Grunderwerbsteuer	2 278,50 €		**0,5 P**
	Notar / Grundbuch	734,00 €		**0,5 P**
	Straßenanliegerbeiträge	8 400,00 €		**0,5 P**
=	Summe	76 512,50 €		
×	8 %		6 121 €	**1,0 P**
=	Einkünfte gem. § 22 Nr. 2 EStG		7 879 €	**0,5 P**
=	Summe der Einkünfte		124 251 €	**1,0 P**
./.	Entlastungsbetrag für Alleinerziehende			
	1 308 € × $^4/_{12}$ =		436 €	**3,0 P**
=	Gesamtbetrag der Einkünfte		123 815 €	**1,0 P**
./.	Sonderausgaben			**0,5 P**
	abzugsfähige Vorsorgeaufwendungen		8 690 €	**0,5 P**
	Spenden für gemeinnützige Zwecke			
	(max. 123 815 € × 20 %, max.) aus SV Gewerbesteuer		2 425 €	**1,0 P**
	Parteispende aus SV Gewerbesteuer			
	Aufwendungen	1 250 €		
./.	Tarifermäßigung (1 650 €, max. =)	1 250 €		**1,0 P**
	= abzugsfähig	0 €	0 €	**0,5 P**
./.	außergewöhnliche Belastungen			**0,5 P**

Unterhaltsleistungen

tatsächlicher Aufwand (700 € × 8 Monate =)	5 600 €		0,5 P
max. 8 354 € × $^8/_{12}$ =		5 569 €	1,0 P

Ausbildungsfreibetrag

924 € × $^4/_{12}$ =		308 €	2,0 P
= Einkommen		106 823 €	0,5 P
./. Kinderfreibetrag (4 368 € × $^4/_{12}$ =)		1 456 €	1,0 P
./. Betreuungsfreibetrag (2 640 € × $^4/_{12}$ =)		880 €	1,0 P
= zu versteuerndes Einkommen		104 487 €	1,0 P

Steuerermäßigungen

– bei Zuwendungen an politische Parteien (§ 34g EStG)			1,0 P
Parteispende		1 250 €	
Steuerermäßigung (1 250 € × 50 %, max. 825 € =)		625 €	1,0 P
– für die Inanspruchnahme von Handwerkerleistungen (§ 35a EStG)			
begünstigte Aufwendungen:			
Arbeitskosten	840,00 €		
Fahrtkosten	35,00 €		
	875,00 €		
zzgl. Umsatzsteuer 19 %	166,25 €		
Summe	1 041,25 €		
Steuerermäßigung (1 041,25 € × 20 %, max. 1 200 € =)		208,25 €	1,5 P

ERGÄNZENDER HINWEIS:

Bei Sohn Paul verlängert sich der Berücksichtigungszeitraum – aufgrund des zehnmonatigen Grundwehrdienstes – über das 25. Lebensjahr hinaus (mithin bis Ende April 2014).

Teil II: Körperschaftsteuer (10,0 Punkte)

Auswirkung der Gewinnausschüttung für das Jahr 2013

a) Auf Ebene der GmbH:

Das Einkommen der GmbH unterliegt einem einheitlichen Steuersatz von 15 %, unabhängig davon, ob die Gewinne ausgeschüttet werden oder nicht. Daher ergibt sich hinsichtlich der Gewinnausschüttung keine Auswirkung auf die Steuerbelastung der GmbH.   2,0 P

b) Auf Ebene des Gesellschafters Ratlos:

Die Gewinnausschüttung, zzgl. einbehaltener Kapitalertragsteuer sowie einbehaltenem Solidaritätszuschlag stellt für Ratlos Einnahmen aus Kapitalvermögen i. S. des § 20 Abs. 1 Nr. 1 EStG dar.   2,0 P

Die Dividende unterliegt 2015 der Abgeltungsteuer von 25 %.   2,0 P

Auf Antrag kann die Dividende dennoch – trotz der Abgeltungswirkung des Steuer-
abzugs – im Rahmen der ESt-Veranlagung angesetzt werden. In diesem Fall ist die Gewinnausschüttung zu 100 % steuerpflichtig. Von den Erträgen ist ein Sparer-Pausch-
betrag von 801/1 602 € (Alleinstehende/Ehegatten) abzuziehen. Ein Ansatz tatsäch-
licher Werbungskosten ist nicht möglich.   4,0 P

Teil III: Umsatzsteuer (22,0 Punkte)

Sachverhalt 1 (4,5 Punkte)

Art des Umsatzes:	Lieferung nach § 3 Abs. 1 UStG	0,5 P
Ort des Umsatzes:	Köln (§ 3 Abs. 6 UStG)	1,0 P
Steuerbarkeit:	Die Lieferung ist steuerbar.	0,5 P
Steuerpflicht:	Steuerpflichtig mit 19 % (§ 12 Abs. 1 UStG)	0,5 P
Bemessungsgrundlage:	719,33 € (§ 10 Abs. 1 UStG)	1,0 P
Steuerbetrag:	136,67 €	0,5 P
Vorsteuerabzug:	133 € (§ 15 Abs. 1 Nr. 1 UStG)	0,5 P

Sachverhalt 2 (5,0 Punkte)

Art des Umsatzes:	Innergemeinschaftlicher Erwerb	0,5 P
	§ 1 Abs. 1 Nr. 5 UStG/§ 1a UStG	0,5 P
Ort des Umsatzes:	Inland (§ 3d UStG)	1,0 P
Steuerbarkeit:	Der Erwerb ist steuerbar.	0,5 P
Steuerpflicht:	Steuerpflichtig mit 19 % (§ 12 Abs. 1 UStG)	0,5 P
Bemessungsgrundlage:	1 200 € (§ 10 Abs. 1 UStG)	1,0 P
Steuerbetrag:	228 €	0,5 P
Vorsteuerabzug:	228 € (§ 15 Abs. 1 Nr. 3 UStG)	0,5 P

Sachverhalt 3 (4,5 Punkte)

Art des Umsatzes:	Lieferung nach § 3 Abs. 1b Nr. 2 UStG	0,5 P
Ort des Umsatzes:	Köln (§ 3f UStG)	1,0 P
Steuerbarkeit:	Die Lieferung ist steuerbar.	0,5 P
Steuerpflicht:	Steuerpflichtig mit 19 % (§ 12 Abs. 1 UStG)	0,5 P
Bemessungsgrundlage:	870 € (§ 10 Abs. 4 Nr. 1 UStG)	1,0 P
Steuerbetrag:	165,30 €	0,5 P
Vorsteuerabzug:	161,50 € + 3,80 € (§ 15 Abs. 1 Nr. 1 UStG)	0,5 P

Sachverhalt 4   (4,0 Punkte)

Art des Umsatzes:	Lieferung nach § 3 Abs. 1b Nr. 1 UStG	0,5 P
Ort des Umsatzes:	Köln (§ 3f UStG)	0,5 P
Steuerbarkeit:	Die Lieferung ist steuerbar.	0,5 P
Steuerpflicht:	Steuerpflichtig mit 19 % (§ 12 Abs. 1 UStG)	0,5 P
Bemessungsgrundlage:	350 € (§ 10 Abs. 4 Nr. 1 UStG)	1,0 P
Steuerbetrag:	66,50 €	0,5 P
Vorsteuerabzug:	76 € (§ 15 Abs. 1 Nr. 1 UStG)	0,5 P

Sachverhalt 5   (4,0 Punkte)

Art des Umsatzes:	Lieferung nach § 3 Abs. 1 UStG	0,5 P
Ort des Umsatzes:	Köln (§ 3 Abs. 6 UStG)	0,5 P
Steuerbarkeit:	Die Lieferung ist steuerbar.	0,5 P
Steuerpflicht:	Steuerpflichtig mit 19 % (§ 12 Abs. 1 UStG)	0,5 P
Bemessungsgrundlage:	500 € (§ 10 Abs. 5 i. V. mit Abs. 4 Nr. 1 UStG)	1,0 P
Steuerbetrag:	95 €	0,5 P
Vorsteuerabzug:	114 € (§ 15 Abs. 1 Nr. 1 UStG)	0,5 P

Teil IV: Abgabenordnung (10,0 Punkte)

1. Aufgabe

Einkommensteuer-Abschlusszahlung 2014

Die Finanzbehörden können Ansprüche aus dem Steuerschuldverhältnis ganz oder teilweise stunden, wenn die Einziehung bei Fälligkeit eine erhebliche Härte für den Schuldner bedeuten würde und der Anspruch durch die Stundung nicht gefährdet erscheint, § 222 AO.   1,0 P

Die Zahlung der Schuld würde für Gigolo eine persönliche Härte darstellen, denn

1. Gigolo befindet sich in einem wirtschaftlichen Engpass und die Zahlung der Einkommensteuerschuld würde zu ernsthaften wirtschaftlichen Schwierigkeiten oder gar zur Existenzgefährdung führen (sog. Stundungsbedürftigkeit).

2. Gigolo hat seine wirtschaftliche Lage nicht selbst herbeigeführt, ist also „stundungswürdig".   2,0 P

Gino Gigolo hat daher gute Aussichten, dass seinem Stundungsantrag entsprochen wird.   1,0 P

Lohnsteuer September 2015

Steueransprüche gegen den Steuerschuldner können nicht gestundet werden, soweit ein Dritter (Entrichtungspflichtiger) die Steuer für Rechnung des Steuerschuldners zu entrichten, insbesondere einzubehalten und abzuführen hat, § 222 AO. Einbehaltene Lohnsteuerbeträge können nach gesetzlicher Vorschrift daher nicht gestundet werden.   2,0 P

2. Aufgabe

Aufgrund der gewährten Stundung muss Gigolo mit Stundungszinsen rechnen. Die Stundungszinsen betragen 0,5 % des abgerundeten Betrags (durch 50 € teilbar) für jeden vollen Zinsmonat.   **2,0 P**

21. 10. 2014 – 31. 12. 2015	2 Monate × 0,5 % × 1 100 € =		11,00 €	**0,5 P**
21. 10. 2014 – 31. 1. 2016	3 Monate × 0,5 % × 1 100 € =		16,50 €	**0,5 P**
21. 10. 2014 – 28. 2. 2016	4 Monate × 0,5 % × 1 100 € =		22,00 €	**0,5 P**
21. 10. 2014 – 31. 3. 2016	5 Monate × 0,5 % × 1 100 € =		27,50 €	**0,5 P**
Stundungszinsen insgesamt			77,00 €	

Klausursatz V: Aufgabe Rechnungswesen

Bearbeitungszeit: 120 Minuten

Aufgabenteil I

Volker Pohlmann ist Inhaber einer Autovermietung in Köln. Die Firma ist im Handelsregister eingetragen. Seinen Gewinn ermittelt er nach § 4 Abs. 1 i.V. mit § 5 EStG. Das Wirtschaftsjahr entspricht dem Kalenderjahr. Er versteuert seine Umsätze nach den allgemeinen Vorschriften des UStG. Voranmeldungszeitraum ist der Kalendermonat. Alle seine Umsätze unterliegen, sofern nicht anders angegeben, dem Steuersatz von 19 %. Er ist zum vollen Vorsteuerabzug berechtigt. Die Voraussetzungen des § 7g EStG sind erfüllt. Für das Wirtschaftsjahr 2014 möchte Volker Pohlmann einen möglichst niedrigen steuerlichen Gewinn ausweisen. Abschreibungsbeträge sind auf volle Euro aufzurunden. Alle erforderlichen Belege liegen vor. Die Rechnungen sind ordnungsgemäß i. S. des § 14 UStG.

1. Sachverhalt (16,0 Punkte)

a) Der Mandant hat Schneeketten an einen selbständigen Handelsvertreter aus der Schweiz vermietet. Dieser benötigte die Ketten für sein Betriebsfahrzeug, weil er mit seinem Fahrzeug zu einem Kunden ins noch verschneite Sauerland fahren wollte. Bei Rückgabe des Fahrzeugs hat er 52 € für die Überlassung der Schneeketten bar bezahlt. Umsatzsteuer war ihm nicht berechnet worden.

b) Ein Porsche 911 wurde an einen Privatmann aus Belgien vermietet, der angibt, das Fahrzeug zu 90 % außerhalb von Deutschland genutzt zu haben. Er hat 225 € für die Überlassung des Fahrzeugs und 100 € für einen von ihm verursachten Lackschaden bar bezahlt. Der Porsche wurde dem Belgier in Köln zur Verfügung gestellt, wo er ihn nach zwei Tagen auch wieder abgegeben hat.

c) In der firmeneigenen Werkstatt hat der Mandant den Pkw seiner Tochter unentgeltlich reparieren lassen, weil sie einen Unfall mit erheblichem Blechschaden erlitten hatte. Die Kosten für die Reparatur betragen 250 € für anteiligen Lohnaufwand und 350 € für Materialien und Ersatzteile. Einem Kunden hätte er dafür 1 800 € zzgl. 19 % USt berechnet.

AUFGABE:

Erläutern Sie die umsatzsteuerliche Behandlung diese Vorgänge unter Angabe der entsprechenden Vorschriften des Umsatzsteuergesetzes. Nehmen Sie die für 2014 erforderlichen Buchungen vor.

2. Sachverhalt (14,0 Punkte)

Der Mandant hatte mit notariellem Vertrag vom 12. 4. 2012 das mit einer Lagerhalle bebaute Grundstück Cheruskerring 60 zum 1. 6. 2012 erworben.

Die Anschaffungskosten betrugen insgesamt 320 000 €, wovon 80 000 € auf den Grund und Boden entfielen. Der Bauantrag für die Lagerhalle (Bj. 1990) wurde im September 1988 gestellt.

Bisher hatte der Mandant das Grundstück an die Fa. Karstadt als Lager vermietet und zutreffend Einkünfte aus Vermietung und Verpachtung erklärt.

Ab Anfang Juli 2014 nutzt der Mandant das Grundstück ausschließlich für eigene betriebliche Zwecke. Zu diesem Zeitpunkt ist lt. Gutachten eines Sachverständigen der Teilwert des Grund und Bodens mit 70 000 € und der der Lagerhalle mit 250 000 € anzunehmen. Die Nutzungsdauer der Lagerhalle beträgt noch 50 Jahre.

AUFGABEN:

a) Ermitteln Sie den Wert der Einlage zum 1. 7. 2014.
b) Geben Sie die entsprechenden Vorschriften des EStG an.
c) Buchen Sie die Einlage.
d) Berechnen Sie die betriebliche AfA für die Lagerhalle für 2014.

3. Sachverhalt (9,0 Punkte)

Laut Kontoauszug erfolgten zum 30. 4. 2014 auf dem Geschäftskonto u. a. folgende Buchungen:

a) Zahlungseingang Garagenmiete für 3 Garagen für die Zeit vom 1. 11. 2013 bis 30. 4. 2014 i. H. von 540 € zzgl. Umsatzsteuer. Die vermieteten Garagen gehören zum Betriebsvermögen.

b) Zahlungsausgang für betriebliche Darlehenszinsen für die Zeit vom 1. 5. 2013 bis 30. 4. 2014 i. H. von 4 800 €.

In beiden Fällen sind beim Jahresabschluss 2013 entsprechende Abgrenzungen vorgenommen worden.

AUFGABE:

Buchen Sie Gutschrift und Lastschrift.

4. Sachverhalt (9,0 Punkte)

Der Mandant erwarb am 19. 3. 2014 bei der Fa. Junkers ein neues Kopiergerät und gab dabei sein altes Gerät in Zahlung.

Die Rechnung des Lieferanten lautete:

Kopiergerät „Herkules"		4 500,00 €
zzgl. 19 % Umsatzsteuer		855,00 €
		5 355,00 €
abzgl. Altgerät	350,00 €	
zzgl. 19 % Umsatzsteuer	66,50 €	416,50 €
= Rechnungsbetrag		4 938,50 €

Der Mandant zahlte den Rechnungsbetrag vereinbarungsgemäß sofort nach Abzug von Skonto und überwies 4 831,40 €.

Der Buchwert des Altgeräts betrug am 1. 1. 2014 noch 1 200 €. Die Anschaffungskosten hatten im Januar 2012 3 600 € betragen. Die AfA-Berechnung erfolgte entsprechend der Nutzungsdauer von 3 Jahren linear.

AUFGABEN:

a) Buchen Sie die Inzahlunggabe des Altgeräts und die Anschaffung des neuen Kopierers.

b) Bilden Sie den Buchungssatz für die Banküberweisung.

Aufgabenteil II

Elmar Junkers ist Kaufmann in Bergheim. Er ist dort Inhaber der Fa. Bergmann, Einzelhandel mit Büromaschinen und Bürobedarf. Für 2014 ist der Jahresabschluss vorzubereiten. Der Mandant ermittelt seinen Gewinn durch Betriebsvermögensvergleich nach § 4 Abs. 1 und § 5 EStG. Das Wirtschaftsjahr entspricht dem Kalenderjahr.

Die Umsätze werden nach den allgemeinen Vorschriften des UStG nach dem Soll versteuert. Voranmeldungszeitraum ist der Kalendermonat. Die Firma erfüllt die Voraussetzungen des § 7g EStG. Der Mandant möchte einen möglichst niedrigen steuerlichen Gewinn ausweisen.

1. Sachverhalt (12,0 Punkte)

Der Mandant hat seinen Warenbestand zum 31. 12. 2014 vollständig ermittelt und mit 113 459 € bewertet.

Dabei hat er 8 Notebooks der Baureihe 08/15 mit den Anschaffungskosten i. H. von umgerechnet 1 200 €/Stück bewertet. Diese Geräte sind veraltet, weil bereits sehr viel leistungsfähigere Geräte zu einem ähnlichen Preis angeboten werden. Der beizulegende Wert/Teilwert ist deshalb nur mit 700 €/Stück anzunehmen.

Ferner wurde ein Posten Spezialpapier für Farbdrucke mit 12 400 € bewertet, obwohl die Anschaffungskosten im Oktober 2014 nur 11 160 € betragen hatten. Der Hersteller hatte bereits im Laufe des Monats Dezember 2014 seine Abgabepreise entsprechend erhöht und dies wollte der Mandant berücksichtigen.

AUFGABEN:

a) Beurteilen Sie, ob die Notebooks und das Spezialpapier zutreffend bewertet wurden. Begründen Sie Ihre Auffassung unter Angabe der entsprechenden Vorschriften des HGB und des EStG.

b) Berechnen Sie den Bilanzansatz des Warenbestands zum 31. 12. 2014.

c) Geben Sie die Gewinnauswirkung an, die sich aus der Änderung der Bewertung des Warenendbestands ergibt.

2. Sachverhalt (5,0 Punkte)

Im November 2014 wurden Schäden am Dach des Betriebsgebäudes festgestellt. Die Kosten für die erforderlichen Reparaturarbeiten werden sich voraussichtlich auf ca. 12 500 € zzgl. 2 375 € Umsatzsteuer belaufen. Wegen ungünstiger Witterungsverhältnisse konnten die Reparaturen erst im März 2015 begonnen und abgeschlossen werden.

AUFGABEN:

a) Beurteilen Sie den Vorgang im Zusammenhang mit dem Jahresabschluss für das Wirtschaftsjahr 2014.
b) Nehmen Sie die erforderliche Buchung vor.

3. Sachverhalt (3,0 Punkte)

Der Mandant beabsichtigte bereits im November 2014 die Anschaffung eines Kleintransporters. Wegen der angespannten Finanzlage musste dieses Vorhaben auf 2014 verschoben werden. Nach dem Angebot des Autohauses Klümper soll das Fahrzeug 35 400 € zzgl. 6 726 € Umsatzsteuer kosten.

AUFGABEN:

a) Geben Sie an, welche Steuervergünstigung der Mandant bereits für 2014 in Anspruch nehmen kann.
b) Geben Sie die durch die Vergünstigung eintretende Gewinnauswirkung (erhöhend, mindernd, neutral) mit dem entsprechenden €-Betrag an.

4. Sachverhalt (16,0 Punkte)

Aus der Buchführung des Mandanten ergeben sich am 31. 12. 2014 u. a. folgende Bestände:

Forderungen	269 594,50 €
zweifelhafte Forderungen	4 049,50 €
Pauschalwertberichtigung auf Forderungen zum 31. 12. des Vorjahres	4 929,00 €

Beim Jahresabschluss ist noch Folgendes zu berücksichtigen:

a) Bei den zweifelhaften Forderungen handelt es sich um eine Forderung gegen den Kunden Heitmeier über 5 414,50 €, die bereits zum Ende des Vorjahres um 30 % wertberichtigt wurde, weil ein anteiliger Forderungsausfall zu erwarten war.

Damalige Buchung:

Abschreibung Umlaufvermögen	1 365 €	an zw. Forderungen	1 365 €

Vom Gerichtsvollzieher ging auf dem privaten Konto des Mandanten im Oktober 2014 noch ein Betrag von 654,50 € ein, der noch nicht gebucht ist. Ein weiterer Zahlungseingang ist nicht zu erwarten.

b) Eine bisher noch nicht wertberichtigte Forderung gegen den Kunden Wehrmann i. H. von 4 403 € ist ausgefallen. Das Insolvenzverfahren ist mangels Masse nicht eröffnet worden.

c) Die restlichen Forderungen sollen mit 3 % wertberichtigt werden. Soweit nicht anders ersichtlich, unterlagen die Umsätze dem Steuersatz von 19 %.

AUFGABEN:

a) Buchen Sie den Zahlungseingang auf die bereits wertberichtigte Forderung.
b) Buchen Sie den Forderungsausfall.
c) Berechnen und buchen Sie die Pauschalwertberichtigung zum 31. 12. 2014.

5. Sachverhalt (5,0 Punkte)

Der Mandant hat für die von ihm gelieferten Büromaschinen Garantie zu leisten. Zum 31. 12. 2014 ist die Garantie-Rückstellung noch zu berechnen. Den Kunden werden Garantieleistungen für 3 Jahre zugesagt.

Der Buchhaltung sind folgende Werte zu entnehmen:

	Umsatzerlöse:	Gewährte Garantieleistungen
2011:	1 257 000 €	20 112 €
2012:	1 348 000 €	25 612 €
2013:	1 486 000 €	27 914 €
2014:	1 299 000 €	–

AUFGABEN:

a) Berechnen Sie die Höhe der neuen Rückstellung.
b) Die Garantie-Rückstellung zum 31. 12. 2013 betrug 20 275 €. Nehmen Sie die zum 31. 12. 2014 erforderliche Buchung vor.

Aufgabenteil III

Sachverhalt (11,0 Punkte)

Für die Firma Köster, Großhandel mit Industriebedarf, ergeben sich aus der zum 30. 6. 2014 erstellten Zwischenbilanz folgende Zahlenwerte:

Warenbestand am 1. 1.	216 400 €
Warenbestand am 30. 6.	188 300 €
Wareneinkäufe, netto (1. 1. bis 30. 6.)	727 600 €
Umsatzerlöse, netto	1 440 200 €
Rücksendungen von Kunden, netto	7 700 €
Rücksendungen an Lieferanten, netto	12 100 €
anderer betrieblicher Aufwand	225 400 €

Ermitteln Sie:

a) den Wareneinsatz,

b) den Rohgewinn,

c) den Reingewinn,

d) den Kalkulationszuschlag,

e) die Handelsspanne,

f) die Umsatzrendite.

Geben Sie die Kennzahlen mit 2 Stellen hinter dem Komma an.

Klausursatz V: Lösung Rechnungswesen

Aufgabenteil I

1. Sachverhalt (16,0 Punkte)

a) Der Mandant hat eine sonstige Leistung gem. § 3 Abs. 9 UStG erbracht. Der Ort der Vermietung liegt in der Schweiz (§ 3a Abs. 2 Satz 1 UStG). **2,0 P**

Die sonstige Leistung ist daher nicht steuerbar gem. § 1 Abs. 1 Nr. 1 UStG.

Buchung:

Kasse	52 €	an Erlöse (im Inland nicht steuerbar)	52 €

1,0 P

b) Der Mandant hat eine sonstige Leistung gem. § 3 Abs. 9 UStG erbracht. Der Ort der Vermietung ist in Köln (§ 3a Abs. 3 Nr. 2 Satz 1 und 2 Buchst. b UStG). **1,0 P**

Die Leistung ist steuerbar (§ 1 Abs. 1 Nr. 1 UStG) und steuerpflichtig (da nicht gem. § 4 UStG steuerfrei). Bemessungsgrundlage ist gem. § 10 Abs. 1 UStG das Entgelt ohne Umsatzsteuer. Der Steuersatz beträgt 19 % (§ 12 Abs. 1 UStG). **2,0 P**

Die 100 € stellen echten Schadenersatz dar (nicht steuerbar). **1,0 P**

Buchung:

Kasse	325,00 €	an Erlöse (19 %)	189,08 €
		an Umsatzsteuer	35,92 €
		an sonst. Erträge	100,00 €

3,0 P

c) Der Mandant hat eine sonstige Leistung gem. § 3 Abs. 9a Nr. 2 UStG erbracht. Der Ort der sonstigen Leistung ist in Köln (§ 3f UStG). Die Leistung ist steuerbar (§ 1 Abs. 1 Nr. 1 UStG) und steuerpflichtig (da nicht gem. § 4 UStG steuerfrei). Bemessungsgrundlage gem. § 10 Abs. 4 Nr. 3 UStG: Die bei der Ausführung entstandenen Ausgaben. Der Steuersatz beträgt gem. § 12 Abs. 1 UStG 19 %. **3,0 P**

Buchung:

Privatentnahme	714 €	an unentgeltl. sonstige Leistung	600 €
		an Umsatzsteuer	114 €

3,0 P

2. Sachverhalt (14,0 Punkte)

a) Die Einlage des Grund und Bodens erfolgt mit dem Teilwert i. H. von 70 000 €, da die historischen Anschaffungskosten höher sind. **1,0 P**

Für die Lagerhalle müssen die fortgeführten Anschaffungskosten ermittelt werden:

Anschaffungskosten der Lagerhalle	240 000 €	
./. AfA 2012 (2 % × $^7/_{12}$)	2 800 €	**2,0 P**
./. AfA 2013	4 800 €	**1,0 P**
./. AfA 2014 (2 % × $^6/_{12}$)	2 400 €	**2,0 P**
= fortgeführte Anschaffungskosten	230 000 €	

b) Grund und Boden: § 6 Abs. 1 Nr. 5 Satz 1 erster Halbsatz EStG   **1,0 P**

Lagerhalle: § 6 Abs. 1 Nr. 5 Satz 1 zweiter Halbsatz Buchst. a EStG

i. V. mit § 6 Abs. 1 Nr. 5 Satz 2 EStG   **2,0 P**

c) **Buchung:**

Grund und Boden	70 000 €		
Gebäude	230 000 €	an Privateinlage	300 000 €
			2,0 P

d) AfA- Berechnung 2014

AfA-Bemessungsgrundlage	230 000 €	**1,0 P**
3 % von 230 000 € × $^6/_{12}$	3 450 €	**2,0 P**

HINWEIS:

Zur Ermittlung der AfA-Bemessungsgrundlage nach Einlage i. S. des § 7 Abs. 1 Satz 5 EStG vgl. generell auch BMF-Schreiben vom 27. 12. 2010, BStBl 2010 I S. 1204, Rn. 6. § 7 Abs. 1 Satz 5 EStG ist durch das Jahressteuergesetz 2010 entsprechend geändert worden.

3. Sachverhalt (9,0 Punkte)

a) **Buchung:**

Bank	642,60 €	an sonst. Forderungen	214,20 €
		an Grundst.-Ertrag	360,00 €
		an Umsatzsteuer	68,40 €
			5,0 P

b) **Buchung:**

sonst. Verb.	3 200 €		
Zinsaufwand	1 600 €	an Bank	4 800 €
			4,0 P

HINWEIS:

In 2013 sind lt. Sachverhalt entsprechende Abgrenzungen vorgenommen worden. Der Mandant hatte demnach in 2013 gebucht: zu a): Sonstige Forderungen 214,20 € an Grundstückserträge 180 € und Umsatzsteuer 34,20 €. Zu b): Zinsaufwand 3 200 € an sonstige Verbindlichkeiten 3 200 €.

4. Sachverhalt (9,0 Punkte)

a) Buchung Inzahlunggabe Altgerät und Anschaffung des neuen Kopierers

AfA Anlagevermögen	300 €			
Anlagenabgang	900 €	an	BGA	1 200 €
				2,0 P

BGA	4 500 €	an	Erlöse aus Anlagenverkauf	350,00 €
Vorsteuern	855 €	an	Umsatzsteuer	66,50 €
		an	Verb. LuL	4 938,50 €
				3,0 P

b) Buchung der Banküberweisung

Verb. LuL	4 938,50 €	an	Bank	4 831,40 €
		an	BGA	90,00 €
		an	Vorsteuern	17,10 €
				4,0 P

Aufgabenteil II

1. Sachverhalt (12,0 Punkte)

a) *Bewertung Notebooks*

Allgemein: Es handelt sich um eine voraussichtlich dauernde Wertminderung. **1,0 P**

HGB: Pflicht: Bewertung mit dem beizulegenden Wert i. H. von 700 €/Stück gem. § 253 Abs. 4 Satz 1 und 2 HGB. **2,0 P**

EStG: Wahlrecht: Bewertung mit dem Teilwert i. H. von 700 €/Stück oder mit den Anschaffungskosten i. H. von 1 200 €/Stück oder mit einem Zwischenwert gem. § 6 Abs. 1 Nr. 2 Satz 2 i. V. mit § 5 Abs. 1 Satz 1 zweiter Halbsatz EStG. Da ein möglichst niedriger Gewinn ausgewiesen werden soll, ist mit dem Teilwert zu bewerten. **3,0 P**

Bewertung Spezialpapier

Allgemein: Zum Bilanzstichtag liegt eine Werterhöhung vor.

HGB: Bewertung höchstens mit den Anschaffungskosten i. H. von 11 160 € gem. § 253 Abs. 1 Satz 1 HGB. **1,0 P**

EStG: Bewertung höchstens mit den Anschaffungskosten i. H. von 11 160 € gem. § 6 Abs. 1 Nr. 2 Satz 1 EStG. **1,0 P**

b) Bilanzansatz des Warenbestands

Wertansatz lt. Inventur		113 459 €	
Ansatz Notebooks (8 × 700 €)	5 600 €		
bisher (8 × 1 200 €)	9 600 €	./. 4 000 €	**1,0 P**
Ansatz Spezialpapier	11 160 €		
bisher	12 400 €	./. 1 240 €	**1,0 P**
= berichtigter Warenendbestand		108 219 €	

c) Gewinnminderung: 5 240 € **2,0 P**

2. Sachverhalt (5,0 Punkte)

a) Zum 31.12. ist eine Rückstellung für unterlassene Instandhaltung zu bilden, wenn sie im folgenden Wirtschaftsjahr innerhalb von 3 Monaten nachgeholt wird (§ 249 Abs. 1 Nr. 1 HGB).

2,0 P

Nach dem Grundsatz der Maßgeblichkeit der Handelsbilanz für die Steuerbilanz gilt dies auch für steuerliche Zwecke (§ 5 Abs. 1 erster Halbsatz EStG).

1,0 P

b) **Buchung:**

Reparaturen	12 500 €	an	Rückstellung für Instandhaltung	12 500 €

2,0 P

3. Sachverhalt (3,0 Punkte)

a) Der Mandant kann bereits zum 31.12.2014 nach § 7g Abs. 1 EStG einen Investitionsabzugsbetrag i. H. von bis zu 40 % der künftigen Anschaffungskosten vom Gewinn abziehen. Die Gewinnminderung erfolgt außerhalb der Bilanz.

2,0 P

b) Gewinnminderung: 14 160 €

1,0 P

4. Sachverhalt (16,0 Punkte)

a) Berechnung

	Forderung netto	Umsatzsteuer
ursprünglich	4 550 €	864,50 €
./. Abschreibung Vorjahr	1 365 €	0,00 €
= bilanzierte Restforderung	3 185 €	864,50 €
./. Zahlungseingang	550 €	104,50 €
= noch auszubuchen	2 635 €	760,00 €

3,0 P

Buchung Zahlungseingang

Privatentnahme	654,50 €			
Forderungsverluste	2 635,00 €			
Umsatzsteuer	760,00 €	an	zw. Forderung	4 049,50 €

2,0 P

b) **Buchung Forderungsausfall**

Forderungsverluste	3 700 €			
Umsatzsteuer	703 €	an	Forderungen	4 403 €

2,0 P

c) Berechnung Pauschalwertberichtigung

Forderungen lt. Buchführung	269 594,50 €	
./. Forderungsausfall Wehrmann	4 403,00 €	2,0 P
vermutlich einwandfreie Forderungen	265 191,50 €	
./. enthaltene Umsatzsteuer	42 341,50 €	2,0 P
Forderungen netto	222 850,00 €	
× 3 % = Pauschalwertberichtigung 31. 12. = rd.	6 686,00 €	2,0 P
./. Pauschalwertberichtigung 1. 1.	4 929,00 €	
= Zugang Pauschalwertberichtigung	1 757,00 €	1,0 P

Buchung:

Einstellung in die PWB	1 757 € an PWB	1 757 €
		2,0 P

5. Sachverhalt (5,0 Punkte)

a) Garantieleistungen 2011 – 2013 × 100 : Erlöse 2011 – 2013

73 638 € × 100 : 4 091 000 € = 1,8 %	3,0 P
Rückstellung: 1,8 % von 1 299 000 € = 23 382 €	1,0 P

b) Garantie-Aufwand   3 107 € An Garantie-Rückstellung   3 107 €

1,0 P

Aufgabenteil III

Sachverhalt   (11,0 Punkte)

a)

Warenbestand 1. 1.	216 400 €	
+ Wareneinkäufe, netto (1. 1. bis 30. 6.)	727 600 €	
./. Rücksendungen an Lieferanten, netto	12 100 €	
./. Warenbestand 30. 6.	188 300 €	
= Wareneinsatz	743 600 €	2,5 P

b)

Umsatzerlöse, netto	1 440 200 €	
./. Rücksendungen von Kunden, netto	7 700 €	
./. Wareneinsatz	743 600 €	
= Rohgewinn	688 900 €	1,5 P

c)

Rohgewinn	688 900 €	
./. anderer betrieblicher Aufwand	225 400 €	
= Reingewinn	463 500 €	1,0 P

d) Kalkulationszuschlag

$$\frac{\text{Rohgewinn} \times 100}{\text{Wareneinsatz}} \quad = \quad \frac{688\,900 \times 100}{743\,600} \quad = 92{,}64\,\%$$

2,0 P

e) Handelsspanne

$$\frac{\text{Rohgewinn} \times 100}{\text{Umsatzerlöse}} \quad = \quad \frac{688\,900 \times 100}{1\,432\,500} \quad = 48{,}09\,\%$$

2,0 P

f) Umsatzrendite

$$\frac{\text{Reingewinn} \times 100}{\text{Umsatzerlöse}} \quad = \quad \frac{463\,500 \times 100}{1\,432\,500} \quad = 32{,}36\,\%$$

2,0 P

Klausursatz V: Aufgabe Wirtschafts- und Sozialkunde

Bearbeitungszeit: 90 Minuten

1. Aufgabe

1. Sachverhalt (13,0 Punkte)

Der Verwaltungsangestellte Erwin Lindemann hat am 10.2.2015 100 000 € im Lotto gewonnen. Sein Onkel Theo, Schreinermeister in Castrop-Rauxel, hat ihm für diesen Betrag eine Beteiligung als stiller Gesellschafter an seiner Firma angeboten.

1. Welche Rechtsstellung hat ein stiller Gesellschafter? Kreuzen Sie die folgenden Behauptungen bei „richtig" oder „falsch" an.

Text	richtig	falsch
Der stille Gesellschafter ist Mitunternehmer.		
Der stille Gesellschafter ist nicht vertretungsberechtigt.		
Die stille Beteiligung muss ins Handelsregister eingetragen werden.		
Der stille Gesellschafter kann Einsicht in die Geschäftsunterlagen verlangen.		
Der stille Gesellschafter ist immer am Gewinn beteiligt.		
Der stille Gesellschafter kann auch am Verlust beteiligt sein.		
Der stille Gesellschafter haftet persönlich für die Betriebsschulden seines Onkels.		
Die stille Gesellschaft wird durch den Tod des stillen Gesellschafters beendet.		
Der stille Gesellschafter ist zu lfd. Entnahmen berechtigt.		

2. Welche Formvorschriften sind bei Abschluss des Gesellschaftsvertrags zu beachten?

3. Was muss Erwin Lindemann tun, wenn er seine Einlage zurück haben will?

2. Sachverhalt (9,0 Punkte)

Die Rechtsanwälte Dr. Hubert Schneider und Dr. Jens Gerdemann beschließen, ab März 2015 ihre Tätigkeit im Rahmen einer Gemeinschaftspraxis in Münster, Bahnhofstraße 27, auszuüben. Deshalb gründen sie eine Gesellschaft des Bürgerlichen Rechts.

1. Erläutern Sie kurz das Wesen einer BGB-Gesellschaft.

2. Worin besteht der Unterschied zu einer OHG?

3. In welcher Form muss der Gesellschaftsvertrag abgeschlossen werden?

4. Wie haften die Gesellschafter einer OHG für die Schulden der Gesellschaft?

165

3. Sachverhalt (23,0 Punkte)

Die Mandanten Sylvia Zumwinkel und Marc Gerstner wollen zum 15. 2. 2015 ein Einzelhandelsgeschäft mit Sportartikeln eröffnen. Sie sind sich über die zu wählende Rechtsform noch nicht schlüssig. Sie bitten um Auskunft, was im Falle einer OHG und einer GmbH zu beachten ist und welche Vor- und Nachteile eine Personengesellschaft gegenüber einer Kapitalgesellschaft hat. Geben Sie jeweils eine kurze Begründung.

a) Die Firmenbezeichnung soll „Sportsware & Trekking" lauten.
   Ist das zulässig?

OHG	GmbH

b) Die Firmengründung soll möglichst wenig Kosten verursachen. Lassen sich Kosten für den Vertragsabschluss vermeiden? Entstehen weitere Kosten?

OHG	GmbH

c) Mandantin Sylvia Zumwinkel und Marc Gerstner verfügen über Ersparnisse von je 5 000 €. Reicht das Geld für die Gesellschaftsgründung aus?

OHG	GmbH

d) Zur Deckung der Lebenshaltungskosten werden laufende Entnahmen erforderlich sein. Können Gesellschafter einer OHG bzw. einer GmbH in unbeschränkter Höhe Barentnahmen vornehmen?

OHG	GmbH

e) Ist es zwingend erforderlich, dass im Gesellschaftsvertrag Vereinbarungen zur Geschäftsführung getroffen werden?

OHG	GmbH

f) Wie erfolgt die Gewinnverteilung, wenn im Gesellschaftsvertrag keine besondere Vereinbarung getroffen wurde?

OHG	GmbH

2. Aufgabe

Sachverhalt (6,0 Punkte)

Jens Rebmann, Inhaber der Fa. Auto-Rebmann in Kassel, ist durch die Geschäftsführung seit längerer Zeit äußerst stark beansprucht. Er beabsichtigt Herrn Gerald Föller, einem seiner langjährigen kaufmännischen Angestellten, umfangreiche Vollmachten zu erteilen, damit er ihn in betrieblichen Belangen vertreten kann.

Entscheiden Sie durch Eintragung von „Ja" oder „Nein", ob die jeweils vorgegebene Behauptung auf Prokura und Handlungsvollmacht zutrifft.

Behauptung	Prokura	Handlungs-vollmacht
Die Vollmacht berechtigt nur zur Vornahme von gewöhnlichen Rechtsgeschäften.		
Die Vollmacht kann auch stillschweigend erteilt werden.		
Der Umfang der Vollmacht ist gesetzlich festgelegt.		
In Ausübung der Vollmacht kann man die Firmenbezeichnung im Handelsregister ändern lassen.		
Die Vollmacht berechtigt auch zum Verkauf von Grundstücken, auch wenn keine besondere Befugnis erteilt wurde.		
Die Vollmacht muss zur Eintragung ins Handelsregister angemeldet werden.		

3. Aufgabe

1. Sachverhalt (9,0 Punkte)

Die Dinner-for-One-Partyservice GmbH in Dülmen unterhält zu mehr als 200 Abnehmern Geschäftsbeziehungen. Ihr durchschnittlicher Umsatz daraus beträgt ca. 6 Mio. € pro Jahr, ihr durchschnittlicher Forderungsbestand ca. 500 000 €.

Die Geschäftsleitung der GmbH zieht aus diesen Gründen die Möglichkeit des Factoring in Betracht. Seit dem 1.1.2015 werden sämtliche Forderungen von der Factoring Münsterland GmbH eingezogen.

AUFGABEN:

a) Was versteht man unter Factoring? Nennen Sie jeweils 3 Vor- und Nachteile.

b) Es liegt ein Angebot der Factoring Münsterland GmbH vor. Demnach berechnet die Factoring Münsterland GmbH 1,1 % Factoringgebühren aus dem Umsatz und 8 % Sollzinsen aus dem finanzierten Forderungsbestand. Ermitteln Sie die Aufwendungen pro Jahr, die ein Factoring mit der Münsterland GmbH verursachen würde.

c) Welche finanziellen Vorteile ergeben sich pro Jahr durch Factoring, wenn die Dinner-for-One-Partyservice GmbH bisher kein Skonto ziehen konnte (Wareneinkauf 2 Mio. € pro Jahr, Skontosatz 2 %), das Ausfallrisiko 0,5 % des Umsatzes beträgt und die Aufwendungen für die Debitorenbuchhaltung pro Jahr 20 000 € betragen?

d) Sollte die Dinner-for-One-Partyservice GmbH unter diesen Umständen das Factoring in Anspruch nehmen? Begründen Sie Ihre Entscheidung. Geben Sie an, welche Vertragsart bei den folgenden Sachverhalten vorliegt.

2. Sachverhalt (7,0 Punkte)

Die Firma Wegner & Co., Großhandel mit Lederwaren in Münster, beantragt am 1. 3. 2015 bei der Sparkasse Münsterland Ost die Erweiterung des bisher gewährten Kreditrahmens. Zur Absicherung bietet der Geschäftsführer der Firma dem Kreditsachbearbeiter die Abtretung von bestehenden Kundenforderungen an.

AUFGABEN:

a) Wer ist bei einer Forderungsabtretung
► Drittschuldner,
► Zedent,
► Zessionar?

b) Stellen Sie den Unterschied zwischen
► stiller Zession und
► offener Zession dar.

c) An wen können die Kunden der Firma Wegner & Co. mit schuldbefreiender Wirkung zahlen?
► Bei stiller Zession.
► Bei offener Zession.

d) Nennen Sie drei Risiken, die für die Stadtsparkasse mit dem Akzeptieren einer stillen Zession der Kundenforderungen als Kreditsicherheit verbunden sind.

4. Aufgabe

Sachverhalt (15,0 Punkte)

An der Wollschläger KG, Großhandel mit Südfrüchten in Dortmund, sind folgende Gesellschafter beteiligt:
► Lars Wollschläger mit 200 000 € (Komplementär),
► Beate Köhler, geb. Wollschläger, mit 40 000 € (Kommanditistin),
► Kai Lohmann mit 30 000 € (Kommanditist).

Das Wirtschaftsjahr stimmt mit dem Kalenderjahr überein.

Laut Gesellschaftsvertrag ist folgende Verteilung von Gewinn/Verlust vereinbart:
► Lars Wollschläger erhält für seine Geschäftsführung monatlich 5 000 € und Weihnachtsgeld i. H. von 5 000 € vorweg zulasten des Gewinns.

► Die Kapitalkonten der Gesellschafter werden als Festgeldkonten geführt. Deren Kapitalanteile, Entnahmen und Einlagen werden mit 8 % p. a. verzinst, wobei jeder Monat mit 30 Tagen und das Jahr mit 360 Tagen zu rechnen ist.

► Der Restgewinn/-verlust wird im Verhältnis der Kapitalanteile zu Beginn des Wirtschaftsjahres verteilt.

Nur der Komplementär Lars Wollschläger tätigte in 2014 folgende Entnahmen/Einlagen:

22. 2. 2014	Entnahme	15 000 €
29. 5. 2014	Entnahme	8 000 €
17. 9. 2014	Einlage	23 000 €
12. 12. 2014	Entnahme	7 500 €

Der handelsrechtliche Verlust der Gesellschaft für das Wirtschaftsjahr 2014 beträgt 24 250 €.

AUFGABEN:

a) Ermitteln Sie den steuerlichen Gewinn/Verlust.

b) Nehmen Sie die Verteilung des steuerlichen Gewinns/Verlusts zur Erstellung der Erklärung zur einheitlichen Gewinnfeststellung für die Gesellschaft vor. Verwenden Sie dafür die folgenden Tabellen.

€	Wertstellung	Zinstage	Zinszahlen

Gesellschafter	Kapital	Tätigkeits-vergütung	Zinsen	anteiliger Restgewinn/-verlust	gesamt
Lars W.					
Beate K.					
Kai L.					
Summe:					

5. Aufgabe

1. Sachverhalt (5,0 Punkte)

Die Firma Tegeler, Bauunternehmung in Bielefeld, will Herrn Bernd Hülsmann ab 1. 4. 2014 als Buchhalter einstellen.

a) Welche zwei Unterlagen muss der Arbeitnehmer bei Beginn seiner Beschäftigung dem Arbeitgeber normalerweise vorlegen?

b) Welcher Stelle muss der Arbeitgeber den Beginn des Beschäftigungsverhältnisses melden?

c) Welche Frist ist bei dieser Meldung zu beachten?

2. Sachverhalt (7,0 Punkte)

a) Eine Raumpflegerin arbeitet seit Oktober 2012 für folgende Firmen:

▶ 8 Stunden in der Woche bei der Firma Wegner & Co. gegen ein monatliches Arbeitsentgelt von 160 € und

▶ 6 Stunden in der Woche bei der Firma Zimmermann. Ihr monatliches Arbeitsentgelt beträgt 132 €.

b) Frau Bergmann übernimmt als Urlaubsvertretung eine Beschäftigung als Verkäuferin in der Modeboutique „Yvonne". Das Arbeitsverhältnis ist vertraglich auf die Zeit vom 2.3.2014 bis 31.3.2014 befristet. Das vereinbarte Gehalt beträgt 350 €.

AUFGABE:

Prüfen Sie, ob die Beschäftigungen sozialversicherungspflichtig sind und begründen Sie Ihre Entscheidung.

Stellen Sie fest, ob die Beschäftigungen meldepflichtig sind.

3. Sachverhalt (6,0 Punkte)

Monika Kösters ist als Fremdsprachenkorrespondentin bei der Firma Walkenhorst in Warendorf beschäftigt.

Sie ist im 2. Monat schwanger und übergibt ihrem Arbeitgeber eine ärztliche Bescheinigung, in der die Schwangerschaft bestätigt wird. Der voraussichtliche Entbindungstermin wird der 4.11.2014 sein.

AUFGABEN:

a) Wann beginnt für Monika Kösters die Mutterschutzfrist? Geben Sie die Dauer der Frist und den Fristbeginn an.

b) Wann endet die gesetzliche Mutterschutzfrist, wenn das Kind nicht am 4.11.2014, sondern am 3.11.2014 geboren würde? Geben Sie die Dauer der Frist an und das genaue Datum an.

c) Welche Stelle ist für die Zahlung des Mutterschaftsgeldes zuständig?

d) Besteht für Monika Kösters die Möglichkeit, freiwillig innerhalb der Mutterschutzfrist weiter zu arbeiten?

Auszug aus dem Kalender 2014:

	September 2014								Oktober 2014								November 2014								Dezember 2014						
KW	MO	DI	MI	DO	FR	SA	SO	KW	MO	DI	MI	DO	FR	SA	SO	KW	MO	DI	MI	DO	FR	SA	SO	KW	MO	DI	MI	DO	FR	SA	SO
36	1	2	3	4	5	6	7	40			1	2	3	4	5	44						1	2	49	1	2	3	4	5	6	7
37	8	9	10	11	12	13	14	41	6	7	8	9	10	11	12	45	3	4	5	6	7	8	9	50	8	9	10	11	12	13	14
38	15	16	17	18	19	20	21	42	13	14	15	16	17	18	19	46	10	11	12	13	14	15	16	51	15	16	17	18	19	20	21
39	22	23	24	25	26	27	28	43	20	21	22	23	24	25	26	47	17	18	19	20	21	22	23	52	22	23	24	25	26	27	28
40	29	30						44	27	28	29	30	31			48	24	25	26	27	28	29	30	01	29	30	31				

Klausursatz V: Lösung Wirtschafts- und Sozialkunde

1. Aufgabe

1. Sachverhalt (13,0 Punkte)

1. Welche Rechtsstellung hat ein stiller Gesellschafter?

Text	richtig	falsch
Der stille Gesellschafter ist Mitunternehmer.		X 1,0 P
Der stille Gesellschafter ist nicht vertretungsberechtigt.	X 1,0 P	
Die stille Beteiligung muss ins Handelsregister eingetragen werden.		X 1,0 P
Der stille Gesellschafter kann Einsicht in die Geschäftsunterlagen verlangen.	X 1,0 P	
Der stille Gesellschafter ist immer am Gewinn beteiligt.	X 1,0 P	
Der stille Gesellschafter kann auch am Verlust beteiligt sein.	X 1,0 P	
Der stille Gesellschafter haftet persönlich für die Betriebsschulden seines Onkels.		X 1,0 P
Die stille Gesellschaft wird durch den Tod des stillen Gesellschafters beendet.		X 1,0 P
Der stille Gesellschafter ist zu lfd. Entnahmen berechtigt.		X 1,0 P

2. Der Abschluss des Gesellschaftsvertrags kann formfrei erfolgen.   1,0 P
3. Herr Lindemann muss den Gesellschaftsvertrag kündigen (§ 234 HGB).   1,0 P

   Die Kündigungsfrist beträgt 6 Monate zum Ende eines jeden Geschäftsjahres
   (§ 234 und § 132 HGB).   2,0 P

2. Sachverhalt (9,0 Punkte)

1. Eine BGB-Gesellschaft ist ein vertraglicher Zusammenschluss von Personen
   zur Erreichung eines gemeinsamen Zwecks (§ 705 BGB).   2,5 P
2. Gesellschaftszweck einer OHG ist der Betrieb eines Handelsgewerbes.   2,5 P
3. Der Abschluss des Gesellschaftsvertrags kann formfrei erfolgen.   1,0 P
4. Die Gesellschafter haften für die Schulden der Gesellschaft
   a) unbeschränkt (§ 105 Abs. 1 HGB);   1,0 P
   b) als Gesamtschuldner, solidarisch (§ 128 HGB);   1,0 P
   c) unmittelbar (§ 128 HGB).   1,0 P

3. Sachverhalt (23,0 Punkte)

a) Die Firmenbezeichnung soll „Sportsware & Trekking" lauten.
   Ist das zulässig?

OHG		GmbH	
Nein.	1,0 P	Nein.	1,0 P
Der Hinweis auf die Gesellschafts-form fehlt (§ 19 Abs. 1 Nr. 2 HGB).	1,0 P	Der Zusatz „GmbH" ist erforderlich (§ 4 GmbHG).	1,0 P

b) Die Firmengründung soll möglichst wenig Kosten verursachen. Lassen sich Kosten für den Vertragsabschluss vermeiden? Entstehen weitere Kosten?

OHG		GmbH	
Ja. Der Vertrag kann formfrei geschlossen werden.	1,0 P	Ja, Gründung im vereinfachten Verfahren gem. § 2 Abs. 1a GmbH. Der Vertrag muss notariell beurkundet werden.	1,0 P 1,0 P
Es entstehen Gebühren für die Eintragung ins Handelsregister.	1,0 P	Es entstehen Gebühren für die Eintragung ins Handelsregister.	1,0 P

c) Mandantin Sylvia Zumwinkel und Marc Gerstner verfügen über Ersparnisse von je 5 000 €.
   Reicht das Geld für die Gesellschaftsgründung aus?

OHG		GmbH	
Ja.	1,0 P	Ja.	1,0 P
Kein Mindestkapital erforderlich.	1,0 P	Bei der Unternehmergesellschaft haftungsbeschränkt ist eine Mindesteinzahlung i. H. von 12 500 € nicht erforderlich (§ 5a GmbHG).	1,0 P

d) Können Gesellschafter einer OHG bzw. einer GmbH in unbeschränkter Höhe Barentnahmen vornehmen?

OHG		GmbH	
Nein.	0,5 P	Nein.	0,5 P
Der Gesellschafter kann 4 % seines am Anfang des Geschäftsjahres vorhandenen Kapitalanteils entnehmen (§ 122 Abs. 1 HGB).	1,5 P	Entnahmen für private Zwecke des Gesellschafters sind nicht möglich. Eine Auszahlung erfolgt erst im Rahmen einer Gewinnaus-schüttung.	1,0 P

e) Ist es zwingend erforderlich, dass im Gesellschaftsvertrag Vereinbarungen zur Geschäftsführung getroffen werden?

OHG		GmbH	
Nein.	1,0 P	Ja.	1,0 P
Jeder Gesellschafter ist ermächtigt, Geschäfte der Gesellschaft zu führen (§ 114 Abs. 1 HGB).	1,0 P	Die Gesellschaft muss einen oder mehrere Geschäftsführer haben (§ 6 Abs. 1 GmbHG).	1,0 P

f) Wie erfolgt die Gewinnverteilung, wenn im Gesellschaftsvertrag keine besondere Vereinbarung getroffen wurde?

OHG		GmbH	
4 % Verzinsung der Kapitalanteile, der Rest nach Köpfen (§ 121 HGB).	1,5 P	Der Jahresüberschuss wird im Verhältnis der Geschäftsanteile verteilt (§ 29 Abs. 3 GmbHG).	1,0 P

2. Aufgabe

Sachverhalt (6,0 Punkte)

Behauptung	Prokura	Handlungs-vollmacht
Die Vollmacht berechtigt nur zur Vornahme von gewöhnlichen Rechtsgeschäften.	Nein	Ja
Die Vollmacht kann auch stillschweigend erteilt werden.	Nein	Ja
Der Umfang der Vollmacht ist gesetzlich festgelegt.	Ja	Ja
In Ausübung der Vollmacht kann man die Firmenbezeichnung im Handelsregister ändern lassen.	Nein	Nein
Die Vollmacht berechtigt auch zum Verkauf von Grundstücken, auch wenn keine besondere Befugnis erteilt wurde.	Nein	Nein
Die Vollmacht muss zur Eintragung ins Handelsregister angemeldet werden.	Ja	Nein

je zutreffende Eintragung 0,5 P   6,0 P

3. Aufgabe

1. Sachverhalt (9,0 Punkte)

a) *Factoring:*   Verkauf von Forderungen an die Factoring Gesellschaft: 1,0 P
   Die Factoring-Gesellschaft übernimmt:
   – Dienstleistungsfunktion
   – Finanzierungsfunktion

- Delcrederefunktion

Vorteile:
- Kein Ausfallrisiko   **0,5 P**
- Kapitalzufuhr   **0,5 P**
- Kosteneinsparungen wegen Einzug   **0,5 P**

Nachteile:
- Zins und Provisionszahlungen   **0,5 P**
- Kein enger Kundenkontakt   **0,5 P**
- Keine sofortige Auszahlung, lediglich Vorschusszahlung   **0,5 P**

b) Aufwendungen Factoring:

Umsatz 6 000 000 € × 1,1 % Factoringgebühren = 66 000 €

Forderungsbestand 500 000 € × Sollzinsen 8 % = 40 000 €

Gesamtaufwand Factoring = 106 000 €   **2,0 P**

c) Finanzielle Vorteile Factoring:

Wareneinkauf 2 000 000 € × Skonto 2 % = 40 000 €

Wegfall Ausfallrisiko 0,5 % × Umsatz 6 000 000 € = 30 000 €

Einsparung Debitorenbuchhaltung = 20 000 €

Gesamtvorteil = = 90 000 €   **2,0 P**

d) Empfehlung:

Factoring nicht in Anspruch nehmen, da Vorteil (90 000 €) < Gesamtaufwand Factoring. Außerdem könnte die Factoringnutzung zu einer Verschlechterung der Kundenbeziehung führen.   **1,0 P**

2. Sachverhalt (7,0 Punkte)

a) Drittschuldner sind die Kunden der Fa. Wegner & Co.   **0,5 P**

Zedent ist die Fa. Wegner & Co.   **0,5 P**

Zessionar ist die Stadtsparkasse.   **0,5 P**

b) Bei der stillen Zession wird im Gegensatz zur offenen Zession die Forderungsabtretung den Kunden nicht bekannt gegeben.   **0,5 P**

c) Die Kunden der Fa. Wegner & Co. können mit schuldbefreiender Wirkung zahlen:
- Bei stiller Zession an die Fa. Wegner & Co.,   **1,0 P**
- bei offener Zession an die Stadtsparkasse.   **1,0 P**

d) Risiken der Kreditsicherung durch Abtretung von Kundenforderungen:

Die Forderungen könnten bereits an einen anderen Kreditgeber abgetreten sein.   **1,0 P**

Es könnte sich um zweifelhafte Forderungen handeln.   **1,0 P**

Die Fa. Wegner & Co. könnte Zahlungseingänge auf abgetretene Forderungen nicht an die Sparkasse Münsterland Ost weiterleiten.   **1,0 P**

4. Aufgabe

Sachverhalt   (15,0 Punkte)

a) Ermittlung des **steuerlichen** Gewinns:

Handelsrechtlicher Verlust	24 250 €	
+ Tätigkeitsvergütung	65 000 €	
= steuerlicher Gewinn	40 750 €	**2,0 P**

b) Verteilung des **steuerlichen** Gewinns:

► Verzinsung Kapitalanteile, Entnahmen und Einlagen

€	Wertstellung	Zinstage		Zinszahlen	
200 000,00	31. 12. 2012	360	**0,5 P**	720 000	**0,5 P**
15 000,00 ./.	22. 2. 2013	308	**0,5 P**	46 200 ./.	**0,5 P**
8 000,00 ./.	29. 5. 2013	211	**0,5 P**	16 880 ./.	**0,5 P**
23 000,00 +	17. 9. 2013	103	**0,5 P**	23 690 +	**0,5 P**
7 500,00 ./.	12. 12. 2013	18	**0,5 P**	1 350 ./.	**0,5 P**
		gesamt:		679 260	
			: 45 =	15 094,67 €	**1,0 P**

oder:

€	Wertstellung	Zinstage		Zinszahlen	
15 000,00 8 000,00	22. 2. 2013 29. 5. 2013	97	**0,5 P**	14 550	**0,5 P**
23 000,00 23 000,00 ./.	17. 9. 2013	108	**0,5 P**	24 840	**0,5 P**
0,00		85	**0,5 P**	0	**0,5 P**
7 500,00 7 500,00	12. 12. 2013 30. 12. 2013	18	**0,5 P**	1 350	**0,5 P**
		gesamt:		40 740	
			: 45 =	905,33 €	**0,5 P**

8 % von 200 000 € = 16 000 €   **0,5 P**   ./. 905,33 €   **0,5 P** = 15 094,67 €   **0,5 P**

► Gewinnverteilung:

Gesell-schafter	Kapital	Tätigkeits-vergütung	Zinsen	anteiliger Restgewinn/ -verlust	gesamt
Lars W.	200 000,00	65 000,00 0,5 P	15 094,67 0,5 P	33 292,35 ./. 0,5 P	46 802,32 + 0,5 P
Beate K.	40 000,00	0,00	3 200,00 0,5 P	6 658,47 ./. 0,5 P	3 458,47 ./. 0,5 P
Kai L.	30 000,00	0,00	2 400,00 0,5 P	4 993,85 ./. 0,5 P	2 593,85 ./. 0,5 P
Summe:	270 000,00 0,5 P	65 000,00	20 694,67 0,5 P	44 944,67 ./. 0,5 P	40 750,00 + 0,5 P

5. Aufgabe

1. Sachverhalt (5,0 Punkte)

a) Der Arbeitnehmer muss bei Beginn seiner Beschäftigung dem Arbeitgeber norma-lerweise folgende Unterlagen vorlegen:
- – Unterlagen über seine Mitgliedschaft in der Krankenkasse,   1,5 P
- – Sozialversicherungsausweis mit Rentenversicherungs-Nr.   1,5 P

b) Der Arbeitgeber muss den Beginn des Beschäftigungsverhältnisses der Kranken-kasse melden, die den Gesamtsozialversicherungsbeitrag einzieht.   1,0 P

c) Die Anmeldung hat innerhalb von 2 Wochen zu erfolgen.   1,0 P

2. Sachverhalt (7,0 Punkte)

a) Die Raumpflegerin übt eine geringfügige Beschäftigung aus.   1,0 P

Sie ist mit beiden Beschäftigungsverhältnissen sozialversicherungsfrei.   1,0 P

Das Arbeitsentgelt aus beiden Beschäftigungen übersteigt nicht insgesamt 450 €
im Monat.   1,0 P

b) Frau Bergmann ist rentenversicherungspflichtig. Sie kann sich jedoch durch   1,0 P
schriftliche Mitteilung an den Arbeitgeber von der Rentenversicherungspflicht be-freien lassen.

Es handelt sich um eine kurzfristige Beschäftigung.   1,0 P

Das Entgelt übersteigt nicht 450 € im Monat.

                                             1,0 P

Die Beschäftigungsverhältnisse der Raumpflegerin und der Verkäuferin sind mel-depflichtig.   1,0 P

3. Sachverhalt (6,0 Punkte)

a) Die Mutterschutzfrist beginnt 6 Wochen vor dem voraussichtlichen Entbindungstermin.   1,0 P

   Die Frist beginnt also am 23. 9. 2014.   1,0 P

b) Die gesetzliche Mutterschutzfrist endet 8 Wochen nach der Geburt.   1,0 P

   Die Frist endet damit am 29. 12. 2014.   1,0 P

c) Das Mutterschaftsgeld zahlt die Krankenkasse aus.   1,0 P

d) Frau Kösters kann freiwillig in den letzten 6 Wochen vor der Geburt weiter arbeiten.   1,0 P

HINWEIS:

Nach der Geburt besteht innerhalb der ersten 8 Wochen ein Beschäftigungsverbot.

Klausursatz V: Aufgabe Steuerwesen

Bearbeitungszeit: 150 Minuten

Teil I: Einkommensteuer (43,0 Punkte)

Sachverhalt A (33,0 Punkte)

Die Eheleute Wilfried (geb. 18.7.1958) und Waltraud (geb. 5.8.1962) Weber haben im Mai 2013 ihr silbernes Hochzeitsjubiläum gefeiert. Vor etwa 20 Jahren haben sie ein Einfamilienhaus in Bochum gebaut, welches sie seitdem selbst bewohnen.

Vor Jahren war Wilfried als Fünfkämpfer aktiv. Ein Unfall beim Stabhochsprung beendete jedoch seine sportliche Karriere. Seither ist Wilfried zu 50 % behindert und in seiner Bewegungsfähigkeit im Straßenverkehr erheblich beeinträchtigt. Wilfried ist daher nicht in der Lage, die notwendigen Gartenarbeiten selbst zu erledigen, so dass die Webers regelmäßig eine Gartenbaufirma beauftragen. Im Jahr 2014 sind diesbezüglich Kosten i. H. von 650 € entstanden (Rechnung und Zahlungsnachweis liegen vor).

Der gemeinsame Sohn der Eheleute Weber, David (geb. 15.1.1992), studiert in Heidelberg Betriebswirtschaftslehre, wo er auch in einem Studentenwohnheim untergebracht ist. Von seinen Eltern erhält David monatlich 450 €, das Amt für Ausbildungsförderung überweist ihm monatlich 175 € (50 % als Darlehen, 50 % als Zuschuss).

Die Eheleute Weber haben weder einen Antrag auf Zusammen- noch auf eine getrennte Veranlagung gestellt. Einkommensteuer-Vorauszahlungen haben sie für das Jahr 2014 nicht geleistet.

Angaben zu den Einkünften

Wilfried Weber war 2014 als angestellter Buchhalter in einem Krankenpflegeheim tätig (vgl. Lohnsteuerbescheinigung). Die 18 Kilometer Entfernung zu seiner ersten Tätigkeitsstätte legte Wilfried an insgesamt 230 Tagen mit seinem Pkw zurück.

In 2014 hat er sich eine neue Aktentasche für 80 € gekauft. Der Beitrag zum Berufsverband angestellter Buchhalter beträgt 120 € jährlich. An Kontoführungsgebühren macht Weber 16 € geltend.

Waltraud Weber ist mit einem Anteil von ¹/₃ an einer Erbengemeinschaft beteiligt. Mit der Vermietung eines Mehrfamilienhauses in Gelsenkirchen hat die Erbengemeinschaft 2014 einen Überschuss i. H. von insgesamt 8 280 € erzielt.

Sonstige Angaben

Für das Jahr 2014 weisen die Eheleute Weber folgende Aufwendungen nach:

− Lebensversicherungsbeiträge (Rürup-Rente)	1 800 €
− Beiträge Krankenhaustagegeldversicherung	384 €
− Haftpflichtversicherungsbeiträge	412 €
− Beiträge Pkw-Insassenunfallversicherung	35 €

– Hausratversicherungsbeiträge	84 €
– Berufshaftpflichtversicherung (Ehemann)	140 €
– Rechtsschutzversicherung (privat)	187 €
– Zahnbehandlung (Ehemann)	3 210 €
– Zuzahlung Krankenhaus (Ehefrau)	585 €
– Beerdigungskosten (Mutter des Ehemannes)	8 250 €

Das ausgezahlte Sterbegeld i. H. von 2 000 € spendete Wilfried an das DRK zur Unterstützung von Straßenkindern in Peru (Beleg liegt vor). Daher hat er den Betrag von seinen Aufwendungen nicht abgezogen.

Folgende Belege legen die Eheleute Weber zusätzlich vor:

Beleg 1

Lohnsteuerbescheinigung 2014 – Wilfried Weber	
...	
Bruttoarbeitslohn	*37 416,00 €*
Einbehaltene Lohnsteuer	*3 234,00 €*
Einbehaltener Solidaritätszuschlag	*0,00 €*
Einbehaltene Kirchensteuer des Arbeitnehmers	*139,68 €*
...	
ArbN-Anteil zur gesetzlichen Rentenversicherung	*3 722,89 €*
ArbG-Anteil zur gesetzlichen Rentenversicherung	*3 722,89 €*
ArbN-Beiträge zur gesetzlichen Krankenversicherung	*2 955,86 €*
ArbN-Beiträge zur sozialen Pflegeversicherung	*458,35 €*
ArbN-Beiträge zur Arbeitslosenversicherung	*523,82 €*
...	

Beleg 2

Spendenbescheinigung	
„Anerkannte Wählergemeinschaft Bochum" – Wilfried Weber	
...	
Spende 2014	*120 €*
...	

Beleg 3

Spendenbescheinigung

„St. Nikolaus Kirche, Bochum" – Waltraud Weber

...

Spende 2014   *120 €*

...

AUFGABE:

Ermitteln Sie in einer übersichtlichen Darstellung und unter Verwendung der steuerlichen Fachbegriffe das zu versteuernde Einkommen und die Höhe der zu erwartenden Steuererstattung bzw. -nachzahlung der Eheleute Weber für den Veranlagungszeitraum 2014.

BEARBEITUNGSHINWEISE:

Eine Günstigerprüfung abzugsfähiger Vorsorgeaufwendungen nach § 10 Abs. 4a EStG ist nicht vorzunehmen.

Gehen Sie davon aus, dass das Existenzminimum von David durch das gezahlte Kindergeld abgedeckt ist.

Auszüge aus den Lohnsteuer-Richtlinien:

R 9.10. Aufwendungen für Wege zwischen Wohnung und regelmäßiger Arbeitsstätte

...

Behinderte Menschen i. S. des § 9 Abs. 2 Satz 3 EStG

(3) [1]Ohne Einzelnachweis der tatsächlichen Aufwendungen können die Fahrtkosten nach den Regelungen in R 9.5 Abs. 1 Satz 5 und R 9.8 Abs. 1 Nr. 3 angesetzt werden.

R 9.5. Fahrtkosten als Reisekosten

Allgemeines

(1) ... [5]Abweichend von Satz 3 können die Fahrtkosten auch mit pauschalen Kilometersätzen angesetzt werden, ...

H 9.5 Fahrtkosten als Reisekosten

...

Pauschale Kilometersätze

> *Bei Benutzung eines privaten Fahrzeugs können die Fahrtkosten mit folgenden pauschalen Kilometersätzen angesetzt werden (→ BMF-Schreiben v. 20. 8. 2001, BStBl I 2001, S. 541):*

> *1. bei einem Kraftwagen 0,30 EUR je Fahrtkilometer, ...*

Sachverhalt B   (10,0 Punkte)

Walter Walberg ist Komplementär der Fliesen-Walberg & Co. KG. Seine Tochter Jenny ist als Kommanditistin beteiligt. Die Einlage der Kommanditistin beträgt 50 000 € und ist vollständig eingezahlt.

Für das Jahr 2014 ergibt sich folgende vorläufige Bilanz und Gewinn und Verlust-Rechnung:

Vorläufige Bilanz zum 31. 12. 2014

Aktiva	Fliesen-Walberg & Co. KG	Passiva
Anlagevermögen	318 000 €	Kapital
		1. Festkapital
		Walter Walberg 150 000 €
Umlaufvermögen	59 000 €	2. variables Kapital
		Walter Walberg 20 000 €
		3. Kommanditkapital 50 000 €
		Verbindlichkeiten 157 000 €
	377 000 €	377 000 €

Vorläufige Gewinn- und Verlustrechnung vom 1. 1. bis zum 31. 12. 2014

Aufwendungen	Fliesen-Walberg & Co. KG	Erträge
Personalaufwand	87 500 €	Umsatzerlöse 208 000 €
Tätigkeitsvergütung Komplementär	24 000 €	
Abschreibungen	15 800 €	
Zinsaufwand	13 400 €	
sonstige betriebliche Aufwendungen	31 000 €	
Vorläufiger Jahresüberschuss	36 300 €	
	208 000 €	208 000 €

Die Gewinnverteilung ergibt sich laut Gesellschaftsvertrag wie folgt:

> ...
>
> *§ 4 Gewinnverteilung*
>
> *Die Bemessungsgrundlage für die Gewinnverteilung ist der nach Berücksichtigung der Gewerbesteuer verbleibende Gewinn.*
>
> *Der Komplementär erhält für seine geschäftsführende Tätigkeit eine monatliche Vergütung von 2 000 €, zahlbar jeweils zu Beginn des Monats.*
>
> *Aus dem verbleibenden Gewinn erhalten die Gesellschafter eine 4 %ige Verzinsung ihres Festkapitals bzw. ihres Kommanditkapitals, der Rest wird im Verhältnis 4:1 verteilt.*
>
> ...

Ermitteln Sie den endgültigen steuerlichen Gewinn der Walberg & Co. KG für das Jahr 2014.

Berechnen Sie die Höhe der Einkünfte aus Gewerbebetrieb im Veranlagungszeitraum 2014 jeweils für beide Gesellschafter.

Teil II: Körperschaftsteuer (11,0 Punkte)

Sachverhalt

Boris Stich und Michael Becker betreiben einen Großhandel für Tennisbekleidung in Form einer GmbH.

Das Stammkapital beträgt 25 000 €. Die Einlagen von jeweils 12 500 € haben die Gesellschafter Stich und Becker voll eingezahlt.

Der vorläufige Jahresüberschuss für das Wirtschaftsjahr 2014 (= Kalenderjahr) beträgt 16 400 €.

Folgende Aufwendungen haben u. a. den Jahresüberschuss gemindert:

angemessene Geschäftsführervergütung der Gesellschafter Stich und Becker von jeweils	40 000 €
angemessene Bewirtungskosten lt. ordnungsgemäßen Belegen (100 %)	1 400 €
Geschenke über 35 €	700 €
Umsatzsteuer auf unentgeltliche Zuwendungen	133 €
Körperschaftsteuer-Vorauszahlungen 2014	22 600 €
Solidaritätszuschlag 2014	1 245 €

Die Gesellschafterversammlung hat am 10.5.2015 beschlossen, für das Jahr 2014 keine Gewinnausschüttung vorzunehmen.

Ermitteln Sie das zu versteuernde Einkommen der GmbH für den Veranlagungszeitraum 2014.

Wie hoch ist die Körperschaftsteuer für 2014?

Auf mögliche gewerbesteuerliche Auswirkungen ist nicht einzugehen.

Körperschaftsteuerguthaben aus Vorjahren ist bei der GmbH nicht vorhanden.

Teil III: Gewerbesteuer (12,0 Punkte)

Sachverhalt

Leo Landwirt verkauft Landmaschinen in Lüneburg. Das Wirtschaftsjahr des bilanzierenden Einzelunternehmers entspricht dem Kalenderjahr. Für 2014 hat Landwirt einen vorläufigen Gewinn i. H. von 48 460 € ermittelt.

Folgende Angaben sind diesbezüglich ggf. noch zu berücksichtigen:

▶ In den Betriebsausgaben ist ein Zinsaufwand für langfristige Investitionskredite i. H. von 26 350 € enthalten.

▶ Aus betrieblichen Mitteln hat Landwirt im Jahr 2014 einen Betrag von 1 000 € an den Verein „Bauern in Not" gespendet. Der Verein verfolgt als besonders förderungswürdig anerkannte gemeinnützige Zwecke. Die Zahlung hat Landwirt als Privatentnahme gebucht.

▶ Die Summe der Umsätze, Löhne und Gehälter beträgt für 2014 insgesamt 895 800 €.

▶ Die Gewerbesteuer-Vorauszahlungen an die Gemeinde Lüneburg (Hebesatz: 400 %) betrugen im Jahr 2014 insgesamt 2 200 €.

AUFGABE:

Ermitteln Sie in einer übersichtlichen rechnerischen Darstellung die Höhe der Gewerbesteuer.

Teil IV: Umsatzsteuer (23,0 Punkte)

Corinna Bäumer betreibt in Aachen einen Einzelhandel mit Möbeln und anderen Einrichtungsgegenständen. Ihre Firma ist als „Einrichtungshaus Bäumer" im Handelsregister eingetragen. Zusätzlich besteht eine Filiale in Roermond/Niederlande.

Die Firma versteuert ihre Umsätze nach den allgemeinen Vorschriften des UStG nach vereinbarten Entgelten und gibt ihre USt-Voranmeldungen monatlich ab.

Die folgenden Sachverhalte sind für 2014 noch zu überprüfen:

Sachverhalt 1

Die Mandantin hatte Ende Februar an die Goldberg GmbH eine komplette Büroeinrichtung für 12 600 € zzgl. 2 394 € USt geliefert. Auf diese Lieferung hatte sie vereinbarungsgemäß bereits im Januar eine Anzahlung von 2 500 € erhalten. Eine weitere Teilzahlung über 4 000 € ging im März ein. Rechnungen wurden darüber nicht ausgestellt.

Die Endrechnung wurde wegen einer Reklamation der Kundin erst Anfang April erstellt. Bis Ende Juni ging trotz wiederholter Mahnungen keine weitere Zahlung ein. Am 16. 8. erhielt die Mandantin die Nachricht, dass über das Vermögen der Goldberg GmbH das Insolvenzverfahren eröffnet worden ist. Daraufhin hat sie ihre Restforderung am 20. 8. zur Insolvenztabelle angemeldet.

AUFGABE:

Klären Sie unter Angabe der Rechtsvorschrift, für welchen Voranmeldungszeitraum in welcher Höhe Umsatzsteuer anfällt und wie sich der Vorgang auf die USt-Voranmeldung für den Monat August auswirkt.

Sachverhalt 2

Die vom Hersteller „Rational" für je 3 000 € bezogenen Einbauküchen „Bonanza" sind im Hauptgeschäft in Aachen nur schwer verkäuflich. Deshalb wurden 10 dieser Küchen in die Filiale nach Roermond/NL gebracht, um sie der niederländischen Kundschaft anzubieten.

AUFGABE:

Prüfen Sie, ob durch die anderweitige Verteilung der Ware aus deutscher Sicht umsatzsteuerrechtliche Folgen eingetreten sind. Begründen Sie Ihre Auffassung. Geben Sie dabei die dafür geltenden Vorschriften des UStG an.

Sachverhalt 3

Dagegen waren die in der Filiale in Roermond/NL gelagerten Ecksitzgruppen „Monte Carlo" in den Niederlanden wenig gefragt. Deshalb wurden 5 dieser Polstergarnituren, die im Einkauf je 1 350 € netto gekostet haben und mit jeweils 2 700 € zum Verkauf ausgezeichnet waren, mit eigenen Fahrzeugen zum Verkauf ins Hauptgeschäft nach Aachen gebracht.

AUFGABE:

Prüfen Sie, welche umsatzsteuerlichen Auswirkungen dieser Sachverhalt auf die deutsche Umsatzsteuer hat. Begründen Sie Ihr Ergebnis unter Angabe entsprechender Vorschriften des UStG.

Sachverhalt 4

Von dem niederländischen Kunstmaler van Brösel aus Amsterdam kaufte die Mandantin zur Dekoration ihrer Geschäftsräume in Aachen 8 Bilder zum pauschalen Stückpreis von je 100 €. In seiner Rechnung wies der Kunstmaler keine Umsatzsteuer aus, weil er in den Niederlanden als Kleinunternehmer nicht besteuert wird. Seine Rechnung über 800 € enthält deshalb keine USt-IdNr.

AUFGABE:

Prüfen Sie, ob die Mandantin einen innergemeinschaftlichen Erwerb zu versteuern hat. Geben Sie die entsprechende Regelung des UStG an.

Sachverhalt 5

Häufig kaufen belgische Privatleute im Hauptgeschäft in Aachen ein und lassen sich die Ware durch den Kundendienst der Mandantin nach Hause nach Belgien bringen. Im August wurden auf diese Weise Waren im Werte von 25 200 € netto an die belgische Kundschaft ausgeliefert. Die Kunden sind sämtliche Privatleute und haben keine USt-IdNr. angegeben.

Die Mandantin hatte bereits in den Vorjahren die belgische Lieferschwelle überschritten.

AUFGABE:

Geben Sie die sich ergebenden umsatzsteuerlichen Folgen für die deutsche Besteuerung an und begründen Sie Ihre Lösung unter Angabe entsprechender §§ des UStG.

Sachverhalt 6

Gelegentlich kaufen auch Niederländer im Aachener Hauptgeschäft.

Im August wurden Waren für 3 200 € netto von diesen Kunden im eigenen Pkw oder Transporter in die Niederlande transportiert. Entsprechende Nachweise liegen vor.

Die Kunden haben keine USt-IdNr. angegeben. Die Mandantin überschritt/überschreitet nicht die niederländische Lieferschwelle und verzichtet nicht auf ihre Anwendung.

AUFGABE:

Klären Sie die umsatzsteuerliche Behandlung dieser Umsätze bei der deutschen Umsatzbesteuerung. Geben Sie eine Begründung mit Angabe der anzuwendenden umsatzsteuerlichen Vorschriften.

Sachverhalt 7

Die Mandantin vermietet Teile ihres Betriebsgebäudes (Bj. 2000).

Im Eingangsbereich ihres Ladengeschäfts in Aachen sind ab Anfang August 50 qm Ladenfläche an Herrn Kleinschmidt vermietet, der dort Zeitschriften und Tabakwaren verkauft. Herr Kleinschmidt ist Kleinunternehmer i. S. des § 19 Abs. 1 UStG. Die Mieteinnahmen der Mandantin betragen monatlich 300 €.

Die zuvor erforderlichen Umbaumaßnahmen wurden von der Mandantin vorgenommen und beliefen sich auf 8 000 € zzgl. 19 % gesondert in Rechnung gestellter Umsatzsteuer.

Die Mandantin möchte die bezahlte Umsatzsteuer als Vorsteuer abziehen.

AUFGABE:

Prüfen Sie, ob die Mandantin zulässig zum Vorsteuerabzug gelangen kann. Begründen Sie Ihre Lösung. Geben Sie die anzuwendenden Vorschriften an.

Teil V: Abgabenordnung (11,0 Punkte)

Sachverhalt A (5,0 Punkte)

Frauke Fleißig aus Frankfurt/Oder hat am 2.1.2015 ein „Beauty-Center" mit Friseur, Schönheits-salon und Boutique im Zentrum von Berlin eröffnet. Für 2015 hat Frauke folgende Vorauszah-lungen zu leisten:

Einkommensteuer-Vorauszahlung I – IV/2015 jeweils	1 200 €
Vorauszahlung Solidaritätszuschlag I – IV/2015 jeweils	66 €
Gewerbesteuer-Vorauszahlung I – IV/2015 jeweils	103 €

Auszug aus dem Kalender 2015

	April				Mai				Juni					Juli			
Mo		**6**	13	20	27		4	11	18	**25**	1	8	15	22	29		6	13	20	27
Di			7	14	21	28		5	12	19	26	2	9	16	23	30		7	14	21	28
Mi	1	8	15	22	29		6	13	20	27	3	10	17	24		1	8	15	22	29
Do	2	9	16	23	30		7	**14**	21	28	**4**	11	18	25		2	9	16	23	30
Fr	**3**	10	17	24		**1**	8	15	22	29	5	12	19	26		3	10	17	24	31
Sa	4	11	18	25		2	9	16	23	30	6	13	20	27		4	11	18	25
So	5	12	19	26		3	10	17	24	31	7	14	21	28		5	12	19	26

Karfreitag 3. April, Ostermontag 6. April, Maifeiertag 1. Mai, Christi Himmelfahrt 14. Mai, Pfingstmontag 25. Mai, Fronleichnam 4. Juni

AUFGABEN:

1. Zu welchen Zeitpunkten sind die Vorauszahlungen für das 2. Quartal 2015 fällig?

2. Frauke Fleißig möchte von Ihnen wissen, ob sie die fälligen Steuerbeträge mit Verrechnungsscheck oder per Banküberweisung bezahlen soll. Welche Unterschiede ergeben sich für Frauke Fleißig bei einer Säum-nis bis zu fünf Tagen? Mit welchen steuerlichen Nebenleistungen muss sie bei verspäteter Zahlung rech-nen?

Sachverhalt B (6,0 Punkte)

Frauke Fleißig hat am 26.5.2015 ihren Einkommensteuerbescheid für das Jahr 2014 erhalten (Datum des Bescheides: 21.5.2015; Einkommensteuer 2014: 6 820 €).

Am 26.6.2015 findet sie in ihren Unterlagen einen Spendenbeleg über 400 €. Noch am gleichen Tag ruft sie bei dem für sie zuständigen Finanzamt an und bittet den Bearbeiter in der Veranla-gungsstelle um entsprechende Berücksichtigung. Sicherheitshalber wiederholt sie ihren Antrag nochmals mit Schreiben vom 29.6.2015, welchem sie den Spendenbeleg beifügt.

1. Ermitteln Sie in einer übersichtlichen Fristberechnung Beginn und Ende der Einspruchsfrist.
2. Prüfen und begründen Sie, ob eine Änderung des Bescheids noch möglich ist.

Auszug aus dem Kalender 2015

	Mai				Juni					Juli					August				
Mo		4	11	18	25	1	8	15	22	29		6	13	20	27		3	10	17	24	31
Di		5	12	19	26	2	9	16	23	30		7	14	21	28		4	11	18	25
Mi		6	13	20	27	3	10	17	24		1	8	15	22	29		5	12	19	26
Do		7	**14**	21	28	4	11	18	25		2	9	16	23	30		6	13	20	27
Fr	1	8	15	22	29	5	12	19	26		3	10	17	24	31		7	14	21	28
Sa	2	9	16	23	30	6	13	20	27		4	11	18	25		1	8	15	22	29
So	3	10	17	24	31	7	14	21	28		5	12	19	26		2	9	16	23	30

Maifeiertag 1. Mai, Christi Himmelfahrt 14. Mai, Pfingstmontag 25. Mai, Fronleichnam 4. Juni

Klausursatz V: Lösung Steuerwesen

Teil I: Einkommensteuer (43,0 Punkte)

Sachverhalt A (33,0 Punkte)

a) Ermittlung des zu versteuernden Einkommens

	Ehemann/€	Ehefrau/€	gesamt/€	
Nichtselbständige Arbeit				
Bruttoarbeitslohn	37 416			1,0 P
Werbungskosten				
Arbeitsmittel (Tasche)	./. 80			0,5 P
Berufshaftpflichtvers.	./. 140			0,5 P
Kontoführungsgebühr	./. 16			0,5 P
Beitrag Berufsverband	./. 120			0,5 P
Wege zwischen Wohnung und erster Tätigkeitsstätte				
18 km × 230 Tage × 0,60 € =	./. 2 484			2,0 P
Vermietung und Verpachtung				
Anteil Erbengemeinschaft		2 760		1,0 P
¹/₃ v. 8280				
Summe der Einkünfte	34 576	2 760		1,0 P
Gesamtbetrag der Einkünfte			37 336	1,0 P

Sonderausgaben

1. Basisversorgung, Höchstbetragsberechnung nach § 10 Abs. 3 EStG

ArbN-Anteil zur gesetzlichen Rentenversicherung	3 723	
ArbG-Anteil zur gesetzlichen Rentenversicherung	3 723	
Beiträge zur privaten Leibrentenversicherung		
(„Rürup-Vertrag")	1 800	
Beiträge zur Basisversorgung gesamt, max. 20 000 €	9 246	
Davon 78 %	7 212	
ArbG-Anteil zur gesetzlichen Rentenversicherung	3 723	
Steuerlich abzugsfähig	./. 3 489	3,0 P

2. Sonstige Vorsorgeaufwendungen, Höchstbetragsberechnung nach § 10 Abs. 4 EStG

ArbN-Beitrag zur gesetzlichen Krankenversicherung	2 956
ArbN-Beitrag zur sozialen Pflegeversicherung	459
Sonstige Vorsorgeaufwendungen	1 355
	4 770
Höchstbetrag (2 × 1 900 €)	3 800
Zwischensumme somit	3 800

Mindestansatz (Beiträge nach § 10 Abs. 1 Nr. 3 EStG)

Krankenversicherung 2 956 € abzüglich 4 % =			2 838	
Pflegeversicherung			459	
Summe			3 297	
Anzusetzen somit			3 800	**2,0 P**

3. Übrige Sonderausgaben

Kirchensteuer			./. 140	**1,0 P**
Spenden für kirchliche/gemeinnützige Zwecke (2 000 € Spende an DRK + 120 € St. Nikolaus-Kirche)				
Höchstbetrag: 37 336 € × 20 % = 7 467 €			./. 2 120	**2,0 P**
Außergewöhnliche Belastungen				
allgemeiner Art, § 33 EStG				
Krankheitskosten		3 795		**1,0 P**
Beerdigungskosten		6 250		**1,5 P**
		10 045		
zumutbare Belastung				
37 336 € × 3 % =		./. 1 120	./. 8 925	**3,0 P**
Ausbildungsfreibetrag, § 33a Abs. 2 EStG		924		**1,0 P**
BAföG (Zuschuss)				
175 € × 12 × 50 % =	1 050			**1,5 P**
abzgl. Kostenpauschale	./. 180	./. 870	./. 54	**1,0 P**
Pauschbetrag für Behinderte, § 33b EStG			./. 570	**1,0 P**
Einkommen / zu versteuerndes Einkommen			18 238	**1,0 P**

ERGÄNZENDE HINWEISE:

Behinderte Menschen,

1. deren Grad der Behinderung mindestens 70 beträgt,

2. deren Grad der Behinderung weniger als 70, aber mindestens 50 beträgt und die in ihrer Bewegungsfähigkeit im Straßenverkehr erheblich beeinträchtigt sind,

können an Stelle der Entfernungspauschalen die tatsächlichen Aufwendungen für die Wege zwischen Wohnung und Arbeitsstätte ansetzen; dies gilt auch für etwaige Aufwendungen für öffentliche Verkehrsmittel. Bei diesem Personenkreis werden die tatsächlichen Aufwendungen berücksichtigt. Die Voraussetzungen für den Grad der Behinderung sind durch amtliche Unterlagen nachzuweisen.

b)   Ermittlung der Steuernachzahlung bzw. -erstattung 2014

	ESt	KiSt	SolZ	gesamt	
	€	€	€	€	
tarifliche ESt	224,00				0,5 P
Tarifermäßigungen					
§ 34g EStG	60,00				1,0 P
§ 35a Abs. 2 EStG	130,00				1,5 P
festgesetzt werden	34,00	0,00	0,00	34,00	1,0 P
Abzug vom Lohn des Ehemannes	3 234,00	139,68	0,00	3 373,68	1,0 P
demnach zu erstatten	3 200,00	139,68	0,00	3 239,68	1,0 P

ERGÄNZENDE HINWEISE:

Die Steuerermäßigung nach § 35a Abs. 2 EStG für haushaltsnahe Dienstleistungen (Gartenbaufirma) berechnet sich wie folgt: Aufwand 650 € × 20 % = 130 €.

Bei Ermittlung der Kirchensteuer und des Solidaritätszuschlags ist der Kinder- und Betreuungsfreibetrag für Sohn David zu berücksichtigen, so dass sich insoweit keine festzusetzenden Beträge ergeben.

Sachverhalt B   (10,0 Punkte)

1. Aufgabe

Endgültiger steuerlicher Gewinn der Walberg & Co. KG für das Jahr 2014

vorläufiger Gewinn lt. GuV-Rechnung	36 300 €	1,0 P
zzgl. Tätigkeitsvergütung	+ 24 000 €	1,0 P
= endgültiger steuerlicher Gewinn	60 300 €	0,5 P

2. Aufgabe

Einkünfte aus Gewerbebetrieb der Gesellschafter für das Jahr 2014

Gesellschafter	Walter	Jenny	gesamt
Kapital	150 000 €	50 000 €	200 000 €
Vorwegvergütung	24 000 €	0 €	24 000 €
Zinsen 4 %	6 000 €	2 000 €	8 000 €
Verteilung Restgewinn	22 640 €	5 660 €	28 300 €
Gesamt	52 640 €	7 660 €	60 300 €

je Eintragung 0,5 P   7,5 P

Teil II: Körperschaftsteuer (11,0 Punkte)

1. Zu versteuerndes Einkommen der GmbH für das Jahr 2014

vorläufiger Jahresüberschuss	16 400,00 €	0,5 P
zzgl. Bewirtungskosten (30 %)	+ 420,00 €	2,0 P
zzgl. Geschenkaufwendungen	+ 700,00 €	2,0 P
zzgl. USt auf unentgeltliche Wertabgaben	+ 133,00 €	2,0 P
zzgl. Körperschaftsteuer-Vorauszahlungen 2014	+ 22 600,00 €	1,0 P
zzgl. Solidaritätszuschlag 2014	+ 1 245,00 €	1,0 P
zu versteuerndes Einkommen	41 498,00 €	0,5 P

2. Ermittlung der Körperschaftsteuer 2014

zu versteuerndes Einkommen 41 498 € × 15 % =	6 224,70 €	2,0 P

Teil III: Gewerbesteuer (12,0 Punkte)

Ermittlung der Gewerbesteuer 2014

vorläufiger Jahresüberschuss	48 460,00 €	1,0 P

Hinzurechnungen, § 8 GewStG

50 % der Dauerschuldzinsen, § 8 Nr. 1 GewStG

26 350 € × 50 % =	0,00 €	2,5 P

Keine Hinzurechnung von Zinsen und Mieten, da diese in 2014 den Betrag von 100 000 € nicht überschritten haben.

Kürzungen, § 9 GewStG

Spenden, § 9 Nr. 5 GewStG

Spende 1 000 €

max. 895 800 € × 4 ‰ bzw. 48 460 € × 20 %	./. 1 000,00 €	2,5 P
Gewerbeertrag	47 460,00 €	0,5 P
Abrundung, § 11 Abs. 1 GewStG	47 400,00 €	1,0 P
Freibetrag, § 11 Abs. 1 Nr. 1 GewStG	./. 24 500,00 €	1,0 P
steuerpflichtiger Gewerbeertrag	22 900,00 €	0,5 P
3,5 %	801,50 €	1,0 P
Steuermesszahl	801,50 €	1,0 P
Hebesatz 400 %	3 206,00 €	1,0 P

Teil IV: Umsatzsteuer (23,0 Punkte)

Sachverhalt 1 (6,0 Punkte)

Januar:	Anzahlung,		
	Entstehung der USt 19 % aus 2 500 € =	399,16 €	1,0 P
	§ 13 Abs. 1 Nr. 1a Satz 4 UStG		1,0 P

Februar:	Lieferung ausgeführt,		
	Entstehung der restlichen USt:	2 394,00 €	
	./. USt aus Januar	399,16 €	
		1 994,84 €	1,0 P
	§ 13 Abs. 1 Nr. 1a Satz 1 UStG		1,0 P
März/April:	keine Auswirkung		
August:	Durch Eröffnung des Insolvenzverfahrens tritt eine Minderung der Bemessungsgrundlage ein. § 17 Abs. 2 Nr. 1 UStG.		1,0 P
	Gesamtforderung:	14 994,00 €	
	./. erhaltene Anzahlungen	6 500,00 €	
	= Restforderung	8 494,00 €	
	= darin enthaltene USt/= USt-Minderung	1 356,18 €	1,0 P

ERGÄNZENDER HINWEIS:

Das Ergebnis entspricht der Regelung in Tz. 17.1 Abs. 5 Satz 5 UStAE.

Sachverhalt 2 (3,5 Punkte)

Art des Umsatzes:	Lieferung i. S. des § 3 Abs. 1a UStG	1,0 P
Ort des Umsatzes:	Aachen (§ 3 Abs. 6 UStG), steuerbar	0,5 P
Steuerfreiheit:	Steuerfreie innergemeinschaftliche Lieferung	1,0 P
	gem. § 4 Nr. 1b und § 6a Abs. 2 UStG	1,0 P

Sachverhalt 3 (3,0 Punkte)

Art des Umsatzes:	Innergemeinschaftlicher Erwerb	0,5 P
	§ 1a Abs. 2 UStG	0,5 P
Ort des Umsatzes:	Inland (§ 3d UStG), steuerbar und steuerpflichtig	0,5 P
Bemessungsgrundlage:	Einkaufspreis zzgl. Nebenkosten = 6 750 €,	
	Umsatzsteuer = 1 282,50 €	0,5 P
	(§ 10 Abs. 4 Nr. 1 UStG)	0,5 P
Vorsteuerabzug:	1 282,50 € (§ 15 Abs. 1 Nr. 3 UStG)	0,5 P

Sachverhalt 4 (2,0 Punkte)

Kein innergemeinschaftlicher Erwerb.	1,0 P
Der Lieferant unterliegt als Kleinunternehmer in den Niederlanden nicht der Besteuerung (§ 1a Abs. 1 Nr. 3b UStG).	1,0 P

Sachverhalt 5   (3,0 Punkte)

Art des Umsatzes:	Lieferung	0,5 P
Ort des Umsatzes:	Belgien (§ 3c UStG)	1,0 P
	Lieferschwelle ist überschritten.	1,0 P
Folge:	Nicht steuerbar	0,5 P

HINWEIS:

Die Mandantin hat diese Umsätze in Belgien zu versteuern.

Sachverhalt 6   (3,0 Punkte)

Art des Umsatzes:	Lieferung	0,5 P
Ort des Umsatzes:	Inland (§ 3 Abs. 6 UStG),	0,5 P
Folge:	Steuerbar und steuerpflichtig 19 %	0,5 P
Bemessungsgrundlage:	Entgelt ohne USt = 3 200 €	0,5 P
	(§ 10 Abs. 1 UStG)	0,5 P
Steuer:	3 200 € × 19 % = 608 €	0,5 P

Sachverhalt 7   (2,5 Punkte)

Die Grundstücksvermietung ist hier steuerfrei nach § 4 Nr. 12a UStG.	1,0 P
Eine Option ist nicht möglich.	0,5 P
Der Mieter ist als Kleinunternehmer nicht zum Vorsteuerabzug berechtigt (§ 9 Abs. 2 UStG).	0,5 P
Die steuerfreie Vermietung schließt den Vorsteuerabzug aus.	0,5 P

Teil V: Abgabenordnung (11,0 Punkte)

Sachverhalt A   (5,0 Punkte)

1. Fälligkeit der Steuervorauszahlung II/2015:

Einkommensteuer und Solidaritätszuschlag II/2015	10. 6. 2015	1,0 P
Gewerbesteuer-Vorauszahlung II/2015	15. 5. 2015	1,0 P

2. Verrechnungsscheck / Banküberweisung:

Bei Zahlung durch Banküberweisung kann Frauke Fleißig eine Zahlungsschonfrist von bis zu drei Tagen nutzen, § 240 Abs. 3 AO.	1,0 P

Bei Zahlung durch Verrechnungsscheck entfällt diese Schonfrist, § 240 Abs. 3 i.V. mit § 224 Abs. 2 Nr. 1 AO. Darüber hinaus ist zu beachten, dass eine Zahlung per Verrechnungsscheck erst drei Tage nach Eingang des Schecks beim Finanzamt als entrichtet gilt (§ 224 Abs. 2 Nr. 1 AO).   **1,0 P**

Bei verspäteter Zahlung muss Frauke Fleißig mit der Erhebung von Säumniszuschlägen rechnen, § 240 AO.   **1,0 P**

Sachverhalt B   (6,0 Punkte)

1. Berechnung der Einspruchsfrist:

Aufgabe zur Post	21. 5. 2015	
Tag der Bekanntgabe	24. 5. 2015 (Sonntag)	**0,5 P**
	Nächster Werktag 26. 5. 2015, da Montag 25. 5. 2015 = Pfingstmontag	**1,5 P**
Beginn der Einspruchsfrist	mit Ablauf des 26. 5. 2015	
	bzw. 27. 5. 2015, 0.00 Uhr	**1,0 P**
Ende der Einspruchsfrist	mit Ablauf des 26. 6. 2015 (Freitag)	**0,5 P**

2. Änderungsmöglichkeit:

Der Steuerbescheid 2014 kann gem. § 172 Abs. 1 Nr. 2a AO geändert werden, da

► Frauke Fleißig am 26. 6. und damit innerhalb der Einspruchsfrist

► zu ihren Gunsten

► einen Antrag auf schlichte Änderung gestellt hat,

► der nicht an die Schriftform gebunden ist.

   2,5 P

Aus- und Weiterbildung für das gesamte Kanzleiteam:

Für einen guten Start in den Beruf und kontinuierliche Weiterbildung!

Mit „Die Steuerfachangestellten" erhalten Auszubildende wichtige Infos aus der Steuerberatungswelt und werden optimal auf ihre Prüfungen vorbereitet. Für Berufserfahrene berichtet „Die Steuerfachangestellten" über aktuelle Entwicklungen. Profitieren auch Sie von dieser starken Mischung aus Information, Praxisbezug, Training und Know-how!

Testen Sie die nächste Ausgabe kostenlos!

Weitere Informationen und die Online-Bestellung finden Sie unter www.kiehl.de/stfa

kiehl

Kiehl ist eine Marke des NWB Verlags